U0637913

让我们 甲骨文 一起追寻

REVOLUTIONARY SUMMER
革命之夏：美国独立的起源
THE BIRTH OF AMERICAN INDEPENDENCE
〔美〕约瑟夫·J. 埃利斯／著
（Joseph J. Ellis）
熊 钰／译
社会科学文献出版社
SOCIAL SCIENCES ACADEMIC PRESS (CHINA)

本书获誉

一流的历史著作……［埃利斯的］书总是充满了一针见血的分析，从常常别出心裁的结构布局到交织于叙事中的那些令人兴奋的见解。《革命之夏》亦是如此……埃利斯对亚当斯的尊崇颇具感染力。

——《华盛顿邮报》

通俗易懂、引人入胜……［埃利斯］简洁生动地讲述了 1776 年那些难以置信的关键事件……［一块］充满戏剧性的历史切片……思想性与趣味性兼具的历史著作。

——《今日美国》(*USA Today*)

通过这部著作，我们可以看到一位历史学家的卓越能力，他能够敏锐地提炼出一个将会激发持续数个时代冲突的历史时刻。

——《波士顿环球报》(*The Boston Globe*)

革命之夏：美国独立的起源

精彩而充满戏剧性……比神化华盛顿的陈腐叙事更为深刻的作品，它再次展现了埃利斯先生对于人类本性的贴切把握。

——《华尔街日报》

埃利斯凭借《奠基者》一书荣获普利策奖，他一直是带领我们认识这个新生国家早期历史的可靠向导……［他］让我们感受到了人们开始追寻自由的年代。

——《华盛顿独立书评》

(*Washington Independent Review of Books*)

约瑟夫·埃利斯关于早期美国的著作的最出色之处在于，他有能力创作出简洁有力的原创性叙事，剥离历史的神话外衣，却依然能让读者感受到生动、反讽、幽默以及……存在于我们国家的历史中的巨大好运。

——《西雅图时报》(*The Seattle Times*)

约瑟夫·J. 埃利斯的第十部著作没有令人失望……《革命之夏》读起来像是某位亲切的叔叔讲述的精彩故事，听的人会觉得，也许自己亲身参与到了他所讲述的故事中……［埃利斯］描绘了我们历史中的这个重要时刻，他的笔触简洁有力，那种娓娓道来的感觉也令人倍感亲切。

——《基督教科学箴言报》

流畅紧凑……埃利斯的著作充满了热情，还有对这个时代及其卓越领袖的深刻理解，所以任何对简洁地……讲述了美国历史这个关键时刻的著作感兴趣的人，都会迫不及待地捧起这本书。

——《纽约时报》

相当不错……几乎没用多少篇幅，作者就讲清楚了北美当年的反叛曾一度多么接近失败。

——《里士满时讯》(*Richmond Times-Dispatch*)

富于启迪……埃利斯在《革命之夏》中明确指出，在这关键的几个月里，政治事件和军事行动是交织在一起的。

——《信使日报》(*The Courier-Journal*)

一部重点明确的考察著作……埃利斯采用了亲切生动的语言来写作，避免了某些历史事实的枯燥无趣。

——《休斯敦纪事报》(*Houston Chronicle*)

埃利斯写下的关于美国革命的诸多优秀著作中卓有价值的一部。

——史密森尼博物馆网站（Smithsonian. com）

埃利斯有着对美国革命时期的深入研究，以及对美国建国者的广泛了解。他坚持认为，美国的独立是在这个“漫长的夏天”中诞生的……这本引人深思、史料翔实的历史著作充满了富于远见卓识的分析。

——《图书馆杂志》(*Library Journal*)

这是一部讲述1776年夏天革命性事件的专著。埃利斯的文笔独具魅力，他在书中频发见解，他对人物和事件的刻画令人着迷，他的批评意识始终富于活力……这本书讲述的是又一个精彩的故事，它的铺展有着扎实的阐释基础，它的作者是我们最优秀的早期美国研究者之一。

——《出版人周刊》(*Publishers Weekly*)，重点评论

一部颇具见解的历史著作。

——《科克斯书评》(*Kirkus Reviews*)，重点评论

通常，约瑟夫·J. 埃利斯会将生动的叙述和令人信服的分析结合起来。他对1776年关键的夏天的讲述向我们展示了政治事件和军事事件是如何交织在一起并缔造了一个新的国家。阅读这本书会让你理解美国如何诞生。

——沃尔特·艾萨克森（Walter Isaacson），

《史蒂夫·乔布斯》(*Steve Jobs*）作者

埃利斯再一次将美国革命这个话题从造作粉饰和虚伪的爱国说辞中解放了出来。他在1776年夏天这个话题里纵横驰骋，他所描绘的独立的诞生过程是纷乱的、权宜的，有时

甚至是凭借奇迹的。不论是对新入门的读者还是行家来说，这都是一本清晰明白、富有启发的读物。

——托尼·霍维茨（Tony Horwitz），

《阁楼上的同谋者》（*Confederates in the Attic*）作者

在《革命之夏》中，埃利斯凭借生动的叙述，清楚的分析，以及对华盛顿、杰斐逊、富兰克林和亚当斯的精彩的描绘，为我们呈现了 1776 年的精神。最出彩的是，他抓住了大陆会议在费城滔滔不绝的崇高言辞和大陆军在纽约九死一生的险境之间那种微妙而复杂的互动关系。这本书是对美国革命战争丰富文献的珍贵补充，值得我们品味、思考和欣赏。

——若恩·切尔诺（Ron Chernow），

《华盛顿的一生》（*Washington: A Life*）作者

埃利斯又一次向我们展示出，对那些广为人知、清晰无误的事件所作出的适当叙述，能够展示出这场迫使人们兵戎相见的冲突的深层原因。他的洞见和深思让他成为讲述美国革命的大师。

——埃德蒙·S. 摩根（Edmund S. Morgan），

《本杰明·富兰克林》（*Benjamin Franklin*）作者

人物表

北　美

约翰·亚当斯（John Adams，1735～1826）　美国政治家，《独立宣言》起草者之一，美国第一任副总统，第二任总统。原为一名律师，后加入争取北美独立的事业中，并成为大陆议会的重要代表。

约翰·迪金森（John Dickinson，1732～1808）　宾夕法尼亚出席大陆会议的代表，但他属于温和派，寻求以和平方式解决北美与英国的争端。

本杰明·富兰克林（Benjamin Franklin，1706～1790）美国著名政治家、外交家、科学家，也身兼出版商、记者、作家等多重身份；大陆会议重要领导人之一，《独立宣言》起草者之一，并成功帮助北美的独立事业获得法国的支持。

托马斯·潘恩（Thomas Paine，1737～1809）　出生于英国的美国思想家、作家、政治活动家；生于英国诺福克郡，37 岁移居英属北美殖民地，他撰写的小册子《常识》在思想上极大地推动了北美独立的进程。

托马斯·杰斐逊（Thomas Jefferson，1743 ~ 1826） 美国政治家，美国第三任总统，《独立宣言》起草者之一，也是主要执笔人。

乔治·华盛顿（George Washington，1732 ~ 1799） 美国首任总统，独立战争时期大陆军总司令，在北美独立与建国的过程中发挥了非常重要的作用，被人们尊为“美国国父”。

纳瑟内尔·格林（Nathanael Greene，1742 ~ 1786） 大陆军著名将领，华盛顿手下得力干将之一。

英　国

乔治三世（George III，1738 ~ 1820）　英国国王，于 1760 年登基，他对北美采取的压迫性政策加速了北美独立的进程。

乔治·杰曼（George Germain，1716 ~ 1785）　英国政治家，北美独立战争期间处理北美事务的国务大臣，对于英国失去北美十三州负有很大责任。

威廉·豪（William Howe，1729 ~ 1814）　英国陆军军官，著名的豪氏三兄弟中的老三，美国独立战争时期担任在北美的英国陆军第二任总司令。

理查德·豪（Richard Howe，1726 ~ 1799）　英国海

军上将，著名的豪氏三兄弟中的老二，美国独立战争时期担任在北美的英国海军总司令。

亨利·克林顿（Henry Clinton，1730～1795） 英国陆军军官及政治家，北美独立战争期间先后担任在北美的英国陆军副司令和总司令。

谨以此书纪念阿什贝尔·格林（Ashbel Green）

目　录

前　言　/ i

1　谨慎要求　/ 1
2　武器与兵力　/ 32
3　不吠之犬　/ 63
4　诸如此类　/ 89
5　追寻美德　/ 114
6　战争之雾　/ 141
7　民心所在　/ 173
8　漫长的战争　/ 199
9　后记：必要的虚构　/ 220

致　谢　/ 236
注　释　/ 239
索　引　/ 283

前　言

如果赋予夏天以更为宽泛的定义，那么1776年的夏天 ix
可以说正是美国历史即将展开的时刻。在那一年5月到10月这段时间里，人们达成了对于北美[1]独立的一致意见并正式宣布了这一决定。他们首次提出关于美利坚共和国的蓝图设想，直面并巧妙应对了足以影响这个国家未来的那些难题。而有史以来最庞大的海上舰队也不远千里跨越大西洋来到这个地方，打算将北美的叛乱扼杀在摇篮中，它们后来差那么一点点就成功了。

---

① 一般来说，美国的独立是以1776年7月4日大陆会议通过《独立宣言》为标志，随后在1783年9月3日英美双方签署的《巴黎条约》中，英国正式承认美国的独立。而从殖民者踏上此地开始一直到《独立宣言》发表的这段时期里，美国习惯上被称为北美殖民地。由于本书所覆盖的时间范围正好是处于美国独立的进程之中，因此译者将大致以1776年7月4日为界，把这个时间点之前提到的America译为“北美”或“北美殖民地”，而把之后提到的America译为“美国”，而像American Revolution这类概括了整个事件进程的术语中的America（n）则统统采用“美国”的译法。此外，考虑到文中英美双方视点的频繁转换，在部分地方译者将根据上下文另作灵活处理，但总体来说，译文中大部分的“北美”和“美国”均指同一个地方。（本书脚注均为译者注）

这个故事有着两条相互交织的叙事线索，它们通常因为各自不同的进展而被当作独立的记录讲述。第一条线索是政治方面的，它讲述了北美十三个殖民地是如何联合到了一起，并达成了脱离大英帝国的一致决定。这个故事的中心场景是大陆会议[①]（the Continental Congress），而主要演员（至少在我的故事版本里）有约翰·亚当斯（John Adams）、约翰·迪金森（John Dickinson）、托马斯·杰斐逊（Thomas Jefferson）和本杰明·富兰克林（Benjamin Franklin）。

第二条叙事线索是军事方面的，它讲述的是长岛和曼哈顿的战事。在这两个地方，英国海陆两军给由业余人员组成的北美军队带来一系列毁灭性的重创，然而却错失了所有给这一切画上句号的机会。这个故事的焦点所在是大陆军[②]（the Continental Army），而主要演员有乔治·华盛顿（George Washington）、纳瑟内尔·格林（Nathanael Greene），以及一对来自英国的兄弟，理查德·豪与威廉·豪（Richard and William Howe）。

x 我接下来要提出的论点是，政治和军事这两条线索是这个故事的两面，只有放在一起讲述，我们才能理解它们。它们都发生在同一时间，一条线索中的事件会影响另一条的走

① 美国独立战争期间及战后，殖民地各州人民的代表机构，其代表为各州人民说话并采取集体行动。

② 美国独立战争中的英属北美殖民地的军事力量，于 1775 年 6 月 14 日根据大陆会议的决议建立。

向，大部分现代学者单独地看待这一事件的不同方面，但事件的当事者却经历着它的全部。

尤其值得一提的是，推动6月到7月之间在政治上达成关于北美独立的一致意见的，是对英国即将在纽约展开的入侵行动的广泛憎恶。英国军队与北美军队双方的指挥者在多个场合都做出了开战决定，而他们做出这些决定的原因是意识到了它们将对舆论产生的政治影响。发生在长岛和曼哈顿的那些战斗，更多的是争夺民心的政治竞赛，而并非只是争夺领土的军事行动。

由于已经知道了美国革命（the American Revolution）的结果，我们也因此忽视了这个紧张时刻的复杂特点。在这个时候，一切都处于均衡状态，历史正在以一种不断加快的速度向前推进，英国与北美双方——尤其是北美一方——都徘徊在巨大灾难的边缘。大陆会议的代表们和大陆军的军官们，在难以预料后果的情况下，被迫做出了一连串十分紧急的决策。正如亚当斯所说的那样，在这个状况不断变化的时刻，他们活在“革命之中”。从定义来看，这差不多意味着，他们在前进的途中正在酝酿着这样一场革命。

有两种信念此时也产生了冲突。第一种信念是，英国的陆军和海军是不可战胜的。而结果证明，这是真的。第二种信念认为，北美独立之事业［通常被当作某种半神圣魔咒一样的“这项事业”（The Cause）］是不可避免的。结果证明，这一点更是真理。要作为历史学家还原这个紧张时刻的面貌，那么就必然以当时北美与英国双方的那些决策被当事者所提出时的情境来审视它们。而如何评价这些决策，则是由我们身处21世纪的优势地位所自然而然具备的功能。

例如，大陆会议曾做出了一项特别的决策以避免任何对奴隶制问题的考虑，即使大部分代表都充分意识到奴隶制违背了他们为之奋斗的那些原则。在这一点上，亚当斯表露得
xi 最明显，因为他比任何人都清楚地表示，要暂缓美国革命的全面承诺，以确保在独立问题上坚定的一致意见。我们不可避免地要问这样一个问题：这究竟是一项令人钦佩的、伯克意义上的务实的决议，还是在“推迟正义就是否定正义”这一模式中的道德失败？尽管我们已经知道下一个世纪的美国历史会发生什么。[1]

让我们再举一个例子，我们最近在东南亚和中东的经历，使得我们能够理解远在异国他乡的占领军所面临的困境，他们面对的是当地有着革命计划的敌人。豪氏兄弟运气不佳，他们在现代历史中首次遭遇这样的境地，因此他们认为自己在军事上的优势将会是决定性的，因为他们没有理由去相信其他的可能性。从传统的军事观点来看，至少在战术上，他们在纽约战役中的表现堪称海陆联合作战的教科书式的典范。但是我们认为，是一种多少有点受到抑制的帝国主义的力量，改变了核心问题。问题不是“英国怎么可能会输？”而是“他们在事实上是否曾有过能赢得战争的机会？”[2]

如果这样的机会的确存在过，它就应该是在1776年的

夏天，当时豪氏兄弟屡次错失在长岛和曼哈顿一举歼灭大陆军的大好时机。机会、运气，甚至天气的风云变幻，都与豪氏兄弟的战略和战术决策一样，扮演着至关重要的角色。兄弟俩的这些决策在战后饱受批评，在事后看来，他们所制定的略显谨慎而局限的目标源自对所面临挑战的根本性的错误理解。如果大陆军不复存在，这次反叛的命运会怎样？关于这一点，当时北美方面内部有过不一致的意见。我们永远无法知道答案，因为尽管当时大陆军确实陷入过九死一生的险境，但全军覆没的情况并没有发生。后来的历史的确也让我们知道，一旦豪氏兄弟在战争初期错失了摧毁大陆军的良机，它便永远不会再来。

所以这里要讲述的是美国革命诞生的故事，是那些伴随着整个革命进程的苦难忧患，是政治和军事领域里的那些影
响了最终结果的大大小小的决策。它被当作一个故事讲述， xii
这意味着叙事将被设定为最重要的分析方法，而还原这个故事在当事者眼中的本来面目，则必须优先于任何由我们当下的智慧所赋予的观念。

在我们开始打开探索过去的地图之前，有两个看起来很奇特的特征值得一提，因为它们与我们心中所抱有的期待并不相符，因此需要提前在这张地图上被标注出来。

第一个特征是一种独特的荣誉感，那是一种中世纪世界的残余，它仍然存活着，并且无所不在，特别是在 18 世纪的军事文化中。这种半骑士风格的准则的核心概念就是名声（character）；它认为，一系列被明确界定的原则会

一直支配着绅士的行为，特别是在具有高度压力或者危及生命的情境中。被这种贵族的荣誉感所驱使的人将会以某些在我们看来很奇怪的方式行动，比如在枪林弹雨中傲然挺立，而不是卧倒或寻找掩护。将军们在战场上讨论战略战术选择时，也会遵循类似的独特逻辑，因为他们认为撤退是可耻的，会让他们的名声受损。在我们的故事里，华盛顿就是最明显的受荣誉感驱使的角色，如果不用这种 18 世纪的观点来看待，他在纽约战役（the Battle of New York）中的指挥表现就会显得难以理解。

我们需要在这张地图上标注出的第二个地方，实际上是一片空白之地。因为我们知道，美国革命最终创立了一个统一的民族国家，这个国家后来又成为世界强国，因此人们不可抗拒地要将后来的发展放入这个故事里解读。但实际上，在 1776 年还不存在共同的美利坚民族意识，即使大陆会议和大陆军可以被视为这种民族意识的萌芽。殖民地以及后来的各个州之间的所有联盟关系，都被认为是权宜的、临时的安排，广泛分散的北美人口所怀有的忠诚，就其着眼的范围而言，仍然只是地方性的，或者至多只是区域性的。对此外其他情形的设想，就意味着将某种程度的政治统一性强加于更为散乱的现实之上，这也低估了议会和军队的领导者所真
xiii 正面临的困境。他们正精心计划着以北美人民（他们还没有成为美利坚民族）的名义对政治上和军事上的种种挑战做出一次集体的回应。就这一点而言，“美国革命”（American Revolution）这一术语是具有误导性的。

随着这些警示性标志的出现，让我们回到1776年的暮春时节。一场不宣而战的战争已经进行了一年多，一支庞大的英国舰队正准备跨越大西洋并送上致命一击，以求将北美的叛乱扼杀在摇篮之中。而与此同时，大陆会议还没有宣布北美的独立，因为温和派的代表们认为与大英帝国开战是自杀行为，而且人们也看不到殖民地人民对北美的忠诚。一支众所周知的箭已然离弦，很明显它将会降落在纽约，那里是英国入侵的明显目标。人们越来越不清楚是否能够达成关于北美独立的一致意见，尽管约翰·亚当斯宣称他知道历史将走向何方。

1

谨慎要求

摩西不是说过这样一句话吗，“我是谁？在这个伟 3
大的民族面前我将要扮演什么角色？”我思索着那些已成过往的重大事件，以及那些正在进行着的更为重大的事件，并意识到一直以来我是那样努力地去触发某些事件的机关，推动某种进程的转轮，而这些举动已经引发并将继续引发这样的效应。每当想到这些，我心中便深怀敬畏之情，这种感受难以言表。

——约翰·亚当斯 1776 年 5 月 17 日写给阿比盖尔·亚当斯（Abigail Adams）的信

到 1776 年春天为止，英国军队与北美殖民地军队惨烈地相互厮杀已整整一年。莱克星顿①（Lexington）和康科德（Concord）的战事只是一些小规模的冲突，而邦克山战场②

---

① 马萨诸塞州小镇，1775 年 4 月 18 日晚美国独立战争在此打响。

② 美国独立战争初期，殖民地人民取得的一次重要胜利。1775 年 6 月 17 日，15000 多名大陆军在查尔斯河对岸的邦克山顶住了波士顿港内英国舰队的炮击，并给英军造成 2300 人的惨重伤亡，但最后还是被迫撤离。

却成了一片血海，其中英军伤亡尤其惨重，他们损失的一千多名将士几乎占去了进攻兵力的半数。北美军队的阵亡者总计有数百人，不过这一数字还应该更多，因为这一数字不包括那些被遗弃在战场上的伤兵，他们死于英军清场行刑队的刺刀之下，这些英军士兵由于众多战友的离去而怒火满腔。在伦敦，人们曾听一位退休军官说，要是北美军队再有几次这样的胜利，英军就要尽数覆灭了。

在随后的九个月里，在一场被称作“波士顿围城”（the Boston Siege）的马拉松式的会战中，乔治·华盛顿将军①指
4 挥的那支由两万民兵部队组成的联军成功牵制了威廉·豪指挥的 7000 名英国守军。对峙局面在 1776 年 5 月结束，华盛顿凭借安放在多彻斯特高地（Dorchester Heights）的大炮，迫使豪撤离该城，并由此获得军事主动权。阿比盖尔·亚当斯目睹了英军从佩恩山（Penn's Hill）附近驶离北美的场面。“你可以看到有一百七十多艘船，”她记叙道，“它们看起来就像一片森林。”在那时，人员混杂的民兵已经被称作大陆军了，而华盛顿则早已成为名副其实的战争英雄了。[1]

除了这些战事以外，还有英国海军发动的几次对新英格兰沿岸城镇的袭击，以及由贝内迪克特·阿诺德（Benedict Arnold）领导的 1000 名美军进行的一次不成功的远征，这支部队能够于隆冬时节穿越缅因州的荒野开路行进，却在试

① General 按照军衔来讲是“陆军上将”，但是译文中按照常用译法译为“将军”。

图攻占魁北克（Quebec）的英军要塞时遭遇惨败。尽管大多数军事行动都只限于新英格兰与魁北克境内，但是没有人能够有理由否认，争取北美独立的战争（当时还没有被称作美国革命）已经开始了。

但是如果你将镜头拉远一些，将费城的大陆会议纳入视野，那么这幅争取独立的图景就会变得模棱两可，非常奇怪。因为尽管战场上的厮杀在不断升级，但是该会议的官方立场却仍然是继续保持对英国王室的忠诚。会议代表们虽然还不至于否认战争的爆发，但是他们却拥护“乔治三世（George Ⅲ）并不知道这场战争”这种奇怪的说法。［他们认为］那些撤离波士顿的英国军队不是国王陛下的军队，而只是“内阁的部队”，也就是说，英国政府内阁的人在采取行动时没有让国王知道。[2]

大陆会议里的每个人都知道这只是妄想般的捏造臆想，然而它却也是非常重要的虚构说辞，它维持了殖民地与英国王室之间的联系，并开启了和谈的可能。毫无疑问，托马斯·杰斐逊心里隐藏着这样的动机，因为他在几个月后写下了如下文字：“的确，出于谨慎的考虑，一个统治已久的政府不会因为转瞬即逝的轻率理由而被改变；相应地，一切经验都显示，人类更易于在邪恶能够被忍受的时候去忍受邪恶，而不会通过废除他们已经适应的习惯来改进自 5
身。”[3]

也许有人会反驳道，北美军队中那些在邦克山战场死于刺刀下的受伤的孩子已经远不是转瞬即逝的轻率理由了。华盛顿自己曾经透露，他一了解到战场那种惨烈的情形，就对会议里的温和派们失去了耐性，这些温和派——这成了他最喜欢的说法之一——“仍然在想着用‘和谈’这道大餐来喂饱自己”。尽管华盛顿向部下们声明了军队接受的命令是来自大陆会议——人民对军队的控制是会议不容置疑的信念之一——他却不相信，除了北美独立，还能有其他更为次要的事业可以让他送这些勇敢的年轻人去为之献身。对于他而言，对于军队而言，这就是“这项事业”的含义。虽然华盛顿在费城的上司们在爱国的道路上已经落后于他，但是他直言不讳地预测道，他们迟早会赶上来。[4]

然而与此同时，在1775年最后几个月里，北美独立战争的军事阵线和政治阵线并没有结成一致的同盟。北美对于大英帝国的淫威的反抗实际上有两种表现形式；对于英国议会对北美统治权的认定，北美人民的回应也由两个中心所代表。由华盛顿统领的大陆军已将北美的独立视为必然结果，认为它只是对既成事实的合法化。而大陆会议则认为北美独立是万不得已的最后选项，由来自宾夕法尼亚的约翰·迪金森领导的温和派们仍然认为，独立是一种自杀行为，需要不惜一切代价来避免。

形势在当时就很明显了，人们回过头看也只会发现，它随后也只是变得越来越明显而已。英国政府内阁的策略显然打算利用两种立场之间的鸿沟，其方法是提议对大英帝国进行局部重组，给予北美殖民地一部分对自身内部事务的控制权，而作为回报，北美殖民地需要重新对国王宣誓忠诚。两

年以后，英国政府内阁也确实提出过这样的方案，但到那时已经太晚了，有太多的人已经死去或将抱残终生，有太多的 6
妇女已经惨遭蹂躏，有太多人的生活已经被永远地改变。除了北美彻底的独立已别无他途。

* * *

事情为何会发展到如此地步？作为一份全面的历史记录，需要花费大量的篇幅来回顾在当时已经持续十多年的宪制争端（constitutional arguments），那场争端要从 1765 年的印花税法案[①]（the Stamp Act）讲起。而更为简洁的政治历史的解释则会将这项宪制争端的核心视为关于统治权问题的冲突。英国方面的基本论点由英国伟大法学家威廉·布莱克斯通（William Blackstone）清楚而有力地提出，在他的《英格兰法律评论》（*Commentaries on the Laws of England*, 1765）中，他以最权威的口吻坚定地声称，在每一个国家都应该有“一个至高无上的、不可抗拒的、绝对的、不受控制的权威，该权威拥有主权权利（jura summi imperii），或者说是统治权权利”。在大英帝国，这个至高无上的权威就是议会。一旦你接受了这个论点，按照其逻辑必然会得出这样的结论，即议会拥有向北美殖民地征税以及为它制定法律的权力。[5]

殖民地人民反驳了这种法律上的解释，他们用那条半神

① 1765 年英国议会通过印花税法案，旨在对殖民地的各种印刷品征税以增加财政收入，此举有损北美殖民地人民的利益，引发了双方的持久冲突。

圣的辉格党[1]原则来审视自身的情况，该原则认为，在没有得到本人同意的情况下，不得对任何英国公民征税或是要求他们服从法律。由于北美殖民地人民并未在议会取得代表席位，因此议会通过的法令对他们没有效力，他们只需要遵守他们自己的殖民地议会通过的法律即可。

到 18 世纪 70 年代早期，这场争端在逻辑上和法理上都已经陷入僵局，两种关于大英帝国的对立观点被迫持续共存：具有浓重大英帝国色彩一方的观点认为，北美的统治权在英国议会手中；而支持北美的另一方的观点则认为，当地人民的同意才是最根本的重点，统治权在各个地区自己手中，所谓共同的北美殖民地联盟只是对于英国国王而言。英国模式的构建受到了过去的欧洲帝国（主要是罗马帝国）的启发。北美模式没有任何过去的先例，但它却预示了一个世纪以后的英邦联（the British Commonwealth）。

7 在 1774 年，英国政府认为这种僵局已经到了不可忍受的地步，同时为了回应在波士顿港发生的被称为“茶党事件”[2]（the Tea Party）的恶意破坏行动，英国政府决定在马萨诸塞实行军事戒严。回想起来，这可是一项至关重要的决断，因为它将宪制争端转变成了一场军事冲突。这场冲突正

---

① The Whig，英国政党，产生于 17 世纪末，19 世纪中叶演变为英国自由党；在北美的辉格党也称自由党，后演变为共和党。

② 1773 年 12 月 16 日，波士顿民众为反抗英国殖民当局的高税收政策，愤怒地把英国东印度公司 3 条船上的 342 箱茶叶倾倒在波士顿海湾，参加者被称为茶党（Tea Party），而这一事件也因此被称作“茶党事件”。

好缓和了关于大英帝国的两种对立观点，即这个帝国的形成或是基于胁迫，或是基于共识。

但是在那个时候——1775 年初——来自大西洋两岸的声音呼吁谨慎行事，双方都充分意识到如果开战他们将得不偿失，并且他们都竭尽全力要不惜一切避免战争。

在英国这一方，关于改变路线的争论来自议会中最杰出的两名成员。在上议院①中，查塔姆伯爵威廉·皮特（William Pitt，Earl of Chatham）这位公认的为英国在法印战争②（the French and Indian War）中赢得胜利的人物，当仁不让地成为意见领袖，并挺身谴责将冲突军事化的决定。他建议英国军队从波士顿全面撤离，认为这些军队只是火药桶，将会引发导致战争的煽动性事件。英国政府应该通过谈判谋求政治解决，以确保“他们的财产的神圣性不受侵犯，并且仍然处于他们的支配之下”。皮特认为，北美殖民地十分珍贵，万万不能失去，英国政府应该听取忠告，给予北美殖民地人们所要求的一切。[6]

来自下议院③的埃德蒙·伯克（Edmund Burke）多次发

---

① House of Lords，英国两院制议会的上院，主要成员包括教士、世袭贵族、终身贵族（1958 年后由首相任命）以及最高法院（英国最终的上诉法院）的法官，但从历史发展来看其权力一直在不断缩小。

② 1754 年至 1763 年间大不列颠王国和法兰西王国在北美的一场战争，其结果之一是法国割让法属路易斯安那的密西西比河以东部分给英国，这场战争确立了英国在北美东半部的控制地位。

③ House of Commons，英国两院制议会中由普选产生的立法机构，拥有征税和表决拨款给公共部门和服务机构的权力，是不列颠的主要的立法机构。

表同样的观点，尽管他强调的重点显露出辉格党的价值观。他认为北美殖民地人民拥护——甚至是强行地推行着——英国内阁政府所提倡的价值观。在伯克看来，北美人民在这场争论中扮演着更具优势的那一方，如果接下来爆发战争，他们很可能会赢。政治智慧的精髓就在于，要避免这样一场战争，以及它所引发的令人痛苦的后果。[7]

皮特和伯克是最能言善辩、最受尊敬的两位议会成员。在1775年初，他们的言论一起给予了英国内阁警告，他们认为内阁正在走向一场不明智、不必要并且也可能难以取胜的战争。

来自大西洋另一端的声音同样建议谨慎和妥协。在大陆会议内部，大多数温和派代表来自中部①的几个殖民地，主
8 要是宾夕法尼亚和纽约。至少因为两个原因，这种情况造成了很大影响：首先，英国政策的愤怒矛头明确指向的是马萨诸塞，尽管费城和纽约的居民觉得有义务与他们在波士顿的兄弟们同仇敌忾，但是这种感情并没有转化为那种能够引领他们渡过困难的深渊、走向北美独立后的新世界的决心；其次，比起新英格兰，中部殖民地的人口在种族构成上、政治上以及宗教信仰上都更为多样化，更像是一锅各类人口的大杂烩，其中德国人、苏格兰-爱尔兰人、法国胡格诺派教徒与贵格派精英共生共存，这种现象激发出的社会效应使得

---

① 指当时英属北美殖民地的中部地带，并不是指这些殖民地位于整个北美大陆中部。

“和平共存”的宽容原则受到普遍重视[8]。

结果就是，北美的政治气候，就像地域性的季节气候一样，在哈德逊河西南方总是要温和一些。如果挥之不去的加尔文教派残余赋予了像约翰·亚当斯这样的新英格兰人一种锋芒，那么中部殖民地的杰出领导者们就更像是那些掠过激流表面的圆滑石头。因此，只是从波士顿来到了费城，本杰明·富兰克林就能够自我塑造成为拥有和善平静品性的典范人物，这绝对不是偶然。

大陆会议中这种温和心态的典型就是约翰·迪金森。无论在生理上还是在心理上，迪金森都是亚当斯的反面：高大、瘦削，肤色略显苍白，沉稳谨慎的举止风度传达出他对于自己在贵格派精英中的地位以及他在伦敦四法学院①（the Inns of Court）所受法律教育的自信。早年所体验过的英国社会的世界主义景象，让他确信大英帝国是一个由共同利益与相互好感所联系起来的、横跨大西洋两岸的大家庭。亚当斯将英国议会向殖民地征税的企图视为英国旨在奴役他们的有计划的阴谋；与亚当斯不同，迪金森相信，这些强制性措施只是暂时的失常，只是一次家庭的内部争吵，是航船之下终会平息的波涛[9]。

在这场帝国危机的最初几年里，迪金森也许是帝国内部

① 也称律师学院，成立于中世纪时期，由林肯律师学院（Linconln's Inn，1422年）、中殿律师学院（Middle Temple，1501年）、内殿律师学院（Inner Temple，1505年）、格雷律师学院（Gray's Inn，1569年）组成，但四所律师学院是互不隶属的。

最杰出的殖民地权利拥护者，这主要是因为一套名为《宾州农人信札》（*Letters from a Pennsylvania Farmer*）的小册子。这些小册子认为，英国议会不仅缺乏向殖民地人民征税
9 的权力，并且也不能为了增加税收而操控殖民地贸易。与亚当斯一样，他通常被认为是北美一方最引人注目的法制思想家，因此1774年他当选大陆会议代表也只是预料之中的事情。

但是，亚当斯相信，否定英国议会的权力一定会不可避免地使北美走上脱离大英帝国的道路；而迪金森则坚信，一定存在某条中间道路，它既能保护殖民地权利，又能避免北美独立，他认为北美独立是一条极其危险的道路。英国肯定不会允许北美和平地脱离帝国，这意味着一场战争，而在这场战争中美国没有希望获胜：

> 我们未曾深刻地品尝过那名为“战争之运”（Fortune of War）的酒杯中的苦涩滋味……一场惨烈的战斗输掉了……疾病在不适应营地封闭生活的军队中肆虐开来……南部殖民地黑人奴隶起义的危险……不时闪现的分裂思想……错误的期待与自私的计划在现实中也许只会对我们不利。[10]

这并非不切实际的想象（实际上，迪金森所预见的一切后来都发生了）。于是，出于种种理由，人们需要寻找一条除了独立以外的走出这种两难境地的道路。所以，虽然迪

金森坚定地支持着马萨诸塞被围困的人民，并且还为大陆军募集钱财和人手，然而他最赞许的方案，还是组建一个和平委员会，这个委员会将前往伦敦，并通过协商达成某种明智的妥协。

尽管这样一个委员会未能得以组建，但是迪金森的妥协思想的大体要旨已经相当清楚了。[他认为] 英国内阁将会承认殖民地议会所有征税和立法行为的主权。而殖民地人们将自愿地服从英国议会对殖民地贸易的管制，这种管制不是为了增加税收，而是为了确保殖民地与大英帝国之间特别的商业关系。殖民地人民还需要公开表明他们对国王的忠诚，以及继续接受国王庇佑的愿望。这实际上等于回到了先前
1763 年时的状态①，那时英国内阁也曾试图强制推行帝国错 10
误的改革。[11]

只要这场帝国危机停留在法制冲突的阶段，迪金森的妥协思想就会提供一个切实可行的解决方案，这的确也明显是伯克和皮特等英国政治家乐意拥护的方案。但是 1775 年 4 月的战事一打响，从法制冲突到军事冲突的转变就永远改变了双方的政治走向（邦克山战役之后更是如此）。大西洋两岸的温和派被清扫出了这场争斗，而最显而易见的妥协就是战争的伤亡。[12]

---

① 指 1763 年英国国王乔治三世发布《1763 年公告》（Royal Proclamation of 1763）。该公告实质上禁止了北美殖民地人民在阿巴拉契亚山脉以西的地方购买土地或定居，但当时已经有相当数量的人在这些地方拥有土地，所以此公告的发布成为美国独立战争爆发的原因之一。

亚当斯认为，在这种新的形势中，迪金森坚持和解的思想是错误的，更是让人气愤的。“这位有着非凡运气与游说才能的人的名声是如此如雷贯耳，他让我们的全部事业蒙上了一层愚蠢的色彩。”他在给友人的一封信件中如此嘲讽道。当后来英军截获了这封信并设法将它出版的时候，亚当斯备感尴尬，尽管他仍然坚持对朋友宣称，所引起的争议只会暴露迪金森那些不断幻灭的愿望的无济于事。因为迪金森温和的解决方案完全是指望着会有一位能够接受和解的国王，而1775年末和1776年初的一系列事件最终表明，乔治三世（George Ⅲ）没有任何兴趣去扮演这样一位国王的角色。[13]

* * *

许多年以后，当约翰·亚当斯被问及“对于推动大陆会议关于独立的议程中谁的贡献最大”时，许多提问者原本以为，亚当斯会先谦虚一番，然后将这份荣誉归于自己。但是他却饶有兴致地将这个奖项颁发给了乔治三世，这着实让大家吃了一惊。毫无疑问，他所指的是1775年8月发布的皇家宣言，以及随后国王在10月对上下议院的演讲。[14]

显而易见的是，乔治三世被关于那场事后被称为“毁灭性的胜利”的邦克山战役的报告所震惊，这使他确信，北美殖民地发生的一系列事件已经超过了可以用战争以外的
11 政治手段解决的临界点。所以他宣布，殖民地人民正处于叛乱状态，并且已经不在他的保护之下。随后，他冻结了大英帝国内所有的北美殖民地资产，让所有英国港口向北美船只

关闭，并敦促派出一支特遣部队以给予刚刚兴起的叛乱致命一击。除了2万名英国正规军，他还下令招募了1万名雇佣军，这些雇佣军有的来自俄国，有的来自德意志各诸侯公国，这些公国有着按照腓特烈大帝①的严格传统训练出来的专业士兵。当关于这一新近出现的先发制人行为的消息传到北美时，亚当斯忍不住以他那一贯的不屑语气对此进行了一番评论。“通过从国外不断传回的情报，”他在给友人的信件中这样写道，“我们越来越能够确信的是，一种邦联组织将会形成，它将与那些头戴冠冕的君主和那些反对人性的欧洲傻瓜们并立。”[15]

到新年伊始的时候，乔治三世的一意孤行已经断送了大陆会议中温和派的和解计划。因为温和派将他们的所有希望都寄托在一位明智而友善的君主身上，这样一位君主对北美臣民的父母般的关怀最终会让英国内阁和议会中的主战派们恢复理智。现在乔治三世已然表明，他也许就是英国政府中最积极的战争拥护者。国王自己采取了主动，而他的朝臣们也立即在他的身后列队支持。当温和派们还在忙着阻止任何宣告北美脱离大英帝国统治而独立的行为时，乔治三世实际上已经发表了他自己要“脱离”北美而“独立”的宣言。

对于政治和解这一愿景最后的一击——鉴于伦敦方面传

① 即腓特烈二世（Friedrich Ⅱ von Preußen, der Große），普鲁士国王（1740～1786年在位），在位期间实施了一系列卓有成效的军事改革，所培养出来的军队具有强大的作战能力和严明的军事纪律。

来的消息，这几乎算是致命一击了——以一本长达 50 页的小册子的形式出现了，这本由某位匿名作者所写的、名为《常识》（*Common Sense*）的小册子出现于 1776 年 1 月。《常识》一书的文体和内容都很切合它的题目，因为它是用人们习惯的日常语言写成，既通俗易懂又令人振奋，它直接使用了小酒馆和咖啡店里的普通美国百姓交谈中的用语，在这些场合中，复杂的宪制争端被“一座岛屿不能统治一片大陆”这种更为直白的断言所替代。《常识》也是对君主制
12 本身的正面攻击，它调侃了“国王直接与上帝说话”这种荒谬的说法，将王室群体形容为一群强盗，并且它还将“乔治三世对他的北美臣民会有哪怕那么一点点的关怀”视为天真的幻想，或者说将之视为所有有责任感的公民都应该从中清醒过来的一场迷梦。《常识》出版的时机非常到位，因为它提供了一封指向英国王室，特别是乔治三世的总起诉书，而此时乔治三世计划发动大规模入侵的消息正开始在美国报刊中流传开来。这本小册子因其文体、内容和出版时机而造成轰动效应，短短三个月内就售出了 15 万册。[16]

最后浮出水面的作者是一位名叫托马斯·潘恩（Thomas Paine）的 39 岁英国男子，当时他仅仅从两年前才开始在费城居住。潘恩的出身背景并无任何优势使他有可能跻身伟大人物之列。在刘易斯（Lewes）① 和伦敦时，他作为店主、丈夫以及紧身内衣生产商都很失败，作为伦敦贫困

① 在美国特拉华州。

工人阶级一员的经历让他心里对英国社会的不公正有着深刻的认识。至于他光彩夺目的文体风格，则是像美女的美一样，是与生俱来的上帝的恩赐。由于没有人听说过潘恩，加上约翰·亚当斯是最引人注目、最坦诚的北美独立倡导者，一开始亚当斯被当成了《常识》一书的作者。“这部作品让我就像个无知婴孩般难以望其项背，”亚当斯回应道，“我无法达到他的文体的简洁有力，也不具有他的简练优雅或是具有穿透力的情感。”[17]

《常识》也有一些地方让亚当斯觉得有问题，主要是潘恩给出的一个方案，即在殖民地脱离英国统治之后建立作为合适政府形式的庞大单院制议会（a large single-house legislature）。潘恩抨击亚当斯“更擅长于破坏而非建设”。但是由于殖民地仍然处于对它们与乔治三世及大英帝国之间关系的“破坏”阶段，《常识》对于“这项事业”有着十分显而易见的重要贡献。在一定程度上，由于这本书的影响，到1776年春天的时候，支持宣告北美独立的人在大陆会议中从少数发展为多数。中部殖民地的政治意见仍然不甚明了，尤其是纽约和宾夕法尼亚的那些亲英派和温和派家 13
族。[18]

* * *

比其他任何人都更有资格来对这个问题做出回答的人是约翰·亚当斯，他已经成为大陆会议中激进派的领袖人物。而他本人看起来与这个角色并不相符。在1776年，当时的他已有41岁，他的牙齿已经开始脱落，头上残存的头发也正在一点点褪去。他身高 5.6 英尺（约 170 厘米），比他那个时代的大多数成年男子都要矮小，他的政敌们将他的矮小身躯比作一枚炮弹，最终给他贴上了“胖墩阁下” （His Rotundity）这样的标签。在他还是一位刚从哈佛大学毕业的年轻人的时候，他就开始记日记，在日记里他多次提到感觉有头“愤怒的公牛”在自己的灵魂里横冲直撞。这些内心的涌动暗潮会周期性地以戏剧化的情绪起伏的形式出现。在 1764 年他与阿比盖尔·斯密斯结婚后，这种情况有所消退，但是从未完全消失，这也给他的朋友和敌人都留下了“他偶尔会失去控制”的印象。他将“平衡”（balance）奉为自己政治哲学的理想模式也绝非偶然，因为他将自己内心感受到的斗争激烈的情感投射到了这个世界之上，并且将政府当作一种平衡机制，这种机制可以防止派系冲突和愤怒失去控制。[19]

亚当斯于 1774 年进入大陆会议，在那时他已经确信，在大英帝国的计划中已经几乎没有留给谈判或者和解的空间了。决定在马萨诸塞实施军事戒严的《强制法案》（the Coercive Act，1774）的通过，已经将他推上了走向独立的道路，而一旦越过这个困难的障碍，他便再也没有回过头。“我已经破釜沉舟，”他回忆道，“无论是幸运还是不幸，无论是生是死，无论是成王还是败寇，我都将与我的祖国同生共死，这是我不曾改变的目标。”[20]

亚当斯要追求“这项事业”还为时过早，因为至少在某种程度上，他还在寻求着“事业”。毕竟，这只是一个年轻人，他还站在镜子前练习着西塞罗①（Cicero）反对喀提林②（Catiline）的演说，还在不断改善自己的肢体语言和面部表情以达到令人印象最为深刻的效果。与大英帝国之间 14
的法制危机提供了一个非常合适的机会，鞭策着他去追求超越自己的伟大事业，也召唤着他走出自己作为波士顿律师所拥有的那一方狭小世界，去迎接有着真正历史意义的广阔天地。他已经在自己的头脑中不断试演着“北美的西塞罗”这一角色将近十年。现在，在乔治三世的推动下，英国内阁一帮无能之辈已经将一个最终被命名为“美国革命”的剧本交到了他的手中。他也做好了担任剧中主角的准备。[21]

从一开始，他在大陆会议中就疏远了那些温和派同事，他告诉他们，他们对英政策的核心——建立在某种与英国议会的权力共享或某种国王的仁慈关照的基础上的和解——不过是一种幻想。“我曾晓之以理，也曾冷嘲热讽，也曾拍案而起，痛批过这种致命的妄想，”他惋惜道，“但是晓之以理无法阻挡这股急流，冷嘲热讽也难以缓和这场风暴。”在1774年和1775年的时候，温和派在大陆会议中还是实际上

---

① 罗马政治家、律师、古典学者和作家。

② 即 Lucius Sergius Catilina（约公元前108年～前62年），罗马的阴谋叛变者。公元前63年他计划刺杀执政官西塞罗和其他对他有敌意的元老，却被西塞罗发现了。两天后在元老院的会议上，喀提林仍然照常出席。西塞罗当众究责他，发表了他那在历史上著名的演说。喀提林提出答辩，但众人的责骂盖过了他的声音。之后他成功逃脱，与他在意大利西北的同谋者及军队会合，但他在罗马的党羽则遭捕杀。

的多数，对他们而言，独立意味着与世界上最强大的军队开战，这是不可想象的。而与他们相反的是，亚当斯回应道，无论结果如何，独立是不可避免的。“我们最终将会相信，这颗毒瘤生长得过于根深蒂固，”他预测道，“扩散太过广泛，以至于没有什么能够治愈它，除了切除之外别无他法。”正如他对阿比盖尔所说：“我们等待着一位弥赛亚……但他永远不会到来。”[22]

亚当斯承认他让自己在很多同事眼中变得面目可憎，这些人将他视为一堆独自燃烧的虚荣之火。这从未让亚当斯感到困扰过，他带着“举世皆浊我独清”的神情宣称，他的不受欢迎正好提供了不言自明的证据来证明他所坚持的立场是有节操的，因为很明显他并没有在迎合大众的意见。因此，他的孤立也展现了他的正直。最令他的对手们沮丧的是，后来的历史事件一件件地都按照他的预言发生了——这也是为什么他会如此看重乔治三世，将他视为不可或缺的同盟——这也更加印证了他所宣称的“知道历史将走向何方”。

令人觉得讽刺的是，到了1776年春天，当事态按照他
15 的预测接二连三地涌来的时候（即乔治三世拒绝了政治和解并倾向于采取战争手段，以及《常识》一书造成的轰动效应），亚当斯的言行却开始变得更加谨慎。尽管他曾声色俱厉地抨击过主流意见，并且讥讽温和派代表们令人绝望的幼稚，但是他却担心北美独立运动不断加速的步伐已经大大超过了人们的理解能力。潘恩的小册子的确曾为“这项事

业”推波助澜，但是它丝毫不清楚北美人民（尤其是中部殖民地的人民）是否已经准备好与国王决裂。（亚当斯）这团先前的熊熊烈焰现在却成了革命力量的谨慎管理者，他所致力于的不是加速这一政治进程，而是让它放缓速度。北美殖民地正“以缓慢而坚实的步伐走向那场伟大的革命”——在关键的这一点上，他还是相当自信的——但是“揠苗助长的催促行为将会带来不满情绪，也许还会带来动乱”。[23]

尽管大家都知道亚当斯是一位脾气火爆的激进派，但是现在他才显露出他作为最罕见的野兽、保守的革命派的真正本色。他一心一意地致力于北美从大英帝国的分离，但同时他也认为，要想取得胜利，就必须在北美人民中就革命达成公开的共识。在这种共识变得令人信服地清楚以前，大众的观念就需要达到“瓜熟待蒂落”的状态。更重要的是，从英国殖民地到美国各州的转变也必须自然而然地发生，不能留下创伤。“我认为这是整个这项事业中最困难也是最危险的部分，”他警告道，“即要想出某种办法，以让人难以察觉的方式，让各殖民地摆脱旧政府的统治并转而对新政府报以和平的、令人满意的顺服。”他想要精心策划一场革命——如果你愿意这么形容的话——并且由他自己亲自来引爆。他对历史的真诚的解读并没有起到什么作用，因为历史证明，其他任何打算这么做的人中没有谁曾取得过成功。[24]

* * *

亚当斯将自己视为有责任感的革命派，在当时的形式

下，这就意味着，在正式宣布独立之前，北美殖民地就需要
16 建立起一套新的政治体制。阿比盖尔已经预见到了这一问题，并提出了一系列尖锐的问题："如果我们从大不列颠分离出来，我们将建立怎样的法律体系？我们将怎样组建政府以保留我们的自由权利？不受普通法管制的政府能够变得自由吗？谁来制定这些法律？谁能给予它们权力和活力？"因为除非是新的政治机构已经存在，否则北美将会面临摆脱了大英帝国的暴君统治却换来本土的无政府状态的危险。[25]

在1776年整整一个春天里，随着亚当斯将独立的想法变得"成熟起来"，他将自己的所有精力集中在独立后的美国政府的体制规划上。他脑中所预见到的一系列符合时宜的事件将会确保北美殖民地从英国统治下的殖民地到稳定的北美共和国的过渡。"各殖民地首先将一致认定所有政府权力都归属于各自的机构"；然后，在他们遵循着共和制的路线对自身的政治体制做出调整以后，"他们应该相互联合起来，然后再确定议会的权力"。只有在这些步骤的每一步都完成了以后，才能做出公开的独立宣言。尽管后来的历史事件将给予这个井然有序的计划以狠狠的嘲笑，但是它却准确地反映了亚当斯内心深处希望掌控这种由与英国当局断绝关系引发的爆炸性力量的愿望。在一跃而起之前，各个殖民地需要知道它们将降落在何处。[26]

接下来，各个殖民地的首要任务就是调整各自的政府体制以适应共和制的原则。因为亚当斯被视为大陆会议中宪制思想家的领袖人物，他被三个殖民地——北卡罗来纳、宾夕

法尼亚和新泽西——的代表邀请去出谋划策。为了这件事情，亚当斯在 3 月末到 4 月初的这段时间里起草了三份章程。他后来决定写出第四份章程并将它出版，以使各殖民地都能分享他所提出的这些意见。这份章程在 4 月 22 日的《宾夕法尼亚邮报》（*Pennsylvania Packet*）上以“关于政府的思考”（Thoughts on Government）的题目刊出。[27]

尽管亚当斯将《关于政府的思考》仅仅当作一份“匆匆写就”的“粗谈浅论”，但是它却代表着他提出了一个英国式的“混合制宪法”（the English “mixed” Constitution）
的共和制版本。各州政府应由三个部分组成，即按照英国模 17
式而来的执法部门、两院制的立法部门和司法部门。但是它不会设立通过世袭产生的君主，取而代之的是通过选举产生的统治者，同时它也不会设立通过世袭产生的上议院，取而代之的是通过选举产生的上议院或参议院——这明确声明了，政治权利是从“人民”这一最初源头自下往上流动，而不是从国王手中自上往下流动。

他也特别强烈地反对托马斯·潘恩在《常识》中提出的能够以最纯粹的方式代表“人民”意愿的庞大单院制议会的方案。对于亚当斯而言，“人民”是一种非常复杂的、有着多种声音和多副面孔的东西，它需要被分散放入不同的机构之中。他认为，潘恩相信一个和谐而同质的大众集体的存在，这不过与有的人相信能有一位英明神武的君主存在一样，都是一种妄想。亚当斯的公式中蕴含着两个互有重合的原则的早期雏形——制约平衡原则与三权分立原则——这两个原则将成为 11 年后的邦联宪法的核心特征。[28]

要建立一个共和制国会有许多种可能的模式可供选择，亚当斯很敏锐地注意到了这一点，而他在《关于政府的思考》一文中提出的模式也不应该被奉为金科玉律。不同的殖民地有各自不同的历史和不同的传统。每个殖民地应该从《关于政府的思考》中汲取最适合自己的政治经验的思想，在一切可能的情况下对旧的制度进行共和制改造，以使人们感受到的变化最小化，并最大限度地保证延续性。

为了实行亚当斯为新的国家体制提出的方案，以取代由英国国王的权威所批准实行的殖民地体制，大陆会议在 5 月 12 日一致通过了一项正式的决议。亚当斯将它形容为“北美大陆有史以来做出的最重要的决议”。三天之后，他又为它添加了一篇序言，这篇序言从形式和内容两个方面让这项决议朝着独立迈出了很大一步。[29]

这篇序言首先历数了对国王的一系列不满，着重强调他回绝了殖民地人们要求他就这些不满做出改正的请愿，然后提到了他决定集结“举国之兵力，并求助于他国的雇佣兵，以准备摧毁这些殖民地善良的人民”（大陆会议有文件暗指国
18 王是这场冲突中的同谋犯，这是第一次）。接下来序言中提到的是，所有的英国法律“以及国王之下的各种权威都应该完全被取消”，而联合起来的殖民地人民应该用自己创设的政府去填补这个空白，“依靠殖民地人民的权力而运作的政府的目的是保护其内部的和平、美德和良好秩序；以及为了保护人民的生命、自由和财产不受他们的敌人的恶意侵害

和残酷剥夺”。[30]

亚当斯立即意识到，真正具有历史意义的事情发生了。两天以后，也就是5月17日，他写信给阿比盖尔，信中洋溢着自豪感，因为他刚刚为自己在历史的记录中留下了浓墨重彩的一页：

> 摩西不是说过这样一句话吗，“我是谁？在这个伟大的民族面前我将要扮演什么角色？”我思索着那些已成过往的重大事件，以及那些正在进行着的更为重大的事件，并意识到一直以来我是那样努力地去触发某些事件的机关，推动某种进程的转轮，而这些举动已经引发并将继续引发这样的效应。每当想到这些，我心中便深怀敬畏之情，这种感受难以言表。[31]

在接下来的数年内，亚当斯一直倾向于认为，5月15日通过的决议是真正的独立宣言，而杰斐逊六周以后那篇广为人知的宣言只不过是事后仪式性的补充。实际上，闪电在5月就已经降临大地，7月里那一纸公文不过是收尾的雷声。这场关于作者身份的争论，这场关于谁在推动殖民地“破釜沉舟”上有贡献的争论，曲解了1776年暮春时分业已存在的政治形势的复杂语境。亚当斯的观点肯定是对的，他认为，5月15日通过的决议是走向独立的重要一步，而在投票之前大陆会议中就此进行的激烈辩论则表明，代表们很清楚，一旦通过这项决议，就不会再有回头路了。而来自纽约和宾夕法尼亚的代表投出的否决票也表明，独立事宜在大陆会议内部仍然是富有争议的。

稍作回顾就能发现，当时的政治危机已经发展到了没有退路的地步。十年以来（1765～1775），北美殖民地人民被
19 卷入了一场与英国议会的宪制斗争中，从最初反对英国议会向他们征税的权力，一直到最终彻底反对英国议会为他们立法的权力。这种对立情绪在1775年春天的爆发，改变了这场宪制争端的政治走势，使得与国王的联系成为与大英帝国最后残存的唯一联系。现在，乔治三世富于敌意和侵略性的举动使这一残存的联系变得岌岌可危，有效地断送了“通过谈判取得政治和解”这一想法的任何现实可能性。这样看来，5月通过的决议与7月发表的著名宣言，都是对一场不可谈判的政治危机在话语上做出的回应，这场危机早已经从伦敦和费城的外交谈判桌转到了战场上，而这一战场就在纽约。在4月的时候，华盛顿就将大陆军调遣到了那个地方，因为根据预测——事实证明这一预测是准确的——英国的进攻将发生在那里。军事事件催生着相应的政治决定。[32]

话虽如此，5月15日通过的决议也有特别的地方，它在一个重要的方面与杰斐逊后来的宣言不同。因为它不仅仅是对于大英帝国权威的拒绝，而且是对于创立新政府以取代不合理的英国统治这一需要的肯定。在这个意义上，它也鼓励着人们公开地宣布，一个独立的北美共和国，或者说是共和制联盟，应该是什么样的。亚当斯有理由满怀信心地认

为，原先的殖民地将会在独立的召唤下联合起来，并且遵照他所提议的路线起草新的宪法。然而除此之外，他也担心自己已经揭开了潘多拉魔盒的盖子，担心那些最狂热的独立支持者将试图落实一份真正具有革命性的行动日程。他只能屏息以待，但是他有理由害怕独立战争会在事实上成为美国革命。[33]

* * *

那种害怕是有事实根据的，它深深地植根于那场亚当斯
及其爱国同人们与英国议会争论了十多年的宪制争端所固有
的逻辑之中。在这场争端的核心问题上，殖民地一方的论点
坚持认为，除非是得到被统治者的认可，否则所有的政治权
力都是专制的、非法的。一旦这种认可被任何名副其实的共 20
和国确立为自己不容置疑的本质，它散发的光芒就会传遍四
方，照亮北美社会的许多阴暗角落。这些角落里的群体能有
足够的理由宣称，他们的权利在没有得到他们同意的情况下
被否定了。

奴隶制是对萌芽中的美国革命所宣称代表的一切的最明显否定。要忽略掉以下事实是非常困难的：北美人口的20%（也就是大约50万人）是非洲裔美国人，这群人中的整整90%是奴隶，而这些奴隶大部分又都住在波多马克河①（the Potomac）以南。亚当斯数次收到请愿者们主张将这项引人注目的议题提上大陆会议议事日程的请求，这些请愿者

① 美国中东部河流，发源于西弗吉尼亚州阿巴拉契亚山脉。

宣称，对这个议题的不重视将会暴露整个反抗英国暴君的事业的欺骗性和虚伪性。

一位来自弗吉尼亚的不知名请愿者最为直白地表述了这个问题：“将许多不幸的人束缚在专制的奴隶制中，这是不是与北美正为自身自由而进行的光荣斗争不相符？这些不幸的人将会被催化成与他们现在的主人们最不共戴天的敌人。”亚当斯从一位仅能读写、化名“人性”（Humanity）的宾夕法尼亚人那里收到过也许是最尖刻的请求：“这些非洲黑人是对我们做了什么，让我们要将他们从他们自己的故乡掳走，并让他们服侍我们到死……？上帝不允许这种事情再继续下去了。”[34]

还有一个被剥夺了公民权利的更大群体，那就是整个女性群体，因为一旦结婚，她们就不能投票或是拥有财产。为女性权利请愿的头号人物不是别人，就是坦诚率真的阿比盖尔·亚当斯。1776 年 3 月 31 日，在一封信息冗杂、涉及许多不同话题——波士顿天花肆虐的影响啊，她计划在自家园子里种植的作物啊——的信中，阿比盖尔在最后“顺带一提”（by the way）的部分（后来这成了美国信件中最著名的“顺带一提”）中袒露了自己的心声：

> 顺带一提，在我提议你有必要去制定的法律体系
> 21 中，我希望你能惦记着女士们，对她们能表现得比对你
> 的祖先更为慷慨和讨喜……要记住，只要有机会，所有
> 的男人都能成为暴君。如果不给予女士们特别的关怀和

照顾，我们将会挑起叛乱，并且不会再让自己受那些不能让我们表达意见或取得代表席位的法律的束缚。[35]

这是亚当斯无法忽略的一份请愿。他以幽默的语气做出了回复，他表示，阿比盖尔的提议只不过是她作为淘气的玩笑提出的。“取消我们男性的体系是不明智的，”他开玩笑地说道，“因为这种体系将让我们完全拜倒在你们的石榴裙下。”连珠炮似的质询信件在布伦特里①（Braintree）和费城之间来往穿梭。在这些信中，阿比盖尔承认她的确是在开玩笑，但是她也极其严肃地坚称，她丈夫提出的关于反对英国议会专制权力的论点也深刻地暗示出在独立的北美共和国中妇女的地位。“但是你必须记住，”她在最后一封质问信中总结道，“专制的政权就像大多数困难的事一样……虽然有你们所有明智的法律和准则，我们将依靠自己的力量，不仅要解放我们自己，还要使我们的主人们臣服，并且不使用暴力就将你们与生俱来的和法律赋予的权威扔在你们脚下。”[36]

就在阿比盖尔以妇女权利之名发起质询两周之前，《宾夕法尼亚晚间邮报》（*Pennsylvania Evening Post*）上出现了一篇评论。在这篇评论中，又一个被剥夺了公民权利的群体，也就是属于劳工阶层的工匠和技术工人，形容他们自己是“穿着皮革围裙的男人”，并对长久以来针对投票所设的

① 在马萨诸塞东部。

财产要求提出了抗议："不是说每 100 个北美殖民地居民里就有 99 个是技术工人和农民吗？如果这些人因为他们财产的原因而不能参与他们的统治者或是政府的决策，那么这不是正好承认了英国议会的司法制度吗？"[37]

在过去的两年之中，许多费城的劳工阶层居民都积极地参与了各种掌控市政府的革命性组织和委员会。并非偶然的
22 是，托马斯·潘恩的到来给予了这一群体一种激昂雄辩的新声音，这种声音就针对投票所设的财产要求的明显不公正性提出了自己响亮的口号。对于他们而言，公民身份不是只有那些富有的人才能享有的特权，而是每个成年男性都应享有的权利，是赋予他本人而不是赋予他的财产的。

在 1776 年 4 月，亚当斯收到过一封新罕布什尔杰出爱国人士詹姆斯·沙利文（James Sullivan）寄来的信，他在思想上与亚当斯相近。沙利文宣称自己对亚当斯得出的结论感到吃惊，但是北美与英国帝国主义针锋相对的论点的逻辑，让他达到了一种在数年之前他还会感觉陌生的境界："法律和政府建立在人民认可的基础之上。……如果一个人在社会中只是一个完全被放逐的角色，那么为什么他应该认可这个社会？除了那些封建时代所谓的律师，没有人能回答。"[38]

亚当斯已经被阿比盖尔以女性之名发出的连珠炮似的质询弄得晕头转向，他只能提醒沙利文，他提出的将选民范围扩大的方案将产生灾难性的后果。"这样下去将永无止境，"亚当斯警告道，"每个一无所有的人都将要求和其他人一样，在所有国家议案中都发出自己的声音。"沙利文只能回

答说，是的，我们正在创造的是一个陌生的新国家，但是它是自然而然并不可避免地来源于北美人民所宣称代表的那些共和原则。[39]

后来的历史让我们知道，在几个月的时间里，下一个世纪将会实现的整个自由主义进程被放进了政治商谈中。这实际上是即将到来的精彩事件的一次预演。但是对于亚当斯而言，在这个事态白热化的时刻中最引人注意的事，同时也是目前北美的行动日程上最重要的事，就是从大英帝国独立。如果这件事失败了，所有其他的政治目标都将成为毫无意义的白日梦。

尽管亚当斯着迷于对独立运动进展的掌控，但他现在却担心那些独立的殖民地兼殖民州①在起草新宪法时可能出现的这些争论会因另一项影响更为深远的政治议题而降到次要地位，而这项政治议题将会使各地在核心的独立问题上难以达成一致。对于核心问题的首要威胁就是奴隶制，因为如果
一旦它成为讨论的话题，波多马克河以南的每个殖民地都将 23
重新思考独立的事情。亚当斯相信，对于人们所期待的共和制北美国家类型的讨论必须推迟到独立战争胜利之后。在现在提及如此具有争议性的话题，就好像是骑手们在离赛马终点线还有几码的时候让马停下以加入关于奖金数额的争论。

---

① 原文为 colonies-cum-states，当时各殖民地的情况比较特殊，它们在独立前名义上属于大英帝国，但是却有着各自的政府机构，而独立后又没有立即联合在一起组建新的国家，因此各殖民地只是介于“地方行政区”和“国家”之间的存在，因此译文在提到各殖民地时尽量只使用其名字，不使用体现独立政治体意味的“州”。

但正是让亚当斯深感骄傲的5月15日的决议，在本质上要求所有13个殖民地就独立问题进行一次讨论，而这样的讨论很容易受到关于未来独立的北美共和国特点的不同意见的干扰。对于这种情况，亚当斯真的束手无策。因为到最后，冉冉升起的共和国只有一个办法能够解决这些棘手的问题，那就是将掌控的权力交给所有市镇、乡村和农场的人民。对亚当斯而言，这实属不易，因为他对于普通人的超自然智慧没有抱有过幻想。通过自上而下的君主制模式，英国政府决定依靠发挥压倒性的军事力量来打垮北美的叛乱，他们正紧锣密鼓地准备着横渡大西洋，给北美送上致命一击。而大陆会议则通过自下而上的共和制模式决定，就北美独立及其内容进行一场结果难以预料的全民公投。事情的进展的确变得更加混乱，但这也正符合殖民地人民宣称自己所代表的那些原则。

因此，随着夏天的临近，所有这些革命的构成因素，就像拼图的碎片一样，纷纷到了各自的位置。乔治·华盛顿刚刚将大陆军从波士顿调遣到了纽约，人们预测英军的特遣部队将会在那里发起进攻。一支将要横渡大西洋的最大的舰队，在海军上将理查德·豪的指挥下，正在英国的数个港口集结；理查德是威廉·豪的哥哥，威廉本人正带着七个兵团从哈利法克斯（Halifax）① 赶来，而阿比盖尔·亚当斯在三个月前曾目睹这些兵团驶离波士顿港。所有殖民地的议会都

① 加拿大新斯科舍省省会城市，位于大西洋岸的哈利法克斯港湾。

举行会议，修改他们的体制并发表他们对于独立的意见。

只有约翰·亚当斯没有行动，尽管眼看费城信使传来的
消息犹如山雨欲来，他的思绪已经在内心翻涌不止。在 5 月 24
14 日，一位不大知名的弗吉尼亚州代表托马斯·杰斐逊与
他站在了同一阵线。杰斐逊在蓝岭山脉[①]（Blue Ridge
Mountains）山麓的山顶庄园照料完生病的妻子后再次走马
上任。尽管在那时杰斐逊并不知道——关于这一点，其他任
何人都不知道——但他却是这副拼图的最后一块碎片。

① 美国东部阿巴拉契亚山脉的一部分。从西弗吉尼亚州的哈珀斯费里附近向西南延伸，经弗吉尼亚州和北卡罗来纳州后进入佐治亚州。

2

武器与兵力

25 我常常在想，要是我没有在这种形势下临危受命，我准会快乐得多，我将扛起我的步枪，参军入伍，或者……隐居于荒村山野之中，求庇于兽皮棚屋之下。

——乔治·华盛顿1776年1月14日写给约瑟夫·里德（Joseph Reed）的信

尽管在1776年的暮春之前，北美独立一直没有得到正式的宣布，但是它已经拥有了自己的烈士和英雄。它的烈士就是约瑟夫·华伦（Joseph Warren），这名本土医生被视为波士顿政坛一颗冉冉升起的新星，而他正好也是亚当斯一家的医生。华伦在邦克山战役中英勇地坚守阵地，直到英军摧毁了他的据点；他在转身逃走时背部中枪，随后他的遗体被几个陷入战争狂热的英军士兵施以乱刀。第二天，一组负责清理北美伤兵的处决部队又重重地侮辱了华伦的尸体，并因此成就了他的壮烈。[1]

而它的英雄就是乔治·华盛顿，一支由不同民兵部队拼凑而成的队伍（现在被称作“大陆军”）的最高统帅。华盛顿身高6英尺多，体重超过200磅，以18世纪的眼光来看

就是标准的彪形大汉（关于华盛顿的身高学术界一直有争 26
议。在他提供给裁缝的说明中，他说自己有6英尺高。在法印战争与他共事的军官们说他有6英尺2英寸。为他的遗体入棺而进行的测量数据则显示他有6英尺3英寸半）。亚当斯在1775年6月提名他当军事统帅，并且后来解释说，他是最合适的人选，部分是因为他是弗吉尼亚人，而弗吉尼亚对这场未来不宣而战的战争的支持相当重要；部分原因则是他比房间里的任何人都高了整整一头。[2]

波士顿围城实在不像是一场战斗，倒更像是一场战术意义上的持久的小步舞曲。北美军队在人数上有着三倍于对方的优势，而英军最终撤离以图日后再战这一事实被北美新闻界看作是一场重大胜利。这场胜利的明显象征就是华盛顿。不仅哈佛大学授予了他荣誉学位，而且马萨诸塞议会①（the Massachusetts General Court）也发表了声明，预言人们将会建起以他名字命名的纪念碑。大陆会议也颁发了一枚金质奖章以纪念他取得的胜利。大陆会议主席约翰·汉考克（John Hancock）解释了这枚奖章被用来纪念什么：“美国历史的这一篇章将会把您的头衔放在名誉殿堂中醒目的位置，以告诉子孙后人，在您的带领下，一支散漫的平民部队，在几个月的时间里，变成了真正的战士，[并打败了] 一支由最老练的将军所率领的历经百战的军队。”[3]

事实就是如此。“英军不可战胜”这一广为流传的观念

---

① 当时马萨诸塞的立法机构。

已经被打破。不仅英国舰队在失败和耻辱中黯然离去，而且人们也得以发现北美军事胜利的法则。对自己为之奋斗的事业有着坚定信念的业余士兵能够打败为酬劳而战的英国职业军人——也就是说，指挥北美军队的是这样一位自然产生的领袖，他证明了自己有能力激发麾下那批出身市民的士兵心中源源不绝的爱国热情。华盛顿明显就是那个角色，而现在他一个人就成了“这项事业”的体现。

当华盛顿带领着近万人的军队从波士顿向南奔赴纽约以
27 抵抗英军可能发起的进攻时，他受到人们的夹道欢迎，人们纷纷向“将军阁下”敬酒，并自发地在公开场合赞颂他，这样的待遇也成为华盛顿日后人生中的家常便饭。如果说所有成功的革命都需要有英雄，并且它们最后确实也会有，那么美国革命已经找到了它的这个中流砥柱般的传奇人物。

华盛顿不仅在外形上很符合这一角色的要求，而且在心理上差不多也算得上是完美人选。他对于自己的优越如此满意，以至于他觉得对此已无须赘言（他在青年时代参加法印战争，那时的他曾经比现在更坦率健谈，但历经世事后，他学会了用气场去说明一切）。那些不自信的人仍然在侃侃而谈，他却保持着沉默，这让他成为众多拥护者最诚挚信念的寄托对象，成为一种容器般的存在，可以让众多的抱负志向神奇地聚集于一人之身。在他出现的场合，所有关于“独立代表着什么”的争论都将停止。就像人们向华盛顿敬酒时所说的，他“凝聚起了所有人的心”。[4]

然而，在威严的外表之下，华盛顿自己对于汉考克激励人心的评判所暗含的假设（主要是他对这支业余军队的作战能力的信心）抱有深深的疑虑。在波士顿围城期间，他曾多次表露出自己的这种疑虑。“期待毫无作战经验、缺乏纪律的新兵能够有和老兵一样的表现，”他警告说，“那就是在期待从未发生过也不可能会发生的事情。”毫无疑问，爱国主义是（革命）不可或缺的因素，但是它不能替代军事纪律和经验。没有人注意到的是，波士顿围城的胜利并不是通过什么重大的战斗得来的。从这个意义上讲，大陆军还没有经历过什么考验。华盛顿也并不清楚这支军队在纽约面对全力作战的英国军队时能否同样取胜。如果他那时知道了英军打算在纽约怎样进攻他们，他的疑虑将会更重。[5]

有一个潜在的矛盾在这里第一次显露出来，实际上这个矛盾从未得到彻底解决（在华盛顿的观念里，它有着撒旦般的幽灵的样子）。这就是，北美爱国者宣称为之而战的那
些价值观与职业军队所要求的纪律文化互不相容。共和制支 28
持者信奉“民意赞同”这一核心原则，而军队则是不容商讨的服从精神和常规化的压迫思想的制度化体现。正是“常备军队”这一观念让大陆会议的大多数成员以及各州议会深感震惊，他们认为这是对共和制原则异常严重的威胁。然而，至少像华盛顿所认识到的那样，只有采用英军模式的职业军队才能赢得战争，而只有赢得战争才能让这些共和制原则维持下去。至少从逻辑上讲，这一困境是无法解决的，它是最戏剧化的“手段－目的”之争。甚至我们可以打个比方说，只要它还被华盛顿神秘的个人光辉所掩盖，它就永

远无法得到解决。因为他是北美走向共和制的象征，那么就定义而言，他指挥下的任何军队在特征上都是共和制的。托马斯·杰斐逊本来要宣布一些他自己认为相当重要的、不言自明的真理，但是现在——实际上在整个战争期间都是这样——华盛顿就是那马背上不言自明的高大真理，他是不可或缺的，因为他让所有的争论都显得不必要。

* * *

在持续九个月的波士顿围城中，华盛顿一次又一次地认识到，由他领导着沿海岸穿越罗得岛和康涅狄格抵达纽约的这支大陆军，既没有在特征上体现出大陆性，也没有任何严格意义上的职业军队的样子。[6]

在第一点上，他的军队中90%以上的人是新英格兰人。考虑到最初在波士顿发生的所有军事行动，这一点是相当重要的。由“这项事业”召集起来的民兵部队几乎全部是来自马萨诸塞、新罕布什尔和康涅狄格的志愿者。更重要的是，如果爱国主义能用温度衡量的话，那么北美殖民地中最狂热的地区就是新英格兰，在那里，对政治的漠不关心在许多乡镇和村庄会被贬斥为叛国行为。如果你公开表明对英国国王的忠诚，那么你将会受到严厉惩罚，人们会在市政广场
29 往你身上浇柏油、撒羽毛，暴徒们将会拆毁并烧掉你的房屋，公众将密切关注你即将到来的死期。正是因为这样，英国内阁才将新英格兰视为叛乱的摇篮。[7]

但是，如果军队是北美的抵抗和爱国主义最清晰有力的表达，那么新英格兰人在其中的霸权性的存在就对中部和南

部殖民地的政治忠诚度提出了严肃的质疑。华盛顿行动的思想基础是，他率领着北美人民坚定地要脱离大英帝国的统治，但是大陆会议还没有发表过宣称要达到该目的的政治声明。尽管华盛顿在骑马穿越普罗维登斯（Providence）[①]、新伦敦（New London）[②]和纽黑文（New Haven）[③]时表现得十分自信，但是人们仍然不清楚哈德逊河南面和西面的那些殖民地是否会像新英格兰人那样聚集在“这项事业”的旗帜周围。

在华盛顿身后行进的那支军队或许会被仁慈地叫作“一件有待完成的作品”。它代表着民兵部队的长久残留，这些民兵部队前一个夏天在波士顿周围出现，后来则被陆续编入了现在被人们称为“大陆军”的军事组织之中。实际上，大部分拥有自己的农场和家庭的人，以及那些自耕农，都已经回家耕种，并继续担任所在殖民地的民兵的角色。留下的士兵则代表了社会等级的最低阶层——前契约制佣人，最近来到美洲的爱尔兰移民，失业的工匠、铁匠和木匠——他们留下是因为他们没有地方可去。华盛顿所说的大陆军中的“军人”只是由一群社会的边缘人和不适应者组成的杂牌部队，他们大多数人身上所穿的是猎装而非军人制服，每走十来步就有人啐吐烟叶，并且所有人都对对手心存蔑视，对于自己刚刚在波士顿让英军精锐部队蒙受耻辱这件事显得

---

① 美国罗得岛州的首府。

② 美国康涅狄格州一个城市，绰号捕鲸城市，该市南面是长岛海湾。

③ 美国康涅狄格州的第二大城市，位于长岛海湾北岸。

自信满满，认为他们不久在纽约也一样能够获得胜利。自由奔放、言行粗野、精力旺盛，这群人不会让你想要与之为邻。

在过去九个月里，他们曾将华盛顿逼到愤怒的边缘，他
们违抗几乎所有形式的军事纪律，不分时间地点，随心所欲
地放下自己的职责，并且嘲弄他们部队里的下级军官。在许
30 多时候，他们选出这些军官，只是将他们当作自己的代表而
非上级。“我常常在想，”华盛顿曾经向一个心腹随从坦白
道，“要是我没有在这种形势下临危受命，我准会快乐得
多，我将扛起我的步枪，参军入伍，或者……隐居于荒村山
野之中，求庇于兽皮棚屋之下。”[8]

有很多次，当华盛顿提议对波士顿的英国守军进行突袭时，所有军官都在军事会议上劝他相信，北美一方的军队缺乏纪律和团队凝聚力，不足以发起主动进攻。他们只是太缺乏经验了（大陆军的平均服役年限不足 6 个月，英国军队则是 7 年）。华盛顿最终——也可以说是被迫地——接受了被强加在他麾下部队之上的种种限制，并相应地调整了他的策略：“将他们部署在一道胸墙——壁垒——石墙之后……他们将会有出色的表现……但是他们不会勇敢地走向那一道壁垒——或者是让自己暴露在原野之上。”这一模式就是邦克山模式，即占据一个牢固的防御位置，然后诱使英军前来进攻，然后这些士兵会像魔鬼一样拼死战斗。这就是华盛顿在前往纽约的途中脑子里所想象的战争画面和战术层面。[9]

* * *

而他们有着一笔能够弥补自身不足的财富，虽然无形却至关重要，这就是，他们所有人都是志愿者，他们充满热情地忠于自己为之奋斗的这项事业。在波士顿郊外，华盛顿有好几次向他们展示了这笔财富。“我们有着在许多方面都强过雇佣军的士兵，”他呼吁道，“那么当我们为生存、为自由、为财产以及为我们的国家而战时，为什么我们不能在士气上也强过他们呢？”但是这个问题对于大部分士兵来说毫无意义。他们认为，出于本能服从命令，以及服从军事等级制度中的从属关系，是对他们为之奋斗的自由的背离。他们之所以认为自己不可战胜，不是因为他们是像英军一样有纪律的士兵，而是因为他们是爱国爱 31
自由的人，是因为他们愿意为自己的信念而甘冒生命危险。[10]

在这个意义上，他们代表了后来被称为“76 年精神”的思想，这种思想在当时也被叫作“军事狂热”（rage militaire）。这种虔诚而浪漫的想法认为，北美对独立的要求所具有的道德制高点是一股取之不竭、不可打败的力量——想象一下约瑟夫·华伦（Joseph Warren）在邦克山光荣倒下的情形。不管是由于太过现实而无法赞同这种态度的华盛顿，还是这支北美部队，他们在当时都不曾料想到——他们也没有办法知道——所谓的“76 年精神”在那一年结束之前就已经烟消云散了，而且讽刺的是，它的消逝甚至是在大陆会议终于可以公开宣布北美独立之前。某位历史学家所说的“这场战争的诺曼·洛克威尔①式时刻”结束了。双方的军事斗争不会是一次短暂冲突，并不会因北美人民爱国热情爆发取得的一次胜利而结束，而北美人民的爱国热情也让英国相信，这场游戏到最后将得不偿失。这将会是一场持久的战争，取胜的关键在于忍耐下去的能力，而并非“这项事业”的纯粹程度。要应对这样一场战争，华盛顿也很清楚，刚成立不久的大陆会议很不幸还有些力不从心，也的确无法与他们纪律良好的英国对手相抗衡。[11]

因为如果一旦看透了那些粉饰性的爱国言辞，以及对于业余身份浪漫的光荣化，你就会发现真正的事实不过是：所谓的大陆军从出现到现在还没有一年时间。而一个多世纪以来，英军已经建立起了一套制度，如今它的规定和程序都是现成的。而大陆军却需要从头开始，在实践中摸索出一套供应食物的集中制军需系统，建立输送战备和衣物的军需部门，并制定卫生和医疗，乃至某些细节事务（如战地厕所和垃圾处理等）方面的规章制度。

这还不是全部。军官的待遇问题，军事法庭的程序，以及行军与训练的统一规范，都需要得到制定并使其标准化。而且因为大部分士兵的服役时间只有短短一年，这样一来大陆军将会变成一扇永久的推转门，一直会有士兵到来或是离

① 诺曼·洛克威尔（Norman Rockwell，1894～1978），美国20世纪早期重要画家及插画家，作品横跨商业宣传与美国文化，其作品多为表现“理想美国世界”的内容，但也有不少震撼人心的作品，如根据罗斯福演讲而作的《四大自由》。

开，以至于他们刚刚对军队生活有了初步的了解，就被没有经验的新兵取代了。华盛顿持续地对他大陆会议里的上级们 32
进行施压，想让他们同意从各个州征集一定数量的义务兵，并鼓励那些愿意服役 3 年（或者最好是“整个战争期间”都愿意服役）的人入伍。但是大陆会议的反应却是令人咋舌的沉默，因为华盛顿所要求建立的听起来像是一支永久的常备军，而这正好是北美人民要反对的典型事物。

更为重要的是，他们的联盟仍然是地方性的，而不是全国性的。这意味着，因为受制于对当地，或者至多是对所在州的忠诚，人们在政治上都更赞成到各州军队中服役，而大多数州的待遇也更高，这使得参加大陆军成为万不得已的选择。

重新组建军官队伍，尤其是高层队伍，也遇到了一系列难题。在英国军队中，高级军官都凭特权和功绩当选。拥有特权需要生于贵族家庭，而取得功绩则需要有在战场上 20 年带兵作战的经验。由于北美没有拥有头衔的贵族这一类的阶层，而唯一能够让士兵得到经验的军事事件就是法印战争，军官候选人的范围相当小，尽管已经包括了华盛顿和其他的一些人，比如查尔斯·李（Charles Lee）——大陆军中最有经验也最有个性的将军。李有许多古怪之处，包括有一群总是陪他在战场上出生入死的狗，以及“沸水”（Boiling Water）这个绰号［这是莫霍克部落（the Mohawk tribe）给他取的，因为他总是反复无常，难以琢磨］。[12]

华盛顿和李都是奇怪的人物，他们各自奇怪的方式最终将导致冲突。羽翼渐丰的大陆军所面临的领导问题，更为典型也更为形象地体现在两个人身上，在漫长的战争进程中，有两个人最后都成了华盛顿慧眼识才的成功范例。

其中一位是纳瑟内尔·格林，一名来自罗得岛的贵格会信徒，他因为支持战争被驱逐出了公谊会①（the Society of Friends）。在 1775 年，格林还只是罗得岛一支叫作“肯特卫队”（the Kentish Guards）的民兵部队的一名大兵。一年以后，他已经是一名准将，由于出众的才智和对北美的忠
33 诚，他被一级一级地从波士顿之外选拔出来。[13]

另外一位是亨利·诺克斯（Henry Knox），他体重足足有 300 磅，算得上大陆军中最胖的人之一，他唯一的战争经验是通过书籍获得的，他曾在波士顿的自营书店里如饥似渴地阅读这些书。诺克斯曾经在冰天雪地里用 40 架雪橇运输在泰孔德罗加（Ticonderoga）② 缴获的英军大炮，这是一桩从逻辑上说几乎不可能的功劳，它为多切斯特高地的战场及时地提供了火力支援，这对最后迫使英军从波士顿撤离起到了相当重要的作用。华盛顿为诺克斯的聪明才智所折服，于是委任他去带领大陆军的炮兵团。[14]

格林和诺克斯被任命为高级军官的例子常常被人们说起，它们体现了华盛顿识别个人潜力的非凡眼光。毋庸置疑，这种说法是正确的，两人在后来七年里的表现也证明了

---

① 是 17 世纪中期乔治·福克斯（George Fox）在英格兰创立的新教教派。

② 美国纽约州的一个镇。

这一点。但是在当时，也就是1776年的春天，格林和诺克斯却代表了大陆军在军事领导水平上前所未有地缺乏经验。从任何欧洲的角度看，或者就是从英国军队军官阶层的角度看，这群人也是荒谬得难以想象的。的确，北美作为一片机遇的沃土已声名远播，在这里，出身背景远比不上展现的能力重要。但是格林和诺克斯两人谁也未曾听见过饱含愤怒的枪声，两人的任命体现了华盛顿的绝望程度，也体现了大陆军缺乏经验的程度。没有人想去挑明这一点，但是不久在纽约的战斗给了他们一个接受入职培训的机会。

最后，作为防守堡垒的纽约自身也存在问题。毫无疑问，纽约有着非常重要的战略意义。正如亚当斯告诉华盛顿的那样，它是“连接北部殖民地和南部殖民地的枢纽……是通向整片大陆的门户所在，因为通过它可以到达加拿大，可以到达五大湖地区，也可以到达印第安民族的居住地”。查尔斯·李高瞻远瞩，派出探子往南前去该地区进行了侦察，随后肯定了亚当斯的评估，并无不赞同地认为，“对我们来说，敌军占领纽约似乎会产生十分严重的后果，严重得 34
我难以用语言表达”。但是李却进一步总结道，纽约是难以防守的。“我们能拿这座城市做什么，我自己都很疑惑。”李曾经写道：“它被适合通航的深水区域所环抱，任何人只要能够控制海洋就能控制这座城市。”[15]

至于谁控制着海洋，这是毫无疑问的。在现代历史上，没有任何一支其他军队曾像英国皇家海军那样控制过海洋。人们只需看一眼地图就会相信，纽约市是由三个岛屿——斯塔滕岛（Staten Island）、长岛（Long Island）和曼哈顿（Manhattan）——组成，所有岛屿的沿岸都适合经由长岛海峡（Long Island Sound）、哈德逊河以及伊斯特河（East rivers）发起多点水陆两栖登陆。当时还没有所谓大陆海军（Continental navy）存在，只有一支规模很小的、由私人船只组成的舰队，而且这支舰队的实力仅限于在新英格兰海岸附近骚扰一下过往的英国船只。全面的海上优势让英国拥有了可以从任何角度发起攻击的火炮台，以及能够在任何地点任何时间随心所欲转移部队的战略机动性。此外，我们还没有提到的是，纽约在北美殖民地中是亲英派（loyalists）所占比例最高的地区。[16]

就这样，随着通往纽约的道路两边春花盛开、野草变绿，美国革命的蜜月阶段也走到了尽头。获胜的叛乱将升级为全面的战争。在华盛顿和他的部队途经的那些市镇和村庄，频频的敬酒辞令与光荣的、不可战胜的“这项事业”的赞歌所展示的爱国主义和弦相互应和着。越是超然洒脱的预期就越会使人们产生不祥的感觉。已经出现了这样一些歌曲，唱的是一支由边缘的、不适应社会的人组成的蹩脚军队，领导他们的是一群自信过头的业余人士，他们正匆匆赶去保卫一座战略上十分重要的城市，但事实上它是难以防守的。

* * *

临时拼凑的北美军队一路艰辛向南挺进，大陆会议等待着公众就独立问题达成一致，而英国的战争机器却以闪电般

的速度在加紧备战。此时英国爆发出近乎奇迹的后勤备战能
量，他们组建起了一支拥有 427 艘船只的舰队，船上配有 35
1200 门大炮，能够将 32000 名士兵和 10000 名水手送往大西洋对岸。这是有史以来欧洲强国所进行的最大规模的水陆联合军事行动，而且他们还有一支主攻部队，其人数超过了费城这个北美最大城市的总人口。英国政府得出结论，认为没有什么比保留它的北美殖民地更为重要，随后白厅①（Whitehall）的政府高层也下定决心，要显露大英帝国强硬的一面。[17]

与这次后勤备战关系最直接的是乔治·杰曼勋爵（Lord George Germain），他被任命为负责北美殖民地事务的部长。这一任命意味着，英国内阁已决意采取侵略政策，企图以一次沉重的打击来粉碎北美的叛乱。邦克山战场血流成河这一令人震惊的消息传到伦敦以后，杰曼发表了自己的看法。“推迟这样一场战争是缺乏常识的行为，”乔治勋爵写道，很明显是无意识地在回应托马斯·潘恩的小册子，“我应该致力于让英国使出全力，让它仅靠一次行动就终结叛乱。”庞大的无敌舰队在英国好几个港口内集结——这几乎占了整个英国舰队的一半——加上最终靠巨额酬金从德意志各公国②招募来的 18000 名雇佣兵，所有这一切都显示了杰曼的

① 伦敦的一条街道，政府机关所在地，代指英国政府。

② 原文是 principality，也译作侯国或亲王国，起源于古罗马共和国，盛行于中世纪，实质上相当于一个主权国。当时尚未统一的现德国地区包含许多这样的公国。

决心，他企图全力施展英国的军事实力，以确保决定性的结果。[18]

随着北美最终取得胜利，杰曼所有的历史功绩都被降临在他头上的攻击诽谤所抹杀，人们形容他“也许是在关键时刻手握重权却又最无能的官员”。这一站在事后立场做出的描述相当贴切，因为失去整个北美帝国毫无疑问是英国的统治历史中最大的失误，并且又恰恰是杰曼而非其他人推动形成了英国那些注定不得善果的政策。一旦人们确立了这种阐释视角，杰曼那争强好斗的倾向就将无可避免地沦为过激行为。因为人们对他在 1759 年的明登战役①（the Battle of Minden）中的懦弱和无能的批评使他的军界威名蒙羞，所以，他在此后的职业生涯中都试图凭借赤裸裸的侵略性政策来进行补救。[19]

36 但是，后世对此的见解都倾向于模糊（而非澄清）我们对于一个高度戏剧化的、影响深远的历史时刻的认识。因为杰曼凭借直觉意识到了北美叛乱带来的威胁的严重和深刻，因此他将几位英军退休将军目中无人的自信贬斥为无耻的愚昧。一位将军曾宣称，只要 5000 名士兵，他就能横扫北美殖民地，并在一个月内镇压叛乱。杰曼明白，他所面对的是一支令人生畏的军队，其军事效力远非传统标准所能衡

---

① 1759 年 8 月 1 日，法国军队 6.4 万人与英国和普鲁士联军 5.4 万人交战于明登地区。此次战斗中，法军伤亡和被俘 7086 人；联军损失 2762 人，其中一半为英军 6 个营的士兵。联军取得的此次战斗胜利解除了法军对汉诺威的最后一次严重威胁。

量。他担心在这场旷日持久的战争中，天时和地利都站在了叛乱者一方。北美幅员辽阔的疆土，以及这个自尊心很强的民族——他们人数众多，装备齐全——的潜在能量，都将逐渐消磨掉英军的坚定意志，除非这场叛乱在这些更强大的力量被激发出来之前就被镇压。

更重要的是，杰曼的军事策略反映了他对政治紧迫形势的敏锐感知能力。根据约翰·亚当斯所举出的理由，纽约是更易遭受攻击的目标。但如果一旦将它征服占领，并作为英国陆军和海军的军事行动基地，杰曼计划着可以指挥部队沿哈德逊河狭长地带北上行军，与从加拿大南下的英国军队汇合，并借此切断新英格兰与中部和南部殖民地的联系。一旦会师成功，这两支部队将一路进发，向西横扫新英格兰，直捣波士顿，在行进过程中摧毁北美叛乱的摇篮，而同时英国海军则将对沿海市镇进行大肆破坏。

即使现在回过头看，这也是极其老谋深算的战略，如果在战争早期得到实施，它也许能取得成功。这表明，杰曼从一开始就意识到了任何针对北美的军事行动都将面临的巨大危险：无论英国军队是多么庞大，多么有经验，在广阔的北美大地上四处奔袭以寻找实际上并不存在的叛乱的战略中心的过程中，它将渐渐耗尽自己的力量（这也是最后的确发生了的事情）。杰曼的计划避免了那种不堪设想的结局，他的策略是对某个固定目标集中施展英国的军事优势，而这个目标就是孤立的新英格兰，他认为这是北美叛乱的源头和灵 37
魂所在。[20]

最后，杰曼选中了豪氏兄弟统领英国的海上和陆上力量。海军上将理查德·豪勋爵由于天生的严肃外表而得到“黑迪克”（Black Dick）的绰号，他时年 49 岁，正处于权力生涯的巅峰，是这支世界最强大的海军里最有实力的人物。像他的弟弟威廉一样，理查德勋爵与王室家族有着血缘上的关系，尽管是以一种很尴尬的形式：他们的祖母是乔治一世（George Ⅰ）① 最宠爱的情妇。他们俩都上过伊顿公学（Eton College）②，这是英国贵族中那些最有权势的成员所热衷的上升途径；他们也都在议会中获得了稳固地位。作为优秀的辉格党人，他们最开始倾向于用外交手段解决与北美的争端，其中至少有部分原因是他们与马萨诸塞的市民互有好感。他们曾募集了 250 英镑资金，用以建立一座纪念碑来纪念两人的长兄乔治·奥古斯塔斯·豪，他于 1758 年在泰孔德罗加战死。然而到 1776 年，两人都断定，要结束这场战争，只需给予北美一次致命打击，这样的打击将使他们的北美表亲们清醒过来。他们两人都热衷于寻找机会以发动这样的打击行动，但是他们更热衷于寻找机会进行和谈，以迅速地结束这起错误而不幸的争端。[21]

威廉·豪将军更为年轻，却更为高大，他时年 45 岁，身高接近 6 英尺，并且有着更傲人的战绩。由于事实证明他在纽约争夺战中的决策影响非常深远，他的职业生涯的辉煌

① 英国汉诺威王室第一代国王（1714～1727 年在位）。

② 英国最著名的贵族中学。

理应得到更长久的延续。

与华盛顿十分相似的是，豪的基础军事教育也是在法印战争中学到的。而与华盛顿相似的另一点是，他曾数次从战地的腥风血雨中毫发无损地幸存下来。作为一名年轻的军官，豪曾在魁北克的亚伯拉罕平原（the Plains of Abraham）上领导发起过名为“孤独的希望”（forelorn hope）的突袭行动（也就是自杀性任务）。那次突袭被认为是这场战争的高潮战役中的决定性行动。在他职业生涯的中期，他因擅长指挥以移动迅速而著称的轻步兵作战而树立起了自己的威望。他在哈瓦那战役①（the Battle of Havana）中集中发挥了自己的机动性战术，此后他被公认为英军中最杰出的步兵团 38
指挥官。

豪在邦克山战役中发挥的作用巩固了他因个人英勇而成就的名声，但是也给他的军事思想增添了一抹宿命论的色彩。他带领士兵发起第一波进攻，身后跟着他的随行人员，以及一个用银盘托着葡萄酒的仆人。很明显豪没有怎么深刻地领教过北美民兵们的战斗能力，他以为这次突袭不过是一场华尔兹。但是他所有的随行人员，包括那位仆人，都被那场战役夺去了生命，被消灭掉的还有一千多名士兵，几乎占了突袭部队人数的一半。豪从未完全从这次经历的创伤中恢复过来，他从内心深处对北美军队的战斗精神有了新的认

① 七年战争（1754～1763年）中，英军和西班牙之间爆发的战斗，结果是英军占领哈瓦那（后西班牙用佛罗里达换回）。

识，并且对于冲击对方阵地的正面突袭战术有了近乎偏执的反感。

在邦克山战役之后，某种东西突然在豪的内心失落了。从某种意义上说，他的贵族做派变得更加铺张奢靡。隐居在波士顿期间，他将更多的时间消耗在牌桌上，花天酒地，挥金如土。他毫无顾忌地与伊丽莎白·洛林（Elizabeth Loring）开始了一段众人皆知的不光彩关系。这位24岁的金发美女是一名波士顿亲英派人士的妻子，这位亲英派默许了他们之间的来往，并一心认为豪将回报自己的宽容。洛林夫妇与豪一起撤退到了哈利法克斯，在那里，洛林夫人继续扮演着豪这位马克·安东尼的克里奥帕特拉①。正在白天沉迷于牌局、夜间享受着洛林夫人的陪伴的时候，豪接到了任命他为英国国王北美地面部队指挥官的通知，还有杰曼让他准备好挥军迎战纽约的命令。[22]

豪给杰曼的回复传递出他对于新任务的厌倦与掺杂谨慎的态度。“现今的情形可谓山雨欲来，”他曾对杰曼倾诉道，“与北美大陆方面没有丝毫和谈的可能，除非他们的军队疏于管理，我承认我很担心这样的事情是注定要发生了。”实际上，豪的想法与杰曼的战略分析相一致，他们都认为应该

① 即Cleopatra（Ⅶ），埃及女王（马其顿人的后裔），埃及托勒密王朝的末代君主，曾引诱恺撒的继承人安东尼（Mark Antony）与她结婚（公元前36年），激怒了屋大维（Octavian），因安东尼原已娶屋大维之妹为妻。屋大维后来向他们宣战，并于公元前31年打败他们的联军，安东尼最后自杀，克里奥帕特拉在试图迷惑屋大维不成之后，以毒蛇咬胸自杀。

实施一次致命打击，任何和谈的尝试，都只能等到他们实施 39
军事行动、以压倒性的力量震慑叛乱者，并让他们意识到所进行的行为徒劳无益之后。

按照杰曼所提议的英军规模，要实施这样的致命打击绰绰有余，豪对此深信不疑，而他担心的是北美方面会试图凭借坚守纽约拒绝与他们合作。“他们知道他们由于掌控着整个国家（它的确也是）而占据优势，”豪预言道，“他们不会坐等被拖入困境，让英军有机会能够与他们平起平坐。”反叛的军队很可能会向内陆撤退，远离沿海地区，因为在这些地方英国海军能够给他们的陆军以极大的战术和后勤优势。“他们的军队从航运河段向内陆撤回了数英里，”豪总结道，“我们的军队却不能跟着他们，因为我估计到时可能会被陆地包围，陷入困境。”豪已经预见到了约翰·伯戈因（John Burgoyne）和查尔斯·康沃利斯（Charles Cornwallis）两位将军在没有英国舰队保护的情况下孤军深入内陆时将会遭遇的问题。但是他的主要观点是，他很怀疑北美方面是否真的愚蠢到会跟人数和战斗力都更胜一筹的英军进行传统意义上的正面交锋。他们最终选定的交战地点是纽约，他满心期待着，他们会遗弃它，并且很可能会将它烧成废墟。[23]

* * *

实际上大陆军还没有全面的战略方案来指挥战事。在波士顿围城期间，华盛顿手下的几位高级军官，主要是查尔斯·李和霍拉肖·盖茨（Horatio Gates）——碰巧的是，两人都是来自英军的老兵——就是否沿着豪所预见的路线采取防御性的战略方案进行了激烈讨论。盖茨甚至提议，带领军队向阿勒格尼山以西行进，诱使英军前来追击，而李似乎更倾向于“营地战”（war of posts），在形势非常有利的情况
40 下，这种打法可以使大陆军避免全体被拖入战事。在某些时候，李还提议过将军队分成数个规模更小的团体，然后发起半游击战式的军事行动，以骚扰英军，让他们疲于奔命。[24]

但这些都只是在波士顿城外进行的军事会议中的几次谈话而已。要制定一个能够指挥战事的全局战略，就需要建立这样一个政府：它的各种权力有着明确的分配，它所委任的决策者心中时刻思虑着如何协调重要的民政与军事事务。大陆会议和大陆军都还只是临时建立起来的组织，正一步一步地尽其所能处理帝国的这场危机。的确，在那个时候，战略方案的问题一直被推迟，直到至关重要的独立问题得以解决。像杰曼勋爵这样有决断力的人物在北美的环境中是无法想象的，政治基础体系或是职权体系在此时尚未被设计出来，直到人们做出了独立的决定，他们也不清楚是否需要任何这样的东西。

所以，当华盛顿4 月 13 日到达纽约的时候，关于是否应该保卫纽约的问题甚至都没有人提起过。“敌方的意图太过于隐蔽，我们无法对他们的行动计划产生任何准确的认识，”华盛顿曾向汉考克吐露过这样的想法，并补充道，“我们则被留在一片猜测的荒野里游荡。”然而，这些游荡的经历却让他们得出了如下结论：“在他们的宏大计划

（Grand Plan）的实施过程中，对任何地方的占领——从可能产生的影响来看——都不会有他们自己对哈德逊河的占领那么重要。”[25]

因为北美方面还没有这样一个“宏大计划”来引导他们决策，华盛顿的话是在很含蓄地承认，北美的战略方案将会由英国的战略方案决定。实际上，这意味着，不论豪（或者杰曼）是否选择进攻，华盛顿都感到有责任实施防御。双方似乎都认为，纽约很明显会成为进攻的目标，这也是为什么华盛顿在 4 月中旬会将自己的新司令部设在曼哈顿。李通过事先对该地所进行的侦察得出结论，认为纽约是难以防守的，而这一事实至少已经暂时地从战略的方程式中被剔除了。

随着华盛顿亲自前往对相同区域进行了调查，这一事实 41
又回到了战略的方程式中。该地现在布满了许多碉堡、前哨站、战壕和路障，所有这些都是由广大日间劳工、士兵和黑人奴隶按照李的一项工程计划建成的，该计划旨在将一个防守薄弱的群岛打造成一处类似于武装阵地的地方。李最初的目标是在哈德逊河与伊斯特河的入口地带对英国海军的机动性形成限制，然后在曼哈顿岛建设一系列的防御工事，以使北美军队能够给英军造成重大伤亡，然后再退守到下一道防线。与其说这是北美胜利的秘诀，倒不如说它是在试图制造一系列的邦克山战役，在这样的战役中，英军可能取得的胜利都是要付出高昂代价才能得到的。[26]

随着令人沮丧的剧情在华盛顿的头脑里逐渐展开，他认为，挽回自己日渐丧失的信心的最好办法，就是在曼哈顿和长岛加倍修建碉堡和战壕。他找来他手下的一名准将，也就是在纽约土生土长的威廉·亚历山大（William Alexander）将军，让他督促着整整两个团的士兵每天持续不停地挖掘、修筑达10个小时（亚历山大宣称自己是苏格兰皇室的后裔，尽管上议院否认他的说法，他仍然坚持要人们称他为斯特林勋爵，而每个人，包括华盛顿，都很奇怪地顺从了这一要求）。随着长岛作为入侵路径的可能性加大，华盛顿日益忧虑，他将防御工事的建设分派给了纳瑟内尔·格林。与往常一样，此人开始将布鲁克林高地打造成一个由彼此相连的碉堡、前哨战和壕沟组成的蜂巢，一种搭建在类固醇结构①上的邦克山。[27]

但是随着天气渐暖，纽约完全无法与波士顿相比这一事实变得无比清晰。“这座城市内外的防御堡垒异乎寻常地坚固，并且每天都在加强，”格林在写给兄弟的信里如是说道，“但是那些没有一丁点防御设施的新英格兰殖民地比这里更加易于防守……这都是因为人民的不同倾向。这里的托利党（Tory）② 和你周围的辉格党一样人数众多。”[28]

的确，曾经有报告说，大部分长岛的农民都是亲英派，或者至少是英国的同情者，一旦到了开火交战的地步，他们

---

① 由17个碳原子三维地排列成4个环的天然的或合成的有机化合物。此处仅比喻布鲁克林高地上的防御体系像蜂巢一样密集。

② 英国政党，产生于17世纪末，19世纪中叶演变为英国保守党。在北美的托利党指与自由党相对的保守党（后来演化为民主党）。

将会组织起军事队伍，加入英军作战。该殖民地的长官，纽 42
约市的市长，以及大部分最富有的居民，都是忠于英国国王的，这也使得英国方面的一个说法具有了相当的可信度：任何对纽约的侵犯和占领，与其说是充满敌意的行动，倒不如说是备受欢迎的解放行为。所以，尽管水域环绕的地理特征使得纽约在战略上不易防守，而且如果北美想要在大西洋沿岸采取坚守措施，也许这是最不理想的地点，但是更多的是由于该市及其周围乡村的政治体系，它成了北美方面要守卫的所有殖民地中最具敌意的地方，因为这里有太多的居民并不希望被守卫。

随着这些令人沮丧的预测逐渐变为现实，华盛顿又试图从所有这些新建的碉堡和大炮炮台中寻求安慰——防御工事抵御着他自己日渐增长的疑惑，同样也抵御着日渐逼近的怪物般庞大的英国军队。他也颁布了几乎与所有日常事务相关的法令，以此来给人留下印象，让人觉得大陆军在该市是备受欢迎的贵客，其行为举止也必须符合文明礼仪的最高标准。“将军认为，”这位将军有一道典型的命令这样说道，“如果他再也听不见民众的抱怨，无论是关于职权滥用，还是关于待遇不公，或者任何此类的怨言，那么他就是在吹捧自己；但是如果各个级别、各个派系的每位军官、每位士兵都能以有序、优雅、习以为常的风度处事，那么他们将会为自己感到骄傲（正如为光荣的自由事业而奋斗的人应该感到的那样）。”[29]

毫无爱国意味可言、平庸的现实情况却是，军队与该市居民之间的关系很紧张，而且常常充满了暴力和谩骂，感觉简直就是占领军不受欢迎的情形。这颗毒疮因为北美最大妓院的存在而变得毒性愈烈。这所邻近的妓院很讽刺地被命名为“圣地”（the Holy Ground），它的妓女们是名副其实的一支队伍。她们热切渴望着那些没有家庭或是前途的精力旺盛的小伙子们前来分享她们的魅力和性病。大部分妓女都是坚定的亲英派。当两名士兵被谋杀、阉割并塞进桶里之后，他们所在的团于第二天实施了报复行动，他们拆毁了两所声名
43 狼藉的房子，那里是几名杀人嫌疑犯进行交易的地点。华盛顿谴责了这个团的行为，认为那是对规章制度的公然违背，但他忽略了这个问题的真正起因。[30]

最后，让事情变得更糟的，是大陆会议命令华盛顿抽调出他手下的 6 个军团，前往支援占领魁北克这一缺乏考虑的行动。这项行动部分是来自华盛顿以前曾经赞成过的一项行动提议，它旨在防止英军安全上垒的行为，也就是防止他们挑唆印第安六族联盟（The Six Nations）①，这个北美土著人的联盟已经有了与英军结成盟友的倾向。华盛顿多少有些不情愿地同意了，并且告诉汉考克，纽约已经成为“北美巨大的火药桶”（the Grand Magazine of America），按照这种情形，将没什么人留下来抵御即将来临的英军入侵。[31]

大陆会议的确切决议以保证的形式到来，它保证纽约、

---

① 也称易洛魁联盟（Iroquois），北美原住民联盟，由莫霍克人、奥奈达人、奥农达加人、塞内卡人、卡尤加人和塔斯卡洛拉人组成，因此被称为“六族联盟”。

康涅狄格、新罕布什尔和新泽西的民兵都已经全副武装，做好了准备。只要英国的舰队一出现，他们就立即出发，将会有15000人左右的部队加入华盛顿领导的纽约守军。从爱国主义的角度来看，这是好消息，反映出北美的民兵准备好了要承担起自己的职责。而从一个更为专业化的角度来看，这种安排却有着一种几近喜剧的特点，因为这些民兵没有被分配到曼哈顿或是长岛地区的任何责任范围内，也没有被编入大陆军的团队中，估计也没有人会指望他们的撑场行为能造成什么影响。

到5月下旬，华盛顿已经充分意识到了他所处的位置在战略上以及政治上的不稳定性，他已经开始采取一种宿命论的态度来面对即将到来的灾难。“我们预计这场灾难会给纽约带来一个血腥的夏天，”他在给自己兄弟的信中写道，“因为我预计这里将是敌军全力谋划准备攻击的目标；我要很抱歉地说，无论是在人力还是在武器装备上，我们都没有做好准备来应对。”但是由于某些不曾被提起的原因——所有在这些防御堡垒上付出的心血，“战胜过豪并且可以再次战胜”这种想法，以及大陆会议里他的同僚们对于“纽约不能丢”的一致认同——他从未认真考虑过去做豪曾经推测他可能去做的事情，也就是放弃纽约，撤回更易防守的内陆地区。因为种种可知的征兆都预示着不祥，他就在“这 44
项事业”本身不可知的潜能中找到了最后的庇护：“如果我们的事业是正义的，而我一向满怀信徒般的虔诚相信它是的，那么历次降临在我们面前的上帝，将会继续向我们伸出援手。”他这是在指望着发生奇迹。[32]

* * *

重新思考正在纽约进行的事情的机会出现在5月末6月初，当时华盛顿被召去费城，和大陆会议的代表们就北美的整体战略进行商讨。这是有史以来第一次出现这样一届会议，但是因为种种原因，纽约战情的严重性再也没能得到它应得到的双方的重视。华盛顿带上了他的妻子玛莎，这样的话她也许得接种疫苗。由于这项操作本身具有风险性，因此华盛顿不得不分心来关照她的康复。关于在魁北克的北美军队遭受了大溃败的消息也在此时传来，给正在进行的商讨投下了一道阴影。因为这是北美在战争中的第一次完败，也完全出乎人们的意料，但是有人为它辩解说——也并非毫无根据——是因为北美军队饱受天花的侵袭。一个北美土著部落首领（他们正被当作潜在盟友培养）的代表团更加深了人们的困惑：他们坚持认为，只有保证他们在谈判时能够有足够数量的酒，他们才会出席。[33]

但是最引人注意的事情以一纸决议的形式出现了，这项由弗吉尼亚议会于5月15日通过的决议正好在华盛顿及其随从到达之前就已经传到了费城。因为某些明显的原因，它很快就成了大陆会议的主要议题，因为它提议，“所有联合起来的殖民地都是，而且凭借权利也应该成为自由而独立的州/国家（States）”。事实上，当大陆会议最终需要面对被长久搁置的关于北美独立的讨论时，关于军事战略的峰会与风云突变的重要政治时刻汇聚到了一起。弗吉尼亚的理查

德·亨利·李（Richard Henry Lee）在6月7日提交了这份 45
决议，大陆会议立即任命了一个五人委员会，让他们起草一份文件，以落实李提交的决议。至关重要的军事决定和政治决定同时得以达成。[34]

华盛顿详细记录了他前往费城途中以及在城中停留的所有开销，但是没有记下任何关于纽约守卫的重要商讨。他部分注意力被即将来临的关于独立的投票所分散，他不知道独立决议是否会得到通过，因为像约翰·迪金森这样的温和派代表还举棋不定，不愿意去面对这件无法回避的事情。“大陆会议的成员们，简单地说，就是所有各个地方的代表，”他在给兄弟的信中写道，“还准备借助和谈这种小把戏来生存下去。”最近伦敦传来消息，英国内阁将会派遣和谈代表前来商讨此次冲突的政治解决方案。这一消息让华盛顿大为震动，他觉得这显然是障眼法，是用来给大陆会议中的温和派们徒增希望的，这种策略他只能斥之为无耻的操控。[35]

尽管关于这个委员会的商讨内容没有留下任何记录，接下来几周的新闻通讯，以及大陆会议随后所做的报告，都清楚地表明，这个委员会做出了两项决定。第一，它建立了新的战争与军需委员会（Board of War and Ordnance），以配合所有的军事战略，并任命约翰·亚当斯为委员会主席，这使他成为事实上的战争部长（secretary of war）。亚当斯不大情愿地接受了这个新职位，这让人想起华盛顿差不多正好一年前说过的话，他当时说他不适合这份工作。“我承认，这份工作对我来说是件令人尴尬的事，”他曾对格林坦白道。“我担心的是，长此以往它将成为我们国家的不幸，我出于人们的信任而得以行使这项职权，但我却感觉自己并不称职，我所受的教育以及过去的人生经历也不会对我行使这项职权有任何帮助。”他开始请波士顿的朋友去哈佛图书馆帮他寻找关于“如何治理军队”的书籍。一队业余的士兵和军官现在轮到一个没有任何军事经验的平民来指导。[36]

第二，关于纽约的守卫问题得到了广泛关注，但是关注的重点在于华盛顿阻击即将来临的入侵所需要的额外援助，而根本不在于纽约是否应该得到守卫。而后一点是最关键也
46 是影响最为深远的因素，是最为根本的战略议题，但是它没有得到重视，甚至根本未被提起。尽管要去解释从未发生的事情从理智上来说很没道理，但是在这起事件里这样的努力是值得肯定的。正如我们所知的那样，战争的恐怖即将降临于华盛顿以及他未经磨炼的部队的头上，而所有这一切都不可避免地来源于这个根本的战略错误。

时代背景帮助我们解释了本来令人困惑的难以解释的东西。它有助于让人想起英军撤离波士顿以后人们对华盛顿及他的部队铺天盖地的赞美之声。正如前文提到的那样，尽管并没有真正发生战争，英军的撤离仍然被视为大陆军的重要胜利。大部分（如果不是所有的）大陆会议的代表，包括亚当斯，都对华盛顿手下那堆新兵的战斗能力有过度夸大的认识，并且由于错误的信息和毫无现实依据的估计，他们将这些民兵当成了一支可以依靠的战斗力量。格林曾经试图

(尽管是友善且巧妙地) 在这一点上纠正亚当斯的错误认识。“您认为目前这支有民兵协助的军队足以对付大英帝国的军队了,”他警告道,“我可以肯定地告诉您,在我们对自己力量的计算中,绝对有必要留有余地……否则您将会受到严重的蒙蔽。”实际上,亚当斯很确信的是,华盛顿曾在波士顿对阵豪的军队时赢得过漂亮的一仗,他将在纽约再次取得这样的胜利。[37]

华盛顿本人对此更为清楚,但是他发现几乎不可能让他的政府上级明白,他们随意给出的那些溢美之词其实已经言过其实,而人们对于他和他的部队的信心也同样过头了。他似乎想从“这项事业”的准精神力量和关于在长岛和曼哈顿重演邦克山血腥杀戮的可能性中找到慰藉。“如果我们的军队表现出色,”他曾对汉考克坦白道,“在(豪的部队)能够夺取我们的任何成果之前(如果他们有能力来夺取),他们将不得不经受血腥的杀戮……愿我们事业的神圣能够以英雄主义的豪情激发我们的士气,并带领他们去实现最高贵的功绩。”[38]

此外另一个影响因素是,豪的部队很可能将会在北美的
独立问题得到决定的时候到来。但是如果这一政治高潮在历 47
经数年争论之后果真发生了,而代表着这项光荣事业的军队
从纽约撤离,凭借康涅狄格的山地固守,任由豪不费一兵一
卒占领纽约,历史又会变成什么样?不断高涨的要求独立的
政治力量也使人们对军事守卫纽约的信心进一步膨胀。到独
立最终将被宣布的时刻,北美人民有充分的政治理由要求避

免在军事上显得软弱而不堪一击。

当然，有人也许会问，如果在人们大肆欢庆北美独立的时候，从纽约传来了大陆军全军覆没的消息，又会是怎样的情形？在这个狂热的时刻，提出这样的问题甚至似乎也会被认为是不爱国的，也没有人提过。

在费城期间，华盛顿得到了派兵增援的承诺。这些主要从新泽西、特拉华和马里兰新抽调的民兵将增强他的军力，让他的部队增加到25000多人。这些人有一半以上都是民兵。他还受命集中逮捕长岛的亲英派，终结他们“正式宣布独立以前不会被抓”的幻想。他还被委派按照需要尽可能多地建造燃烧筏（fire rafts）、连环船队（row gallies）、火力船（armed boats）和漂浮障碍，这是阻挡英国海军进入哈德逊河与伊斯特河的最后一道防御工事。[39]

在华盛顿返回纽约的那天，他的随从告诉他，许多新来的民兵没有步枪。第二天，总部发布命令，让所有这些缺枪的人都备好长矛。这是一个不祥的征兆。[40]

3
不吠之犬

我们正身处一场革命，一场在世界各国历史中最彻 48
底、最出人意料、最具重大意义的革命。

——约翰·亚当斯1776年6月9日写给威廉·库欣（William Cushing）的信

由杰曼勋爵以及他在政府中的追随者们一手策划的英国的入侵，看起来像是一场跨越大西洋的赛跑。在6月上旬最先出发的是威廉·豪将军以及他带领的经历过波士顿围城的9000名老兵。他们驶离哈利法克斯，贝齐·洛林（Betsy Loring）的一头金发在风中飞扬，旁边的豪虽然大腹便便但仍利落精干，他唯一的担心就是华盛顿不肯固守纽约。沿南卡罗来纳海岸一路向北驶来的是一支规模稍小的舰队，统领着船上2900人的部队的是亨利·克林顿（Henry Clinton）将军，他刚刚从攻占查尔斯顿（Charlestown）的战役中铩羽而归，并且迫切地想要在纽约洗雪前耻。作为王室总督的他是在纽约出生并长大的。[1]

最后离岸的是海军上将理查德·豪，以及当时最大的舰队——150多艘船上满载着2万人的军队以及足以支撑6个月的食物和军需。到一战中的美国远征军（the American Expeditionary Force）出现之前，这一直是横跨大西洋的舰队中最大的一支。尽管那时还没有现代通信工具这类东西，但杰曼最后总算是克服了空间和距离的重重阻碍，参与到这场兵分三路的进攻当中。这样一来，三支队伍——如果不是同
49 时的——仅仅在几周之内就在斯塔滕岛（Staten Island）齐聚会师。在此之前，还不曾有过这等规模和范围的跨大西洋军事行动，它所展现出来的迅速敏捷也有力地证明了英国皇家海军无与伦比的强大力量。

* * *

英国的军事力量在不断集结，而北美方面的政治力量也在四处发力。大陆会议于 5 月 15 日通过的决议是一种迫切的呼吁，它敦促殖民地的议会就独立问题进行直接表决。有数个殖民地坚持认为这一问题应该具体到县镇级别的地方政府，并因此让这场辩论走出首都范围，扩大到乡村地区。例如，马萨诸塞在 5 月末和 6 月向各县镇发出意见征求，并收到了 58 份回复，它们无一例外都是对“所谓的居民……是否都郑重地赌上他们生命财产从行动上来支持［大陆］会议”这个问题的回答。[2]

在英国历史上，曾经发生过好几次议会发布请愿或宣言以限制或终止君主权力的事件，其中最著名的要数英国内战①

① 英国内战（1642～1651），在不列颠群岛进行的议会派与王党之间的武装冲突。这场战争的政治结果是共和制和摄政政体的建立。

(the English Civil War) 时期发生的光荣革命①（the Glorious Revolution)。因此，处理涉嫌违反与臣民所订立契约的国王的法律先例得到了很好的确立。的确，如果你是国王，而人们又在你面前亮出一份以“有鉴于”（Whereas）开头的文件的时候，你就应该想到一连串的麻烦事即将来临，并且应该意识到你的统治很可能就要走到头了。但是大陆会议现在所要求的这种广泛而影响深远的授权是没有先例的，它看起来像是标准的全民公投，类似于某种不受约束的民主的实现途径。[3]

实际上，英国内阁和大陆会议看待这场危机的方式就好比是透过同一副望远镜两端的不同镜头进行窥视。这实际上准确地反映出他们相互对立的政治设想。英国的方式很明显是帝国式的，是从最顶层的乔治三世，通过杰曼勋爵，一直到达所有集结中的战舰和人员。而北美的方式则毫无疑问是 50
民主制的，是自下而上的。它依赖于有着广泛基础的大众的赞同，而这种赞同来源于那个被称为“人民”的神秘实体。我要再重复一遍的是，之前还从未有人尝试过如此彻底的民主，一个很重要的原因是，发动人民起来投票，差不多只能得到模棱两可或者各说不一的回应，或者是更糟的情况，即一团混乱的杂音。

① 又称不流血革命（Bloodless Revolution）或1688年革命（Revolution of 1688)。指英国历史上1688～1689年间发生的一系列事件，结果是废黜詹姆斯二世并迎立他的女儿玛丽二世和她的丈夫威廉三世，同时通过《权利法案》(Bill of Rights)。

而看起来最有历史意义的（至少在回过头看的情况下）事情是，每一方都对自己所宣称要为之而战的核心价值如此忠诚。这是帝国的压制性力量与羽翼渐丰的共和国的民授权力之间的对抗。历史没有提供太多对这种对立的政治选项的纯粹呈现，但是在1776年的夏天，它们都走上了历史舞台。两种观点在军事方面所进行的谋划也为在哈德逊河口的一场对抗做好了准备。

* * *

如果大陆会议要求的是就北美独立的问题进行全民投票，而它也的确如此，那么它得到的回应简直就是一场压倒性的胜利。马萨诸塞作为叛乱的摇篮的确是名副其实，它发表的是一份几乎全体赞成的决议。阿什比镇最清楚地说明了这一点：“尊敬的大陆会议，为了各殖民地的安全，宣布从大英帝国独立。对此，阿什比镇的居民将郑重地赌上他们的生命财产从行动上来支持他们。”[4]

马萨诸塞在过去一年里饱受英国的军事骚扰，加上它拥有最长久的深入到镇的全民参政的传统，所以这个海湾边上的殖民地的投票率是如此之高，达成的决议也是如此振奋人心。然而，那些农民大多数平时习惯于聚在一起，讨论当地的地界线或是处理猪牛乱跑的规定，现在却聚在会议厅里讨论北美在大英帝国所扮演的角色的命运。这样一幅画面里隐藏着某种哀歌般的东西。[5]

例如，托普斯菲尔德（Topsfield）的居民认为，这是
51 “有史以来降临于这个小镇的最宏大也最重要的问题”。他

们继续解释道，仅仅数年之前，“这个问题已让我们惊讶不已，而我们也知道，人们是怀着最深的轻蔑来对待它的”。而如今，政治的景象已经极大地改变：“她［英国］并没有任何正当的理由，也不曾受到任何殖民地的伤害，却已经变成他们［北美殖民地］最大的敌人。这些殖民地所遭受的无端侵害；大英帝国朝廷对这些殖民地提出的不合理要求，压迫我们，不经同意便夺走我们的财产……其残酷和不公已经达到了极点。”[6]

实际上，托普斯菲尔德的呼声与其他殖民地做出的决议是一致的，他们都将自己对独立的拥护描述为近来才出现的、不情愿的发展态势。他们不得不接受这种因为乔治三世及其内阁成员过去一年的种种政策而强加于他们的发展态势。“曾几何时，先生，”马萨诸塞的莫尔登的良民们说道，“我们满怀爱戴和尊敬爱着国王和大英帝国的人民……但是现在，我们的情感已经永远被改变了。”波士顿则不出预料地给出了最具反抗色彩的回复，它将所有和谈的想法都描述为“危险而又荒谬的”，并且认为“对最坏的暴君的忠诚就是对自己国家的背叛”。具体的法制争端被搁置起来，以便于更为根本地对那个父亲角色宣告他已失去爱戴，此人派出了英国海陆两军的精锐，以及一队日耳曼雇佣军，企图冷血地将他们谋害。[7]

这份回复证实了亚当斯的拖延政策的有效性，独立的果实在帝国的藤蔓上已然成熟。这是乔治三世及英国内阁发动战争的意图日积月累产生的恶果，他们的这种意图瓦解了从前的同盟关系，对普通北美民众产生了决定性的影响。对外国雇佣军的招募被频繁提及，人们认为那是最终致命的背后一刀。这些决议涌入各个殖民地的议会，最终汇集于大陆会议。阅读这些决议，会让人感觉这一切就像是一场政治的丰收，而种下种子并精心培育它的正是英国国王本人。一年以前，独立这件事看起来多少还掺杂着不可能与不现实的因素。现在它似乎已经是不可避免了。

52 尽管由于不同的人口分布特点，过了威廉斯堡，人们的意见更多的是来自各个县而不是各个镇，但是弗吉尼亚的回馈与新英格兰的一样坚决。实际上，弗吉尼亚大会（the Virginia Convention）率先迈出了一步，甚至在接到大陆会议要求如此做的通知之前，就果断做出了他们对于独立事业的承诺。和他们大部分的殖民地同胞一样，弗吉尼亚人又一次历数了乔治三世及其内阁大臣们在近几个月里强加在他们头上的种种压迫政策，以及他们最终派出了“舰船与军队……并且招来外国雇佣军，以协助这些毁灭性的阴谋企图”。

弗吉尼亚还引用了一段对它的处境来说有些特别的怨言，这多少有点尴尬地触及了被禁止讨论的奴隶制问题：“国王在这块殖民地上的代表［邓莫尔勋爵］（Lord Dunmore）不仅掌握着所有事关我们安全的政府权力，而且还重新坐镇战舰，针对我们发动了一场海盗般的野蛮战争，他用尽一切手段鼓动我们的黑人奴隶归顺他，训练并雇佣他们来与主人作对。”邓莫尔实际上已经发布了一道总令，宣布解放所有加入他阵营的黑人奴隶。这同时也自然地激起了种植园主心中对于黑人奴隶反抗的恐惧，此外还暴露出波托马克河以南那些将自己隐藏在自由口号背后的奴隶主们的道德矛盾。[8]

弗吉尼亚大会的决议，以及来自弗吉尼亚治下四个县的指导意见，全都是赞成独立、反对和谈的。这与新英格兰的爱国人士做出的决议很像，但是他们又更具思辨性，更富慷慨陈词，更像是书面的演讲而非法律文书。他们清晰的语气体现出的是，弗吉尼亚将自己视为这场政治危机中最重要的角色，而弗吉尼亚人怀着为其他殖民地设立参照标准的想法，将他们的决议送到了各个殖民地。鉴于到那时为止马萨诸塞在斗争中一直占据着主导地位，这种看法的确相当主观，但弗吉尼亚人有这样的想法实属正常。[9]

至此为止，关于独立的全民投票一直表现得出奇地和谐，但第一批不和谐的声音准会来自中部殖民地，尤其是宾夕法尼亚和纽约。这两个殖民地都拥有相当数量的亲英分
子，而不情愿的革命者数量更多，他们仍然紧紧抱着“有 53
可能发生最后一分钟的和谈”这样的想法不放。两个殖民地的议会都指使他们在大陆会议里的代表们——用宾夕法尼亚的话来说——“反对任何将会导致与祖国分离的想法”。在 1776 年的整个春天里，约翰·迪金森就是利用这样的指示，阻碍着亚当斯在大陆会议里为建立独立统一战线所做的一切努力。随着夏天——以及庞大的英国舰队——不断临近，人们还没有弄清楚的是，面对不断升级的战争危机，宾夕法尼亚和纽约的政治意见是否已经发生了改变。

宾夕法尼亚和纽约的议会的最初反应说明它们并没有改变。在宾夕法尼亚，贵格派精英仍然坚持要不遗余力通过政治手段解决。而在纽约，许多极度富裕的商人仍然公开宣称忠于英国国王。尽管英国入侵的威胁阴云不散，两地的议会都拒绝改变它们给在大陆会议中的代表下达的指示。[10]

这两处殖民地接下来发生的事情显示出这种自下而上的方式潜在的政治力量。在宾夕法尼亚，费城激进的技术工人、托马斯·潘恩的狂热信徒，迅速地受到了附近四个县的请愿的支持。他们都挑战着当时议会的权威，要为人民说话。实际上，他们认为，这些当选的代表已经丧失了他们的统治权，因为他们忽略了最近几个月大众意见在独立问题上地震般的转变。这些技术工人、工匠、普通农民施展出了令人惊叹的政治手段，他们动员到了足够数量的支持者，创造了一个由支持独立的议员主导的临时政府（他们关键的改革就是取消限制投票所需的财产要求来扩大选民群体，这样就保证了在制宪会议和新议会中稳当的多数席位）。在他们最初的行动中有一项就是要反映他们的“意愿并借此在［大陆］会议的选举中宣布殖民地联盟（the United Colonies）是自由而独立的国家”。[11]

类似的事情在纽约也发生了，虽然不像费城的事件那样
54 戏剧性地具有深远影响。与在费城一样，在纽约技术工人也被组织了起来，也受到了来自邻近各县的请愿的支持，并最终发展成为一场挑战民选政府合法性的运动。然而在纽约，独立的反对者却足够强大，他们能够抵制召开制宪会议的呼

声，其理由是，请愿者们自己就属于法外组织，“不具有任何当时的公众契约所赋予的任何权力”。尽管在 6 月中旬形势已经相当明了——纽约市以外的地方议会面对风起云涌的民众运动所进行的不过是一场正在输掉的战役，但纽约仍然抵制着这种不可避免的形势。一直到 7 月 9 日，在大陆会议戏剧性的行动整整一周之后，他们才同意独立，甚至在那时还为“带来了无可挽回的行动的残酷必需品”而悲叹。那时所说的“残酷必需品”指的是帆桅密如从林的英军舰队，他们正泊靠在长岛海峡（Long Island Sound）。[12]

因此，即使在那些抵抗独立的团体仍然有着强大后盾的殖民地，支持独立的力量也依靠过人的组织手段和更强的政治能量控制了政府。如果被分发到长岛民兵部队手中的长矛是大陆军的军事前景的不祥预兆，那么宾夕法尼亚与纽约两地的独立支持者对政治局势的掌控速度则是对大英帝国未来走势的不祥预兆。

后来的事实证明，所有先前殖民地联盟的新的州政府最终都被掌控在那些全力支持北美独立的忠实爱国者手中。这并不是对全体大众意见的准确反映，全体大众意见更为分化。也许在哈德逊河以南有少数人只是期待着这场危机早日结束，所有军队都消失无踪，然后他们就能有滋有味地继续他们的平静日子。但是在当时，对政治的掌控依赖于那些有着更高积极参与意识的地方领导与市民。如果要相信他们的话，那么他们的转变以及接下来对“这项事业”的参与，不过只是被乔治三世那些没有商量余地的政策和迫近的英军舰队及外国雇佣军逼迫的结果。

* * *

55 约翰·亚当斯本来难以想到更好的结果。随着各种决议和请愿在 5 月末和 6 月纷纷涌入大陆会议，这些文件差不多快要在赞同独立这一问题上达成一致。但是正如夏洛克·福尔摩斯的短篇小说所说的那样，不吠之犬同样能够取悦他。这就是说，所有这些殖民地的回复都提到了点子上，说明他们都聚焦于核心的独立问题，没有再多列出任何会让形势更加复杂的要求，比如结束奴隶制，赋予妇女相应的权力，或者是取消投票所需的财产要求。大家的普遍态度是，独立是当前最紧要的问题，其他与未来的北美共和国的形态相关的附加问题应该留到日后讨论。正如托普斯菲尔德的市民确切表述的那样："创新总归是危险的，我们衷心希望［马萨诸塞］特许状[①]［the（Massachusetts）Charter］里的古老律令能够得到严格遵守，直到这片殖民地上的全体人民在这样的事务上，正如他们在独立过程中那样，拥有表达自身情感的自由。"[13]

唯一的例外似乎是费城的技术工人，他们正忙于起草宾夕法尼亚的宪法。这部宪法呼吁扩大选举权的范围，将工匠和他们这样的技术工人也包括进来。让无产者加入市民的队

---

① 1691 年，光荣革命后的英国君主威廉与玛丽颁发特许状，宣布成立马萨诸塞海湾省（Province of the Province of Massachusetts Bay），直接由英国王室任命其总督，与后来的马萨诸塞州在区域上不完全一致。

伍中来，这并不会让独立问题阴云笼罩或者复杂化——这是亚当斯最怕的事情——它只会增加爱国者的力量。的确，没有他们的话，宾夕法尼亚也许将会是独立之路上的巨大障碍。亚当斯因为争取到了宾夕法尼亚而太过高兴，以至于他暂时放弃了他长期坚持相信的对投票所设的财产要求。“宾夕法尼亚这个地方……不久将会成为邦联政府的重要部分，”他在给纽约的朋友的信中写道，“数量众多的人民将拥有更大的权力和重要性，以及一群无产者的私党。然而我希望所有人都能享受到公正。”[14]

近一年来，亚当斯都想象着这个风云变幻的时刻的到 56
来。他在脑海中想象着事件发生的合理顺序，这样的顺序容许大陆会议对它们进行有序的管理。首先制定各殖民州的宪法，然后是建立各州邦联，然后与法国结盟；接下来，也只有在此时，在这幅拼图的所有碎片都就位以后，独立才能被宣布。但是现在事情的发展狠狠地嘲弄了这种想象中有序的顺序。大西洋沿岸，各州的新宪法正在激烈讨论之中，遵循各州政府指示出入费城的大陆会议代表正乱作一团，而英国舰队也应该会随时降临纽约。正如亚当斯向帕特里克·亨利（Patrick Henry）所解释的那样，他现在意识到，他曾经希望能够掌控这场政治爆炸的时间，但是这一直都只是妄想。“现在已经相当清楚了，”他在6月3日写道，“所有这些行动如此迅速地一个接一个发生，也许哪一件事先发生已经不再重要了。”[15]

同样已经“相当清楚了”的是，当历史以这种冒进急速前行时，任何对其进行掌控的努力都会化作泡影。亚当斯并不喜欢这样的事成为现实——这与他的保守个性并不相符——但是他已经没有选择，只能接受。如果不能掌控事件，他至少还能够为后代记录事件——也许这是最终的掌控方式。“在我保留的所有通信中，”他在给阿比盖尔的信中写道，“我从未保留过任何一份抄写件……现在我已经买好了一本单页笔记本，在它的第一页上……我写下了这封信，而且我打算写下［亦即抄下］所有我从现在开始写给你的信。”他让阿比盖尔也来做这样的事情：“因为我真的认为你的信件比我的更具保存价值。”[16]

他对周围新生事物有着敏锐的感知，正如他向一位以前的波士顿同事解释的那样：“它有着极其重要的目标，它从根本上与我们以及子孙后代成千上万人的生命和自由密切相关，它现在就在我们眼前发生。我们正身处一场革命，一场在世界各国历史中最彻底、最出人意料、最具重大意义的革命。”[17]

在这个时刻的喧嚣复杂中，亚当斯做出的这种过度的判断应该得到理解。但实际上他并没有夸张。之前还从未有人尝试过建立此等规模的共和国——或者说邦联共和国。亚当
57 斯是名副其实地“身处一场革命”之中，在 1776 年 6 月，他也确实感受到了自己仿佛站在了风暴的中心，风云变幻的历史在他四周涌动。

正如亚当斯在这段忙碌岁月里写下的信中所说的那样，当时他脑中思考的几乎都是他作为战争与军需委员会主席所

应担负的责任。这些责任涉及的事情有，对于魁北克战役中的失算的事后检讨，关于何处获得供枪炮使用的硫黄和硝石的问题，关于初步创建美国海军的提议，以及对于波士顿薄弱守卫的担忧。奇怪的是，亚当斯对纽约的军备几乎漠不关心，也许是因为他相信，与华盛顿之间的会面已经解决掉了所有突出的问题，因此他也无须再做什么，只管相信华盛顿的领导能力，并等候豪氏的舰队到来。他心里多少还是有些担心阿比盖尔以及他俩的四个孩子，他们在天花肆虐的情况下搬到了波士顿城外。在政治方面，他把主要精力集中在对未来美国外交政策的制定上，并寻求将法国作为一个有重要价值的欧洲盟友加以笼络。[18]

他没有提到自己被任命加入负责起草向全世界宣告北美独立的宣言的五人委员会一事。考虑到大陆会议的议事日程表，成立这样一个委员会是明智的想法。由理查德·亨利·李在6月7日正式发起的关于弗吉尼亚决议的投票，被推迟到了7月1日。这是为了照顾几个殖民地的代表团，他们在就关于独立的投票做出任何决定之前，都必须和所在殖民地议会进行商议。如果弗吉尼亚决议通过了，在那时应该需要备好一份相应的文件，这样大陆会议才能紧接着公布这一决定。亚当斯在6月11日召集这个委员会来起草这份文件。委员会的其他成员包括本杰明·富兰克林、托马斯·杰斐逊、罗伯特·利文斯顿和罗杰·舍曼。他们没有人认为这次任命有什么重要。所处的形势不同，所面临的当务之急也不同，目前首要的事情正紧锣密鼓地进行着——在殖民地地方议会中，在费城意见丛生的宾夕法尼亚和纽约代表那里，在长岛和曼哈顿的沿岸。[19]

58 起草这份文件的不二人选是本杰明·富兰克林，他被公认为北美成就斐然的散文文体家。但是富兰克林拒绝了这一要求，他起初是以罹患痛风为借口，然后他又宣称，基于数次惨痛教训，他已经发誓不再写作任何供某个委员会编辑的东西。亚当斯也拒绝了这一光荣任务，他解释说，他是大陆会议中的激进派领袖，这种身份使得这份文件将面临更多的审核。他作为战争与军需委员会的领导也肩负重任难以抽身。杰斐逊是第二人选，部分原因是他是弗吉尼亚人，而这份决议来自弗吉尼亚，还有部分原因是他比亚当斯更温和友善。后来的事实证明，这将是美国历史上最具影响力的事件之一。[20]

* * *

在退居蒙蒂塞洛（Monticello，杰斐逊在夏洛茨维尔郊外在建的宅邸）五个月之后，杰斐逊于 5 月 14 日回到了费城的岗位上。与他共处四年的妻子正经历着艰难的孕期，他的母亲在 3 月突然撒手人寰。而杰斐逊本人又饱受偏头痛的折磨，自第一次发病以来，这种症状已经发展为一种慢性病。他刚刚回到任上，就想要离开了。他认为最重要的事情正在威廉斯堡发生，位于该处的弗吉尼亚大会正在起草一部新的地方宪法。“这是一件十分有趣的作品，比如每个人都将期待自己的声音能被容纳其中，”他向一位弗吉尼亚的朋友解释道，“实际上，它是目前广泛的争论所要达到的一致目标。”当杰斐逊说起“我的国家”时，他指的是弗吉尼亚，他有着一种以弗吉尼亚为中心的美国观。他认为目前在费城热火朝天进行着的那些重大事件只是一段小插曲。从他5月和6月的通信来看，纽约迫近的大战对他来说似乎从来就不算回事。[21]

差不多正好一年之前，他上演了一出也许堪称地方版的“华丽入场”（the grand entrance）。他乘着一辆名为 phaeton 59
（四轮敞篷马车）的华丽座驾驶入费城，这辆马车由四匹马拉动，三个奴隶左右相随。在弗吉尼亚种植园主阶层严密的等级体系中，他并没能成为上层人物，部分是因为他的年纪——他只有32岁——部分也是因为他出了名的不擅演讲。他身高略微超过六英尺两英寸，一头泛红的金发，站立的姿态被形容为“像枪杆子一样挺直”，有着弗吉尼亚显贵人士的外貌特征，但是他微弱而“尖锐”的声音在宽敞的地方无法传播太远。他在性情方面也显得拘谨，掺杂着冷漠与羞涩，在人群中通常默然而立，双手在胸前交叉，仿佛是想挡开冒犯的人。[22]

他靠写作获得了政治名声。这种名声的获得主要是靠一本题为“英国北美殖民地的权利概观”（*A Summary View of the Rights of British America*, 1774）的小册子，在这本著作中，他第一次辩称英国议会不仅缺乏向北美殖民地征税的权力，而且根本没有立法统治他们的权力（后来人们发现，《概观》一书还包含若干对乔治三世的尖锐批评，这是对《独立宣言》中所做出的更广泛控诉的一次预演）。亚当斯立即意识到，这名大陆会议激进派中的弗吉尼亚年轻人与自己的思想相近，在五人委员会中沉默寡言却忠实可靠，而且他还是一名可以委以起草报告这一任务的“写手”。大陆会议的领导集体选择由他起草一份给乔治三世的信，叫作《关于拿起武器的原因与必要性的宣言》（*Declaration of the Causes and Necessity for Taking Up Arms*，1775）。这项重要的任命显示了杰斐逊作为一个幕后英雄般的文字写手的名声。[23]

杰斐逊当选这份将会成为美国历史上最受人敬仰的著名文件的起草人，这在当时是普遍流程的一部分。他当时已经是大陆会议非正式的文件起草人。但是，我们要意识到的重要一点是，最终笼罩独立事业的那片金色迷雾那时还没有形成。它所有的参与者（包括杰斐逊本人）都未曾注意到它此后的重要意义。所有人都认为有更重要的事情在别处进行着，要么是在费城其他委员会的会议中，要么是在杰斐逊在
60 威廉斯堡的事务里。这个标志着伟大创建的时刻被所有人视为微不足道的政治琐事。

最有可能的是（这意味着历史学家们也不确定），在6月11日或稍后的时间里，委员会全体成员在富兰克林的住所会面，共同商讨这份文件的内容和形式。在就它的大体结构达成一致意见之后，他们将写作的任务交给了杰斐逊。又过了很久以后，当《独立宣言》的历史意义已经相当明显了的时候，他宣称他当时“写作时从未参考过任何书籍或小册子”，也没有“抄袭任何特别的或是已出版的文字”。虽然这段评论从本意看来不假，但它却具有误导性，并且逐

渐激发了人们对于具有团结精神的杰斐逊形象的神话般的想象，他在半宗教的降神会（séance）① 中与诸神交会。[24]

实际上，在他的面前，或者至少是在他的脑中，放着他最近为弗吉尼亚起草的新地方宪法。它包含了一份清单，其中列举了诸多对乔治三世的不满。他起草的《独立宣言》扩充了这份清单，遵循的是在英国历史上由来已久的一套辞令，每当需要限制或者罢黜国王的时候，这套辞令便被频频使用。当读到出版的《独立宣言》时，时任弗吉尼亚大会主席的埃德蒙·彭德尔顿告诉杰斐逊，他送去威廉斯堡的宪法草案中所列举的对乔治三世的控诉很明显已经“穷尽了‘抱怨乔治三世’这一主题，[我]一度也很困惑，想看看大陆会议还能写出些什么……如果没有借鉴的话；[我]发现你们在这一点上做得很出色”。实际上，从《概观》一书开始，杰斐逊就一直在对《独立宣言》中长长的抱怨部分进行写作练习，随后又在他起草的弗吉尼亚地方宪法中进行了修改和润饰，并向大陆会议确定了他的最终版本。从这个意义上说，他是最有经验的控诉人，大陆会议可以任命他来负责这件针对乔治三世的案子。[25]

杰斐逊在 6 月的第三周里完成了《独立宣言》的草案（亚当斯事后回忆道，说得夸张一点的话，也许那只花了他“一两天的时间”）。他将那份草案交给亚当斯和富兰克林过

① 降神会是一种和死者沟通的尝试。降神会的主持者是灵媒。通常是灵媒貌似处于精神恍惚状态，并声称死者可以通过她和活人交流。

61 目，这两人是大陆会议最杰出的领袖，他很尊重他们的意见。他们只对其中一处提出了修改意见。他们没有采纳“我们认为以下这些真理是神圣而无可争议的（undeniable）”，而是形容这些真理是“不言而喻的”（self-evident）。杰斐逊接受了这处改动，他显然是将它视为一种改进。[26]

随后，五人委员会在6月28日将这份文件呈给了大陆会议全体议员（挂在国会大厦圆形大厅里那幅出自约翰·特朗布尔之手、名为《独立宣言》的著名画作，表现的就是这个时刻，而非大多数游客所认为的7月4日）。随后是一场就意在独立的弗吉尼亚决议进行的辩论，约翰·迪金森滔滔不绝地陈述了他认为应该推迟独立的理由，再次念起了他那几套温和派的经文，比如外交手段还没有走到山穷水尽的地步，比如从英国分离意味着与世界上最强大的军队交战，比如任何对独立的北美共和国面貌的设想在他脑子里唤起的只是一连串的政治噩梦。然而有一样东西，对迪金森的观点来说是不幸的，对于他那愈发变得不合时宜的行动日程来说也的确是致命的，这就是正在斯塔滕岛集结的英军部队和船只，这才是一场真正的噩梦，根本无须设想。亚当斯以他相当西塞罗式的风格进行了反驳，他认为北美独立的时机显然已经到来（这是亚当斯漫长的政治生涯中意义最为重大的演说，但是由于发表时没有任何笔记，因此没有任何关于这次演说的记录留存下来）。投票结果几乎是全体一致的12∶0，其中纽约的代表弃权，因为他们还受制于地方议会的指示。随后大陆会议立即将自身调整为全体委员会模式

（a committee-of-the-whole format）以讨论杰斐逊的草案。[27]

在接下来的两天里，委员会对草案文本做了 85 处修改和删减，这是非同寻常的编辑工作。许多历史学家总结认为，它提升了最终定稿的文件的明晰度和说服力。另外，杰斐逊在整个讨论过程中沉默而忧郁地坐在一旁，他觉得每处改动都像是一次破坏。富兰克林一度靠过来安慰了他，他提醒杰斐逊说，这就是他为什么从来不写任何将会被提交给某委员会编辑的东西。在 7 月 4 日这天，大陆会议通过了修订后的版本，《独立宣言》被送往印刷厂准备刊印出版。据杰 62
斐逊后来宣称，当天并没有什么署名仪式。8 月 2 日，大多数会议成员在那份羊皮纸抄本上署上了名字。[28]

主要的文字改动出现在这份文件长长的抱怨的部分，而这正是代表们所关注的部分。不难理解，这毕竟是《独立宣言》的通篇要旨，为独立提供了政治和法理的基础。代表们挑出了针对乔治三世的三点指控，这些指控在他们看来不是太弗吉尼亚就是太杰斐逊。

第一，杰斐逊指控乔治三世“通过反对人们为结束奴隶制所做的努力，对于人类天性本身发起了残酷的挑战”，然后“鼓动这些人［即奴隶］拿起武器反抗我们……其手段是通过谋害他将这些奴隶强加于其头上的那些人”。这就是杰斐逊对备受责难的弗吉尼亚声明所做的解读尝试。这份声明认为，奴隶贸易，含蓄地说就是奴隶制本身，是乔治三世造成的过错，同时他因为邓莫尔勋爵提出解放弗吉尼亚的奴隶而受到指责，这是一种犯罪行为。

这种说法也许在弗吉尼亚能够说得通，因为那里的种植园已经人满为患；所以尽管结束奴隶制本身难以想象，但是结束奴隶贸易的想法很受弗吉尼亚精英们的欢迎。但是在南方腹地，尤其是在南卡罗来纳，结束奴隶贸易意味着财路阻断。对于所有波托马克河以北的殖民地来说，将奴隶制列入控诉事项里，这种事情本来就不被允许，尤其是在与对邓莫尔提议的奴隶解放的谴责一起出现时，它更不被接受，因为这暗含了反奴隶制意味。最好的办法就是，将相关的整段内容删去，让奴隶制成为大家心照不宣却避而不谈的话题。[29]

第二，杰斐逊试图将一条自己十分热衷的信念放入草案里，他在《概观》中对这条信念有着更为详尽的阐述。他将它叫作“放弃国籍”论。它宣称，到北美来的原英国籍移民是“靠着自己的血汗和钱财前来的；大英帝国没有给予他们任何帮助……但是他们却服从他们的议会而非我们宪法的内容”。根据杰斐逊的理解，北美殖民地人民都是撒克逊人的后裔，这群人发源于日耳曼地区的山林，在那里任何形式的强权政府都会被当作暴政而受到抵制，因此宣称王室或者议会对北美殖民地人民有任何的统治权力，都将构成对这种起源认识的违背。这体现了对于北美殖民地历史的一种“很久很久以前”式的荒谬重写，大陆会议将它作为令人尴尬的浪漫小说式描写予以删除。[30]

第三，也是最后一点，占据杰斐逊草案结尾的是一通高度情绪化的对乔治三世的谴责，认为他放弃了自己慈爱父亲的角色，为了侵略并消灭我们，他不仅派来了与我们同种同源的士兵，还派来了苏格兰和外国的雇佣军。父亲的慈爱不知何故已经被暴君的残忍所代替："这些事实最终击碎了这种令人痛苦的爱，而人性的精神让我们选择与这群冷漠无情的兄弟永远断绝关系。"杰斐逊试图用更多笔墨表达来自各州、市和县辖区的众多决议，它们都为乔治三世从仁慈君主到好战暴君的转变感到痛心疾首。这的确是北美民众要传达的主要信息，将它写入草案，表明杰斐逊正批阅着那些纷至沓来涌进大陆会议的决议，它们都是对 5 月 15 日的号召做出的回应。但是杰斐逊对这一信息的表达让大陆会议的大多数成员感到震惊，因为它们过于情绪化。因此这些段落也被删去。[31]

*　*　*

大陆会议的修改辩论中最重大的事件是一件并未成真的事，另一条不吠之犬。尽管代表们执着于长长的诉苦的部分，他们却完全忽略了这份文稿开始的两段，他们似乎都认为那是杰斐逊文采斐然的起笔，是真正要旨之前的华丽收尾。对于以下文字，他们没有做出任何评判：

> 我们认为下面这些真理是不言而喻的：人人生而平等，造物者赋予他们若干不可剥夺的权利，其中包括生
> 命权、自由权和追求幸福的权利。为了保障这些权利， 64
> 人类才在他们之间建立政府，而政府之正当权力，是经被治理者的同意而产生的。[32]

正因为这些话将注定成为美国历史上最重要的55个词，成为“美国信念”的起源，成为也许是全部现代历史中最发人深省的话，所以我们很难理解为何代表们对它漠不关心、毫无兴趣。但那是因为我们是以后世的眼光在看待它，因此我们知道《独立宣言》关于天赋人权的部分最终将成为什么。从18世纪90年代以来，有好几位杰出的美国人开始注意到了杰斐逊文字的隐含意义，但是对这份文件纲领性的阐述最终于1859年在亚伯拉罕·林肯那里达到了顶点：

> 向杰斐逊致以最高敬意——在一个孤立民族为争取民族独立而进行斗争的真实压力下，他有着充分的冷静、远见和才能，在一份仅仅旨在革命的文件中，道出了一条抽象的真理，并因此让它备受尊崇。它认为，无论是在当前还是在后世，它都将对暴政和压迫再次出现的征兆形成谴责和阻碍。[33]

但是被林肯戏谑地称作“一份仅仅旨在革命的文件”的东西对于费城的全体代表来说却是行动的全部重点，也是这份文件被叫作《独立宣言》的主要原因。林肯所说的“让它备受尊崇”暗示着杰斐逊清楚自己的所作所为，但是没有任何证据显示他真的清楚。他在随后几周里将主要精力集中在保证他未被编辑的草案——也就是说，在它没有被与他共事的代表们“弄得面目全非”之前——能够为后世保存下来，但是这就意味着他需要格外注意在诉苦这部分的措辞。[34]

然而，杰斐逊却在无意中将美国革命激进的隐含意图悄悄放入了这份基础性的文件里，这些隐含意图将如种子般发芽开花，推动扩大对个人权利的开明认可，并将最终结束投票所需的财产要求，结束奴隶制，顺应潮流促成妇女投票 65
权，并赋予所有少数族裔应有的公民权利。亚当斯自己为此忧虑成疾，他担心 5 月和 6 月各殖民地及县镇的决议书将激起一系列激进的运动，其过程将使最为重要的独立投票复杂化。现在杰斐逊崇高而诗意的文章已经不动声色地将美国革命所潜藏的意图放入了《独立宣言》里，他的手法是如此巧妙，以至于没有人注意到这一点。在 1826 年去世以前，杰斐逊开始走马灯似地回顾往事，他坚持认为“起草《独立宣言》”一定会在自己墓志铭所刻的成就列表中排在首位。

作为对美国最根本原则的核心表述，《独立宣言》中关于天赋人权的部分经受住了时间的考验，正如林肯预测的那样。而它最终经受住时间考验，也因为林肯是最早充分理解它的人之一。

“政府权力来自被统治者的认同”这一思想明显是来源于约翰·洛克对于这种学说的规范化阐述，以及他随后在《再论政府》（*Second Treatise on Government*，1688）中提出的“革命权”（the right of revolution）。而一个更为乌托邦的维度潜藏在《独立宣言》的第二段中，这一部分展现了杰斐逊的想象力。它预示了一个完美的世界，它最终摆脱了国王、牧师，甚至政府本身。在这样的乌有乡里，自由的个体和谐互动，所有形式的政治压迫都已毫无必要，因为它们都已经被自愿地内化了。人们追求了各自理解的幸福却毫无冲突，某种形式的社会公平占据着统治地位。正如林肯所意识到的那样，这是一个理想世界，它绝不可能在地球上实现，而只能被接近。每一代美国人都有义务将美国向这个目标的完全实现推进一步，正如林肯的行为所昭示的那样。所谓美国梦，也就是更为广泛的杰斐逊的梦，它深植于在美国历史最喧嚣嘈杂的时刻被写下的文字中，它的作者是一名极度渴望到达彼岸的理想主义青年。

* * *

66 随后出现了比小说更令人难以相信的一系列历史巧合中的一件，那就是在 6 月 28 日人们看见载着威廉·豪将军及其麾下 9000 人马的第一批英军舰队出现在长岛海面，而那天正好也是起草委员会将《独立宣言》呈给大陆会议的日子。舰队逐渐逼近，大陆军的哨兵都为它的规模感到震惊：那是一支由 113 艘船只组成的舰队，为首的是豪的旗舰"灰色猎犬号"（Greyhound）。"我以为整个伦敦都漂过来了。"一个哨兵惊呼道。他所不知道的是，海军上将豪正带着一支更大的舰队向此处赶来。[35]

在初步侦察了长岛沿岸之后，豪将军认为斯塔滕岛是一个相对较为安全的登陆地点。他的部队在 7 月 2 日这一天开始登陆上岸，而那天正好也是大陆会议就独立进行投票的日子；登陆行动在 7 月 4 日这天完成，而那天正好又是人们赞成通过《独立宣言》并将它向世界宣布的日子。由于正好遇上风云突变的独立投票，豪氏兄弟很快发现，他们备受关注的和平使者身份变得更加有问题，因为现在他们不能再告诫北美殖民地人民不要去走会招致毁灭的那一步，而是要告诉美国人（他们不会再将自己视为殖民地人民）重新考虑他们的决定。

尽管数周以来华盛顿都担忧着纽约的战略上的薄弱，英军现在的大举压境才真正像他最糟糕的噩梦一样击中了要害。他命令全军保持警戒，认为豪打算立即发起进攻，尤其是在亲英派间谍将美方防守的地点及其弱点告诉了他以后。他并没有意识到，豪很谨慎地决定等待他哥哥带着一支更大的军队赶来。

费城的政治风云高潮渐至，现在纽约的战场又硝烟乍起，命悬一线的紧迫感令所有人的神经都为它所牵动。华盛顿很明显受到了震动，而他还不知道费城那边正在公开的事情，他在7月2日的总动员令中集中展现了自己的修辞技能。这道命令有他的个人风格，在内容和语气上也可与杰斐逊的远见卓识相媲美：

> 眼前的这个时刻也许将决定的是：北美人民将成为 67
> 自由人还是奴隶？他们是否能够拥有任何可以称得上是“私有”的财产？他们的房屋和农场是否会遭受洗劫与毁灭？他们是否会将自己交付给一个无人能让他们从中解脱出来的卑鄙国家？而今，在上帝的注视下，还未出

> 生的数百万子孙后代的命运就指望着这支军队的表现。……因此，让我们相互鼓舞、相互激励，让我们向全世界证明，在自己的土地上为自由而战的独立民族，比世界上任何只会听命于他人的雇佣军都要强大。[36]

这是华盛顿自己的宣言，他单刀直入，切中肯綮，并且认识到，如果这场战争在这个夏天输掉了，那么杰斐逊的《独立宣言》将很快被人们遗忘。杰斐逊滔滔不绝地讲述的那些理想被构想为是普世的、永恒的。但是在接下来的几周时间里，它们是会永久流传还是过早消逝，仍然是一个问题；这个问题在不久之后将得到解答，但是是通过战场上浴血奋战的士兵，而不是通过书斋里天才的年轻政治家。

4
诸如此类

> 就此，我认为这场针对我们的战争是不义的，也是 68
> 不明智的，我深信，冷静客观的后人们将强烈谴责战争的发动者；我也深信，对于那些自愿参与实施这场战争的人来说，即使获得胜利也无法让他们免于某种程度的不光彩。
>
> ——本杰明·富兰克林1776年7月20日写给理查德·豪勋爵的信

那些离船登上斯塔滕岛的人刚刚才在海上忍受了长达一个月的悲惨折磨，这段经历最终被证明比他们所经历的任何一场陆上战斗都要危险。狭窄的居所、粗劣的饮食以及糟糕的卫生状况使得疟疾横行，伴随而来的是高死亡率。大约有一千多名士兵和水手葬身茫茫大海，随他们一起死去的还有几乎同等数量的马匹和牲口。在大部分军事史中，“杀戮地带”（killing zone）这一术语指的是战场上死亡率最高的地点，在这一地带，冲锋的先头部队被暴露于由最先进的大规模杀伤性武器所发射的金属射弹的攻击波范围内。但是在18世纪后期以及随后的一百年里，最致命的“杀戮地带”

是船上的住所以及封闭空间，这些地方的大规模杀伤性武器就是细菌、微生物以及各种病毒变种，当时的医学还没有找到任何针对它们的预防或治疗措施。离开这些疾病肆虐的船
69 只来到风景如画、空气清新的斯塔滕岛，这对英军来说意味着在北美的行动的最危险时刻已经过去。[1]

海军上将豪的秘书安布罗斯·塞尔（Ambrose Serle）留下了他对斯塔滕岛最完整的印象："岛上的人民，就像他们脚下的土地一样，稀疏而又贫瘠；他们的声音模糊不清，他们形容憔悴、懒散无力。"塞尔如是评论，并继续说道："土地极其贫瘠，土地的耕种和大英帝国的情形相比也显得粗放得多。"塞尔带着傲慢的英国贵族特有的那种自以为是的优越感和刻意的俯就态度，公然评论着自己未曾见过的北美风土人情。这些想法都是他从伦敦宫廷和政府白厅中带来的成规陋见的一部分，北美的叛乱在英国当局看来是对得到庄重认可的政治秩序的荒谬违背，而乔治·华盛顿则被视为（用塞尔的话来说）"一个微不足道的、领导着一群叛乱匪帮的民兵上尉"。[2]

如果塞尔的政治偏见可以被预见——它们也是不可忍受的，那么实际上，它们也提供了一个窗口，让人能够窥知北美独立不可阻挡的一个原因——普通的英军士兵有着种种各自的先入之见。有的人惊奇于殖民地人民穿衣服的事实，他们原来都以为这群人的着装会像印第安人一样。还有一些人期待着看到像非洲丛林里那样的成群游荡的野生动物。而当一位亲英派来到某艘船上帮助他们将船停进港口时，英国的

船员和士兵被弄得目瞪口呆。“所有人都还抱着这样的看法，”他们惊呼道，“他们认为北美的居民是黑人。”[3]

但是英军人士对此地的主要印象还是显得更为理智，更多是从战略角度出发。斯塔滕岛遍地都是物产丰富的农场，以及大群大群的牛羊牲畜——然而塞尔的评论与此相反——它们能够确保英军士兵伙食水平的迅速提高。的确，鉴于他们最近横跨大西洋时所经历的种种，英军的确有理由相信自己是来到了天堂。

除此之外，当地居民也把英军当作他们等待已久的解救
者——而不是敌对的侵略者——来欢迎。在之前数月里，所 70
有对于评估长岛以及斯塔滕岛农民的政治倾向所做的努力只得出一些模棱两可的猜测，不过这也准确地反映出当地民众多层次的政治态度。标准亲英派与爱国者在数量上都远远不及普通的农民，这些农民只希望两支军队能去别的地方相互厮杀。但是随着豪将军率领大军压境，民众的观点在一夜之间突然转变。在长岛南面海岸用望远镜侦察的哨兵报告说，斯塔滕岛的居民与其说是投降了，倒不如说是归顺了，他们满怀热情地加入了敌方阵营。不久那些各种各样的“加入”形式也包括了在岛上各处山丘和果园里发生性爱结合。“这座岛上的仙女们陷入了一种美妙的痛苦中，”一位英军军官说，“那些走进树丛采摘玫瑰的女孩，没有任何一个能够逃脱被糟蹋的命运。”各种涉及强奸指控的军事法案件在英军总部已屡见不鲜。[4]

驻扎在斯塔滕岛上的英军士兵，与他们在长岛和曼哈顿

的对手们令人惊奇地相似。与大英帝国在下个世纪的鼎盛时期里出现的负面形象不一样的是，此时的英军并不是由从伦敦牢狱里抓来或是从英格兰乡镇征来服役的流浪汉、犯人和精神病患者组成的乌合之众。正好相反，他们都是英国劳工阶级——从前的临时工、农民、木匠和鞋匠——他们不幸成为工业革命的受害者，他们的工作都被机器所取代，因此只能将接受军队雇佣作为最后的救命稻草。他们基本上都是志愿者。

英军和北美军征募的人员之间很大的区别在于年龄和经历。典型的英军士兵年龄都在 28 岁左右，而北美军士兵相比之下几乎年轻 8 岁。最重要的是，英军士兵平均有着长达 7 年的从军经历，而北美军士兵的从军经历则不满 6 个月，大陆军有几支部队的士兵甚至几乎没有任何从军经历。[5]

71 这样的区别也体现在战争实践的检验中，18 世纪的战争强调面对难以表达的恐怖血腥场面时要保持冷静。“在死人堆里行军，听见伤者呻吟也不为所动，”纳瑟内尔·格林曾经沉思道，“我敢说几乎没有人能够经受住这些场面，除非他已经习惯成自然或是为军人的骄傲所支撑。”许多英军士兵，甚至更多的黑森佣兵①（Hessian），都表明了他们能够经受住考验。而北美军士兵还不曾经历过这些事情。[6]

---

① 18 世纪受大英帝国雇用的德意志籍佣兵组织。美国独立战争期间大约有 30000 人在北美服役，其中近半数来自德意志的黑森地区，其他来自类似的小邦。在英国服役的背景下，他们全部被归类为“黑森人”（Hessians），北美殖民地居民则称他们为“雇佣兵”（Mercenaries）。

为了鼓舞自己部队的士气，华盛顿曾多次质问那些英国正规军的参战动机。华盛顿认为，英军只是为金钱而战斗的雇佣军，而北美的士兵是为了独立这一崇高目标而战斗的爱国者。这种半宗教的信息自有它的意义，但是它也误解了英军普通士兵的参战动机。他们对各自的团队和战斗中一起出生入死的战友，都有着深厚的感情。英军士兵认为自己是一个兄弟团队，大家都已准备好共同面对一段最艰难的人生经历。部队就是他们的家，他们准备不惜一切代价捍卫它的荣誉。

* * *

在7月9日，华盛顿收到了发自汉考克的一包文件，以及以下附言（cover letter）：

> 大陆会议认为有必要断绝英国与北美殖民地之间的关系，并且宣布自己为自由独立的各州；从包裹内的《独立宣言》你可以知道这一点。我受命将这份包裹带给你，并要求你以任何你认为合适的方式对军队宣读这一文件。[7]

独立已经被宣布的消息在两天之前已经传到了华盛顿耳中，但这是从政府高层向军队首领发出的正式通信，随信还
有《独立宣言》这份文件。华盛顿并没有就《独立宣言》 72
的语言做出任何评论，他更倾向于将这些话看作是人们等待已久的、最终使大陆会议与大陆军同仇敌忾的一份政治承

诺。他下令，当天晚上的晚餐之后，在纽约市各公共场所和各部队的阅兵场地高声宣读这份文件。

公共场所上的宣读得到了“来自部队的三声高呼”，这些士兵随后加入了一大群游行的市民，他们沿着百老汇大街涌向鲍灵格林（Bowling Green）去拆掉一座乔治三世的塑像。这座塑像由铅镀金的工艺铸成，它将国王描绘得像是一位马背上的罗马皇帝。人们手执铁锹和绳索，费了好大的力气才搬动了这座雕像。在人们斩获了这座前任统治者的象征之后，这些铅被拖去制作成了42000发枪弹。一位见证者津津乐道于未来的前景：“英国军队将收到发射给他们的‘熔化的陛下’。”在第二天的总动员令中，华盛顿严厉责备了他的部队，理由是他们参与了针对王室权威最后象征的荒谬的破坏活动。没有人对这通批评太过重视，包括华盛顿本人，他并没有下令对这些参与冒犯活动的人进行调查或给予惩罚。[8]

* * *

在7月的最后数周里，华盛顿继续实施着他的防御体系的修建，不仅是长岛上的防御体系，也包括他自己灵魂的防线。英军开始在斯塔滕岛登陆扎营是一个不祥的预兆，随后不久就从英军逃兵以及岛上仍持观望态度的亲英派那里传来了可靠情报。格林获得了关于即将到来的海军上将理查德·豪的舰队的规模和抵达时间的消息，以及威廉·豪将军打算对长岛发起主攻的战略计划。[9]

这些珍贵的消息片断让华盛顿能够更多地靠着自信而不

是猜测来完成他的防御计划的空白部分。更为重要的是，到7月中旬的时候，他已经获得了关于杰曼实施全面战争的战略计划的准确情报。“现在已经毫无疑问的是，”华盛顿告
诉汉考克，“敌人意欲展开他们针对北美殖民地的行动，并 73
且试图联合起他们的两支军队，一支是由［来自加拿大的］伯戈因将军率领，而另一支已经到达此地。”日益逼近的对纽约的入侵，就成了英国的统一战略的南线部分，而这一战略的目标则是占领哈德逊河走廊，孤立新英格兰。[10]

这也有助于解释华盛顿为何如此令人难以理解地关注着菲利普·斯凯勒（Philip Schuyler）将军指挥下的美国军队在纽约北部进行的不幸而显然无望的军事努力。此事一度充斥于他的通信内容达数日之久，以至于他甚至没能对六英里外更急迫的英军的威胁予以足够重视。对杰曼整体战略的了解迫使华盛顿将自己的视野放宽，以对抗在尚普兰湖（Lake Champlain）以北集结的英军军事力量。事后看来，如果他能将注意力更多集中于眼前的敌人身上的话，也许他会更加顺利。[11]

在7月12日那天，他继续做着那样的事情。尽管知道海军上将豪的舰队稍后就将到来，华盛顿还是在7月12日这一天召集了一个战事委员会，商讨在斯塔滕岛上的英国守军得到增援之前对它发动一次进攻。华盛顿提议，与其坐观英国海陆两军的精锐部队顺利集结，任由他们筹备并发动致命打击，不如大陆军先发制人，在海军上将豪的舰队安全登陆之前发起自己的进攻。

这是一个大胆的想法，它恰好反映出了华盛顿富有进攻性的军事本能。斯特林勋爵制订了一个计划，建议派遣一支3300 人的美国军队分别从 6 个登陆地点对斯塔滕岛发起联合袭击。它计划的时间安排精确到秒，而它设想的各队联合水平也到了完全脱离现实的程度，对世界上任何久经沙场的专业部队来说都充满挑战。鉴于大陆军普遍的不成熟和明显混乱，这个计划为“如何精心策划一场惨败”提供了教科书式的范例。这也是华盛顿那些本质上过于复杂的进攻性战略规划的首次登场，这些规划将在整个战争过程中令大陆军吃尽苦头。留给战事委员会的问题简单而明了：军队是否应该对斯塔滕岛发起进攻？而得到的回答也同样简洁：“大家
74 一致认为不应该。”精细复杂的战略袭击并非大陆军所能掌握的战术。对此华盛顿选择了让步。[12]

甚至在这个决定被接受之前，人们已经看到海军上将豪的旗舰“雄鹰号”（the Eagle）出现在海面，这标志着英军主力舰队即将到来。几个小时后，两艘英军战舰“凤凰号”（the Phoenix）和“玫瑰号”（the Rose）在三艘补给舰的陪伴下，借助顺风顺水的优势，越过了红钩镇（Red Hook）和统治者岛（Governors Island），沿哈德逊河一路挺进，在驶过曼哈顿西面时沿途不断开火发起进攻。飞来的炮弹击毁了房屋，街上满是受到严重惊吓的居民，而沿岸的大陆军带着难以置信的表情看着这一切，英国皇家海军展现出的强大火力令他们望尘莫及。在这些船只经过的时候，美国炮兵发射了接近两百发炮弹，但几乎没有起到什么作用——这些船

飞快驶过了位于华盛顿堡的主炮台，沿河而上溯游 30 英里后于当天晚上停泊在塔本吉（Tappan Zee）。[13]

一位年仅 15 岁的康涅狄格新兵约瑟夫·普拉姆·马丁（Joseph Plumb Martin）记录道，他刚刚见证了他的第一次行动，这场行动是一场彻彻底底的混乱，让他震惊不已。他之前从未见过炮火，但是已经准备好了要去证实一下“其声如音乐，或者至少开阔洪亮”的效果。结果他惊得目瞪口呆。[14]

在第二天的总动员令中，华盛顿重点讲到了将士们（例如大兵马丁）茫然无措的反应，他们没有各归各位遵照命令行动，而是站在原地，呆若木鸡。“这种丝毫没有军人风范的行为必然会让每个军官感到心寒。”华盛顿如是说道。并且他还提到，一旦真正开战，这样的做法将对“这项事业”造成不利影响。[15]

但是那天的行动中最令人感到不祥的是英军舰只驶过所有美军炮台时表现出的轻松自如。在对这些专门为了牵制英国海军机动性而在曼哈顿建起的堡垒和炮兵阵地的首次考验中，美军的防御一败涂地。这意味着英国舰队可以毫发无伤地通过纽约群岛，将士兵和炮火送到任何想攻击的地方，这对华盛顿的战略防御是巨大的讽刺。最令人不安的是，这意味着，如果曼哈顿是一个酒瓶，那么英军可以随时将它的入 75
口塞住，可以派遣部队在该岛北端登陆，将华盛顿的整支军队团团围住，不留下任何逃跑的路线。这意味着李将军最初的估计是正确的：英国海军的优势让纽约变得毫无守备可言。

后来的历史表明，这些认识本可以让人们对美军战略形成新的认识，促使他们放弃纽约，将大陆军撤退到新泽西或康涅狄格这样的美国大陆本土。但是华盛顿无法知晓后来的历史，他被困在当时的具体历史情境中，正如他的军队被困在两座岛上一样。很清楚的是，大陆会议希望他不惜一切代价守卫纽约。同样很清楚的是，他在费城的行政领导并不了解“不惜一切代价”可能意味着什么。

整个7月，他将所有精力都投入到对几个作战计划的评估中，这些计划意欲在哈德逊河与伊斯特河上牵制英国皇家海军的机动性。他对宾夕法尼亚安全委员会的一个提议做出了热情的回复，因为它计划建造6艘“火船”（fire ships），这些船可以四散冲入英军舰队，将其护卫舰只撞沉，这算是海战中的一种“孤注一掷”的（或者说自杀式的）战术。他对用一种名为“防栅”（chevaux-de-frise）的废弃物障碍在哈德逊河道中阻挡船只的做法非常看好，因为这样可以形成水中的屏障，使英军船只不得不放缓行进速度，并且在经过华盛顿堡这类军事据点时也会进入美军的火力范围。他甚至听取了一个通过富兰克林传达给他的提议，这个提议建议部署一种叫作潜水艇（submarine）的新型船只，它可以潜到水下，然后向毫无防备的英军舰只发起攻击。很明显，他只是在寻找抵消英军舰队战略优势的方法，以图能够抓住什么救命稻草，缓解自己的劣势。[16]

办公桌上堆积如山的请求文件使华盛顿根本不可能集

中精力去考虑更宏观的局势。后来人们发现长岛上有数量达15000的牛羊以及马匹，它们都属于当地的农民。他的军队应该将这些牲畜没收充公以防止它们落入英军之手吗？这样的没收方式会对他们与这些农民之间的政治联盟产生什 76
么影响？在前思后想许久以后，长岛上所有的牲畜都被集中起来屠宰了，这说明华盛顿已意识到长岛很可能会落入英军之手。[17]

接下来是如何处理当地亲英派这一紧迫而尴尬的问题。说它紧迫，是因为根据格林的估计，长岛已有数百名居民躲进各处树林和沼泽，等英军一上岸就加入其中。说它尴尬，则是因为纽约市内的相当一部分人，包括一些最杰出的市民，都拒绝承认由《独立宣言》带来的新的现实，坚持作为英国的北美殖民地居民，对分离行为采取观望态度，拒绝做出选择。最终做出的决定是，所有持观望态度的人都应该被当作亲英派并投入监狱，而其中最可疑的人应该被送到康涅狄格，以防止英军占领纽约这座城市后他们又得到解放。格林下令对长岛所有的家庭进行彻底清洗，而行动过程还是要保持文明，以避免给人留下他们对真正的中间派也很残酷的印象。负责逮捕行动的军官应该“着装得体”，避免给人留下任何“对人不尊重或者暴虐”的印象。因为一些明显的军事原因，绵羊和山羊①应该被分开。但是格林希望的是能够顺利完成任务，同时又不会成为让他所希望拯救的民众

① 此处绵羊和山羊喻指温和的中间派和亲英派这两个不同的群体。

疏远的美国恶棍。[18]

在日常需求的管理和安排方面，华盛顿的首席助手是约翰·里德，一位参与过波士顿围城的老兵。华盛顿之所以将他从军队中提拔出来做自己的随从，是因为他突出的才能和他的教育背景［里德曾经在伦敦中殿律师学院①（London's Middle Temple）学习过法律］。当里德决定在4月回家并重拾他在费城的法律事务时，华盛顿感到非常失望，因为他已经将这位年轻人当作自己的行政“大家庭”中不可或缺的一员了，他的判断力和写作才能已经成为无价的财富。在6月华盛顿又劝说他回到了岗位上，答应给予他更高的职位，让他担任副官长，这是大陆军中的首席
77 行政职位。但才没过多久里德又意识到自己完全无法应付这个职位的工作。“我所处的这个职位，”他写信告诉他的妻子说，“真是完全不适合我，我在这个岗位并没有感到有多轻松。”[19]

除了他经验不足以外——和格林还有诺克斯一样，里德也是华盛顿手下那群有天分的业余人才中的一个——他所负责的这支军队也缺乏久经检验的行动程序，以及常规化的规章制度，所以每个军事决定都成为权宜之计。军官队伍内部对于职位这类东西的强烈关注反映出了不断发展的升迁标准，这也导致了持续不断的争吵、堆积如山的资料文件，以

① 是英国伦敦四所律师学院之一，负责向英格兰及威尔士的大律师授予执业认可资格。

及众多自尊心受伤的人员。坚持要带上自己的马匹随行的康涅狄格民兵被遣送了回去，因为大陆军不可能接待一个骑兵团。里德试图将制服布料的缺乏转换为一种优势。他下令让士兵们制作自己的“猎衫”（Hunting Shirts），这也许能够吓住英国人，“因为他们会认为每个如此着装的人都是神枪手”。诺克斯的炮兵团有的更多的是炮弹，而不是能够安全地填装并发射它们的人。大陆军所使用的标准毛瑟枪弹药和燧石对几个民兵团带来的毛瑟枪并不适用。部队医院的医生要求拥有不经高层军官同意接纳或拒绝伤病员的权力，但最终也毫无作用。[20]

里德的主要工作就是阻止所有这些棘手的问题成为华盛顿的案头公务。他的确尽了全力，但是鉴于这支军队正处于一种不成熟的状态，即使是最有经验的英国军官也会为管理纷至沓来的公务而倍感压力。除了这些不需要书面处理的管理负担之外，实际上大陆军本身就是作为长期过渡性的临时军队而被建立起来的，它根据一场场不同的战斗而得到相应的扩充和缩减，其常规军的核心兵力由附近各州的民兵部队所补充。

这意味着这支军队的总兵力有一半以上都由新近到来的志愿者组成，他们都不得不在最后关头才开始接触各种军事计划和组织规章。这种后勤补给的噩梦使得任何需要连贯性的解决方案都难以实施，它只会给这个各种人员与装备混杂、名为大陆军的群体蒙上最后一层混乱而亟须整顿的色彩。没有任何人能够完全理解这一切，更别说掌控它了。华 78

盛顿每天深陷在从无数岗位传来的这些令人头疼的要求之中，他学会了在自己头脑里的坚不可摧的精神掩体中寻求庇护，以躲避这些不间断地轰炸着大脑的杂事。在他的头脑中，所有的选项都一如既往的清晰明白，令人喜悦的强大。“如果他们能够站在我这边，要想不费一兵一卒拿下这个地方是不可能的，”他在信中这样告诉他的哥哥，并补充说明，“尽管我们还没有进入我所希望的防御状态。”[21]

* * *

让我们来看看以下这些事件的发生顺序：7 月 12 日，豪勋爵的舰队载着 2 万名英军士兵来到长岛海峡；同一天，英国国王的凤凰号和玫瑰号挺进哈德逊河，沿途一路开火，展现出了英国海军在战略上的优势地位，以及美军防御计划一如既往的脆弱；第二天，豪勋爵通过信使给华盛顿送去一封信，向他宣告了“我有幸被授予的这项任务”，也就是指他被任命为两名和平谈判使者之一——另一个是他的弟弟——声称是带着乔治三世和英国内阁的提议前来进行外交谈判，这种说辞使得所有的船只和士兵都显得多余。“我相信国王带着仁慈的念头进行了公正的考虑，这也许是为了阻止将来进一步的流血牺牲，”理查德勋爵真心地期待着，“它将带来和平，并使大英帝国和北美的结合永世留存。”在古今所有国家历史中，要找到比这更戏剧化的铁腕与温柔的手段结合——或者也可以说是利剑与橄榄枝的结合——的例子，还是很有挑战性的。[22]

但是这封信没能被送达。豪的信使与约瑟夫·里德在斯塔滕岛和统治者岛之间的一艘小船上相遇。在伴随着风浪声客套一番之后，里德拒绝接收这封信，因为它写的是寄给“乔治·华盛顿先生，或诸如此类的头衔”（George Washington Esq. &c，&c，&c）。大陆军里没有这样的人，里德如是宣称，还补充道，“全世界在上个夏天进行的仪式之后都知道华盛顿将军”，这可能指的是华盛顿被任命为大陆军总司令 79
的事。里德所受的法律训练在这次外交对话中对他着实帮助很大，使他有底气敢于拒绝任何没能承认他的上级的法律地位的请求。[23]

于是这位信使将没有送出的信件带了回去，这件事令豪勋爵的秘书安布罗斯·塞尔勃然大怒。“这些人的虚荣和傲慢是如此之甚，”塞尔在他的日记里记道，“他们竟敢反驳豪勋爵，勋爵的英勇与光荣可是为大家所公认的……［而且］他们还假装（或者说一直假装）是在寻求和平，实际上却在背离它。”第二天华盛顿写信给汉考克，力挺里德在这次交谈中的表现。他解释说，拒绝豪的来信这一决定涉及的不仅仅是礼仪问题。“我在任何情况下都不会因为拘泥于礼节而牺牲本质的利益，”华盛顿这样评论道，“但是这一次……我觉得坚持要求这种尊重是我对国民和职位所应有的责任，而在其他任何公众场合我都可以心甘情愿地放弃对这种尊重的要求。”[24]

实际上，豪勋爵未能按照职位等级称呼华盛顿尽管只是一个象征性事件，但它准确反映了这次外交困局的本质。因为杰曼的指示显然是在禁止豪将北美人民视为与自己平等的人，或者说根本就禁止他进行和谈，除非是在所有叛乱者都缴枪投降以后。豪氏兄弟都希望能得到相对宽松的指示，但他们还是不得不遵循杰曼的苛刻限制。他们很不情愿地总结说，只有在对华盛顿的军队造成毁灭性打击之后，才有和谈的可能。

很明显，豪勋爵决定在战斗之前进行一次大胆的尝试。也许他认为，入侵部队的庞大规模也许会削弱华盛顿的决心。情况也有可能是（尽管只是单纯的推测），豪派遣两艘战舰溯哈德逊河而上，只是为了让华盛顿清楚他自己在军事上的无望。不管豪的动机是什么，它们都未能影响华盛顿坚定的反抗态度，也未能影响他长久以来的一个看法，即所有这些派遣和谈使者的把戏，都不过是为了给那些坚定的和谈
80 主义者错误希望的政治策略。“豪勋爵已经来了，”华盛顿告知霍拉肖·盖茨将军，他现在试图赋予大陆军北方支队某种纪律，“他和他的将军弟弟被任命为和谈使者，前来对我们这些忏悔的罪人施以宽恕。”[25]

豪勋爵明显被激怒了，一方面是因为杰曼给他的有限权力空间，另一方面是因为华盛顿公然的轻视——他拒绝了这个能够避免一场很有可能成为现实的军事溃败的机会。一周后他决定进行最后一次尝试，这次他派出了自己的将军副官詹姆斯·帕特森（James Patterson）去送同一封信，以及一份关于俘虏交换的简要提议。里德认为俘虏交换的事情提供了一个与华盛顿当面交谈的借口，于是帕特森被蒙着眼睛带到了华盛顿在曼哈顿的总部。豪勋爵指示帕特森要称呼华盛

顿为“阁下”（His Excellency），给予他最高的尊重，让他确信豪氏兄弟已经被授予相当的权力，能够对和谈事宜施加影响。这显然是不真实的，就像华盛顿很快就指出的那样。他评论说，乔治三世所吹嘘的慷慨是以北美投降为条件，所以豪氏兄弟所能做的也就只是给予宽恕，“而且从未犯过错的人不需要宽恕”。帕特森传达了豪勋爵深深的失望，说勋爵觉得事情还是卡在了这个最初的症结，并再一次传达了豪氏兄弟的后悔之意——他们未能承认这个“他们深深敬佩着其人格和风范的”人的职位等级。然后，他鞠躬礼毕，走出门外，“一路上左右逢源，谈笑风生”。[26]

现在英国和美国之间的鸿沟暴露得比以前更加明显了。对这次对立中的英国一方来说，他们所有的设想都还保留着浓厚的帝国色彩。尽管在长达 10 年的政治冲突中，北美殖民地对英国议会的统治主权发起了挑战，要求在大英帝国内部实现北美某种形式的半自治地位，随后 15 个月的血腥厮杀又加重了双方的赌注，乔治三世和他的大臣们仍然坚持认为，北美殖民地的民众是臣民（subjects）而不是公民（citizens），英国议会的统治主权不容谈判。任何妥协都是不可能的，因为大英帝国在北美的统治已经到了岌岌可危的地步。任何妥协也都是不必要的， 81
因为公然稳驻斯塔滕岛的英国海陆两军是不可战胜的。

只有在这种帝国的语境下，乔治三世才准备显露仁慈，不是因为他被要求这么做，而是因为——豪氏兄弟如是总结道——他自己对北美的臣民还保留着一种充满仁慈的好感，他希望将他们再一次收归在自己的恩泽保护之中。这意味着他准备将一道无差别的宽恕给予北美殖民地的大多数民众，只要他们能撤销他们不当的独立决策，解散他们的军队，拒绝承认那些会议和大陆军中的激进头领——这些人最近挑起了不少事端。这些人是真正的罪人，他们一定会被抓捕，因叛国接受审判，并承受相应的后果。从前的秩序得到恢复之后，乔治三世才会准备聆听关于某种合理的政治改革框架的提议，以令他的臣民满意。

而对立双方中的美国这一方的观点则在本杰明·富兰克林那里得到了最有力的表述。他认识理查德·豪，曾在伦敦和他来往过一段时间，当时两人都徒劳地寻求着某种能够避免公开决裂的政治妥协。在 7 月 20 日写于费城的信中，富兰克林对理查德勋爵的困境表示了同情，悲叹他受到他人阻碍，无法提供任何和谈条款，除了“在投降基础上给予的宽恕；我很遗憾地发现，这必将让你的国王痛苦不已，他迄今为止送出的这些宽恕都被浪费在如此无望的一件事上”。

没有任何其他的代表——的确，也没有任何其他的美国人——能够写下这样的文字，它们巧妙地对调了英国和美国的角色，同时对理查德勋爵所处位置的无望表示了同情。这种文风为富兰克林自然练就，他已经练习使用它近五十年的时间了。他最初——作为朴实的“可怜的理查德”[①]（Poor

① 虚构人物，出自富兰克林的《穷理查年鉴》（*Poor Richard's Almanack*），假托虚构人物理查德·桑德斯（因此叫“穷理查”）的名义于 1733 ~ 1758 年在费城年年发表。典型的年鉴包含日历、天气预测、忠告、食谱以及其他许多有用的知识，它们使富兰克林实用、宽容和令人快活的妙语及哲学得到传播普及。

Richard）——用这种风格来写作他的智慧格言宝典（例如，“让所有人都认识你，也不会有人完全了解你”），而最近则是用它来写作一本对英国内政外交的绝妙讽刺作品，即《能让伟大帝国变小的那些规则》（*Rules by Which a Great Empire May Be Reduced to a Small One*，1773）。

实际上，富兰克林是后来才加入北美独立事业中来的。82
在此前二十年中的大部分时间，他都住在伦敦，为宾夕法尼亚四处游说以争取特别的皇家特许状，并且因为他在电学方面所做的开拓性工作而获得英国皇家学会的嘉奖。此外，他还广泛结识了英国社会的各种领袖人物，包括理查德勋爵。他曾认为大英帝国实际上是一个同盟性的泛英美帝国，因为相互的认同与共同的利益而被联系在一起。当新近加冕的乔治三世以及英国政府的换届开始使得对殖民地贸易的限制日益紧张之时，富兰克林认为这些变化只是一种暂时的反常现象。只有一群傻瓜才会寻求摧毁这样一种帝国的关系，它运作得如此顺利，对于作为正在崛起的全球性大国的成员的双方而言，它的前景也是一片光明。

到 1773 年的时候，他开始总结性地认识到英国政府不再清楚自己的利益所在。而冲突最终到来的时刻是 1774 年 1 月，当时他被要求安静地坐在英国上议院（the House of Lords）里接受人们对他的公开攻击和个人侮辱，原因是他宣扬自己的“大英帝国建立于相互认同原则之上”的观点。这段伤心的经历促使他转而支持北美独立的目标。他于 1775 年回到北美，随后立即被选入大陆会议，并且决意不再回头。如果说约翰·亚当斯是大陆会议中独立运动实际上的设计师，那么富兰克林就是公认的德高望重的政治家，比其他代表要高出一两个辈分。他凭借一个新加入者的决心、自己的显赫名声，甚至是作为名人的地位，在大陆会议一次又一次的讨论中产生了影响。如果说华盛顿是新出现的美国英雄，那么富兰克林就是该世纪最广为人知、最著名的美国人。[27]

他给理查德·豪勋爵的信激起了一种难以消除的共鸣，即使它让理查德勋爵所希望的一切化为泡影。他所提到的英国政府准备宽恕反抗的殖民地人民一事只是不合逻辑的假设，富兰克林评论道。因为这个政府“已经表现出了最肆无忌惮的野蛮和残忍，它在寒冬里烧毁了我们毫无防备的村庄，纵容那些虎狼之师屠杀我们的农人……现在它甚至带来了外国雇佣军，打算血洗我们的家园”。在道德的天平中宽
83 恕的施与权力已经属于美国这一方了，“因为你（我指的是英国）根本无法奢谈原谅那些被你深深伤害过的人”。

如果理查德勋爵在正处于交战状态的两个主权国家之间传送和谈提议，富兰克林继续说道，那么谈判也许是有可能实现的。“但是我已经深信你们没有这样的权力”，他评论道。因为英国不可能承认它从前的殖民地自主独立存在，不可能将这些殖民地当作平等对象而放弃它自认为拥有的权威。如果英国进而采取了战争的形式，就像它现在所做的那样，那么这只会暴露出英国方面所有慷慨的说辞是多么虚伪。好心的勋爵既是和谈使者又是侵略的领导者之一，这种

状况对他正在做的事情一点帮助也没有。

无论纽约目前进行的战斗结果会怎样，富兰克林预言道，历史将会证明英国针对美国的战争是不可能获胜的，“它将对人力和财力都造成极大的消耗，对于英国而言，它最终将被证明是有害的，就像之前的十字军东征对于大多数欧洲国家而言一样”。和他之前所有的预言一样，这一个预言——富兰克林意识到——也不会有人相信，“直到最后事实证明了它”。英军并非战无不胜，相反它将会暴露出自己能力上的不足。

富兰克林在信的结尾主动给豪提出了一条建议。令他深感痛心的是，他发现昔日的友人如今正在进行的这场战争注定要在历史的长河中触礁，注定会被认为是不必要、不明智、不正义的。“后人将强烈谴责战争的发动者，”他警告说，“对于那些自愿参与实施这场战争的人来说，即使获得胜利也无法让他们免于某种程度的不光彩。”富兰克林倾向于认为，豪“来到这里的巨大动机是希望能够为和解贡献力量”。而在理查德勋爵所被准许提供的条件下，和解是不可能实现的。既然这一情况已经很清楚了，那么他应该“放弃如此可憎的指挥角色，恢复更受人尊敬的个人身份”。[28]

当然，理查德勋爵几乎不可能听得进富兰克林的意见，更别说采纳它了。几周之后他写信给杰曼说道：“［与华盛顿］的交谈更多只是礼节，远非有趣；然而它却促使我改
变我所预定达成的理想结局。”他是在以委婉的方式承认， 84

和平是不可能了，除非美国人得到痛苦的血的教训，而这样一次教训将成为他的主要任务。[29]

在富兰克林的建议下，大陆会议将理查德勋爵的和谈提议转交给了几家主流报纸，这是为了暴露出他有限的权力，以及粉碎任何还在数量日减的温和派脑中徘徊的错误幻想。如果说曾经有过这么一种中间位置，有过这么一道跨越双方鸿沟的桥梁，那么现在它也已经消失了。[30]

* * *

8 月初，风暴还在进一步集结。8 月 1 日，格林报告说有 30 艘船到达了桑迪胡克（Sandy Hook），他本以为这些船是德国的雇佣军，结果却发现是从南卡罗来纳一路而上的克林顿将军和康沃利斯将军。几周后另一支小规模的舰队也到了，船上载着第一批黑森佣兵，以及几个苏格兰高地军团。黑森佣兵的 8000 名主力精锐则在 8 月 12 日到达。加起来，豪氏兄弟现在指挥着的是一支共有 42000 名步兵、水兵和船员的进攻部队，甚至是整个北美有史以来最大的一次军事行动。[31]

而此时在费城，亚当斯总结说，豪勋爵的和谈想法一直以来都只是一种拖延的计策："他把猫放出了袋子……掏出自己的排箫来安抚巨兽，以等待他的援军到来。"[32]这种说法是不对的。理查德勋爵所做的外交努力直到最后一刻都可谓是满怀诚意的，尽管同样也是毫无希望的。而实际情况更令人觉得乏味：威廉·豪充分意识到，杰曼也是有所花费才得到这些黑森佣兵，他认为没有理由在他们到来之前发起进攻。鉴于他所拥有的战略和人力优势，他可以毫无压力地根据自己而非他人的计划行动。

就华盛顿本人而言，他将每一批新的英军与黑森佣兵的
到来都视为事态的进一步加剧，对此也许他应该得到谅解。
他曾用怀旧的口吻给一位法印战争早期几场战役中的老战友
写信，追忆当时他们在"［必然堡（Fort Necessity）］的大 85
草场以及莫农格希拉河（the Monongahela）岸边"[32]及时的
逃跑行为。由于这两场战役最终都以大溃败收场，所以这些
都是在即将来临的大战前夕浮现在脑海中的奇特回忆。看着
英军不断集结，他的恐惧日渐加深，他担心自己指挥的军队
人数将被英军大幅赶超。他承认说，"我总是情不自禁地就
会忧心忡忡，满怀恐惧"。[33]

出现这样的问题，部分是因为他不清楚自己指挥的部队到底有多少士兵。根据不言而喻的"气球理论"（balloon theory），如果当康涅狄格、纽约和新泽西的民兵部队到来，使他的军队人数上升到25000人时，大陆军的规模将差不多增加一倍多。但是如今正值收获时节，所以许多农民出身的士兵都拖到很晚才来，或者根本没有现身。华盛顿赶紧给各地政府和民兵军官发出临时通告，催促他们让部队整装出发，如果有必要的话，让庄稼腐烂在田里都行。他强调目前的危机具有历史紧迫性。"大陆军兵力严重匮乏……已经远远辜负了人们对它的赞许，"他警告道，"自从这些殖民地建立以来，还从未出现过如此紧急的情况，也从未出现过这样分海陆两路前来进犯的敌人。"[34]

更严重的是，他不知道自己的士兵中到底有多少已经准备好了承担自己的职责。被污染的水源在曼哈顿导致痢疾的肆虐，在 7 月下旬格林又报告说长岛爆发了天花疫情。仅仅一周之内，华盛顿估计自己的军队就有 20% 的士兵因病无法参战。

当亚当斯听到天花传播开来的消息时，他立刻变得狂躁不安：“天花对我们造成的伤害，远远超过英国军队，超过那些加拿大人、法国人、黑人、汉诺威人和黑森佣兵，超过其他任何一切人。”这种疾病令他日夜担忧，也有一些他个人的原因，因为阿比盖尔和他们的四个孩子正好于同一时间在波士顿接种疫苗。他在作为政治家的责任和作为丈夫的义务之间来回奔忙。他曾写信表示，在家人处于危险之中时还相隔遥远，他深感歉疚；随后就在同一封信里他又补上一句，“我们的军队在纽约也饱受疾病之苦”。[35]

总部发出的总动员令继续散发着乐观情绪，尽管英军在
86 人数上已经具有了压倒性的优势。“敌人将继续试图以各种表演和表面功夫来对我们进行恐吓，但是我们不要忘记，曾经有许多次，他们是怎样被几个勇敢的人所击退。”8 月 13 日的动员令如是说道：“他们所做的事情是坏的，他们自己也意识到了这一点，如果能够坚定而冷静地与之对抗……胜利必将属于我们。”[36]

华盛顿其实并不相信这些话，尽管他相信，无论是出于个人原因还是责任感，他都有义务去写这些话。在关于兵力和疾病的问题上，他对汉考克要坦诚得多，他承认要阻止豪

氏兄弟占领纽约似乎是不可能的了。但是他在邦克山战役的先例中找到了安慰，实际上那是另一场给英军带来巨大损失的胜利：“这些思考让我想起，尽管我们的诉求未必能如我所希望的那样，能够以对我方有利的方式愉快结束，但是他们也无法不费一兵一卒就取得他们所谓的胜利。我相信，他们所拥有的任何优势，都将让他们损失惨重。”华盛顿未能说出的是，要像英军那样以巨大损失赢得一场胜利，他又有多少人能够损失得起。[37]

尽管亚当斯并不清楚他的家人是怎样熬过疫苗接种过程的，但他向恢复中的阿比盖尔担保说，他的心无时无刻不和她在一起。此外，他至少有一只眼睛是望着北方的：“我们每天都期待着对纽约的决定性进攻。”[38]

5

追寻美德

87 我们就这样种下了无知、腐败和不公的种子，在迄今世上最美好的自由之地上，甚至是在我们第一次试图培育这块土地时。

——约翰·亚当斯1776年8月25日写给约瑟夫·霍利（Joseph Hawley）的信

早在春季，约翰·亚当斯就曾多次扼要地概述过，为了负责任地掌控好北美独立运动的进程，大陆会议应该采取怎样的政治步骤。他最关心的问题是，要在发起北美独立运动之前为各州的联盟制定一份稳妥的政治纲领。

这个完整且合理的计划有一个本质上的缺陷——除了它认为政治地震是可控的——那就是它相信：在你能够确保有一个独立自主的美国可供统治之前，你就可以建立独立自主的政府。在7月2日的决定性投票提供了这样的保证以后，代表们决定马不停蹄地继续推进亚当斯之前所概述过的雄心勃勃的政治计划，尽管事态的发展与他的预想并不一致。

回过头来看，这只是一个不合逻辑的推论，它准确地反映了伴随着独立问题上的巨大胜利而来的人们的自信。因为

大陆会议正在提议的是为前殖民地联盟，也就是现在的美利 88
坚合众国，起草一部新宪法，并且同时确定即将建立的政府的外交政策目标；而所有这一切都是由两个委员会在 7 月末 8 月初的几周时间里完成的。

革命之火显然正在熊熊燃烧，将“76 年精神”煽动到了狂热的极点，任何对这一可能的谨慎评估都遭到反对。实际上，大陆会议提议要迅速解决的这些政治问题，在此后的十年乃至更久的时间里，将持续让初生的美利坚共和国感到困扰和疑惑。这些问题无法得到解决，直到制宪会议的召开，而且制宪会议也只能使问题暂时得到缓和。[1]

更重要的是，这些大胆的政治商议发生在英军即将在纽约发起入侵的阴云之下。这次入侵有详细的规划和精密的组织。英军准备在北美叛军动手之前就对这些人发起毁灭性打击，因此他们认为费城进行的商议与自己毫不相干。鉴于双方在纽约的地面和水域集结的军队规模越来越大，以及双方都进入了“全副武装”的状态，大陆会议对此的公然漠视就显得相当令人震惊了。英国内阁认为纽约一战的结果将会是决定性的，而费城的代表们则把建立独立的美国这一政治日程当作优先选项，认为不应该因为对从长岛和曼哈顿战场传出的消息的担忧而将之搁置或使之受到阻碍。

这种过度自信部分来源于无知，部分来源于对华盛顿能力的错误信任，这些人相信他能够在纽约打败豪，正如他在波士顿曾经做到过的那样。也许除了亚当斯作为战争与军需委员会主席能够接触到更为准确的情报以外，大部分代表都相信，“蜂拥而至的民兵”大大增加了华盛顿的兵力，使他的军队比豪的军队几乎要多出一倍。“华盛顿的士兵人数得到了大幅增加，但是我们并不知道准确数字是多少，”杰斐逊在给一名弗吉尼亚的亲戚的信中写道，“我想他这次得到了 30000 人至 35000 人不等的兵力。”实际上他只得到了这个数的一半，而且其中有 20% 的人不是病号就是“不适合
89 服役”。杰斐逊在信的末尾提到，英军舰船已经展现出了能够安全驶过哈德逊河畔美军火力点的能力，但是他并没有意识到这场战斗所暗示的英国海军的优势。“我设想的是，华盛顿将军发现自己无法阻止英军溯河而上，”他满怀信心地评论道，“无论英军到了哪里，他都要做好准备随时奉陪。”杰斐逊没有意识到的是，华盛顿没有海军，从战术上说，他无法奉陪任何人。甚至在总计 25000 人的英军（忽略黑森佣兵）来到斯塔滕岛以后，杰斐逊仍然告诉弗吉尼亚的记者们，“敌人的精锐兵力只有 8000 人左右，最多不会超过 10000 人”。[2]

大体上，费城代表们的观点是，华盛顿很好地掌控着纽约的局势，但实际上他并没有。这些人也认为，大陆军得到了充足的民兵补给，与豪的军队相比拥有了数量优势，而实际上情况正好相反。曾经有一种广为流传的谣言说，华盛顿指挥着一支 60000 多人的军队。[3]

另一种在大陆会议中广泛流传的乐观想法则有着比任何对华盛顿和豪领导的两支军队的粗略估计要影响深远得多的暗示。在游历东部各州归来以后，马萨诸塞的代表埃尔布里

奇·格里（Elbridge Gerry）向亚当斯报告说，他记得有11.1万名民兵已经全副武装，准备从新泽西出发，北上参战，“如果在纽约和加拿大有40000人的敌军，那么这支军队一定能击退它”。即使华盛顿遭遇了一场大溃败，即使他的军队在纽约被悉数摧毁或者俘虏，仍然会有无穷无尽的兵力供给可以补充。面对英军因其海陆两军的优势而拥有的不可战胜的表象，一种美国式的战无不胜感也油然而生，它是建立在由美国人口带来的兵力潜能的基础之上。[4]

从英国的角度来看，英军只需在纽约赢得一场决定性的胜利，然后让豪的军队和伯戈因的军队在哈德逊河会师，就能结束这场战争。而从美国的角度看，没有任何一场战役的失败可以称得上是决定性的，除非整个美国的人口都被英国所征服，但人们无法想象有任何英国军队能够获得这样的胜利结局。正如富兰克林所说：“如果敌人被打败了，那也许对他们而言是决定性的；因为他们几乎难以再组织起另一支武装力量来发动下一轮进攻。但是我们新生的国家有能力承 90
受重大的损失，并且有能力弥补这样的损失，所以我们的一次失败绝不会让我们放弃我们的事业。”[5]

富兰克林的这个公式反映出他作为美国人口统计学的长期研究者所具有的价值。他的《关于人口增长的评论》（*Observations on the Increase of Mankind*）一书曾经预测——后来的事实也证明这种预测是准确的——美国人口每隔20年至25年的时间就会翻一番，这是英国人口增长速度的两倍。在大约一个世纪的时间里，富兰克林两眼闪光，侃侃而谈道，大英帝国的资本有可能已经被转移到了宾夕法尼亚的某个地方。但是他的人口统计学观点更富现实意义的暗示是——人们也可以在潘恩的《常识》里读出这种观点——美国军队和英国军队只是两个不同社会的不同人口在军事力量上的投射。英军凭借其强大的海陆两军而拥有的任何优势都会被抵消，并且最终会被激增的美国人口的规模战胜。不管豪氏兄弟是否明白，他们正在执行的都只是一个愚蠢的任务。

但即使是在新出现的美国视角的乐观主义框架内，纽约战役的结果仍然是至关紧要的。能够打败英国，狠狠羞辱他们一番，是许多人所期望的结果，因为那意味着短时间内就能结束战争。如果是美国灾难性地败于英国，则明显将令人们痛苦不已，因为那意味着战争将旷日持久。而英军在邦克山战役中的艰难获胜——在华盛顿看来，这是最合适的结论——是介于上面两种结果之间的情形。不管结局会怎样，费城的代表们都相信，美国革命应该继续在政治上前进，而不用在意纽约的战斗结果。对他们来说，那意味着决定美国的政府应有的面貌，甚至是在两军摆好阵势即将开战之际也是如此。

* * *

7 月末 8 月初，为了讨论有关推选一个以约翰·迪金森
91 为主席的十三人委员会的提议，大陆会议进入了全体会议状态。这个委员会将负责提供一个美国政府的制度框架来取代大陆会议。在过去的一年多时间里，大陆会议都发挥着临时

政府的作用，而隐秘地赋予它广泛的紧急事态处理权的是不宣而战的糟糕时局，以及隐约闪现的与大英帝国分离的前景。一旦宣布独立，一个更持久的中央政府显然是不可或缺的。所以，在6月12日这一天，大陆会议从每个殖民地的代表中指定人选加入一个委员会，一旦宣布独立，这个委员会将提供新政府的政治结构。这个委员会断断续续开了一个月会，然后在7月12日提交了一份被称作《迪金森草案》(the Dickinson Draft）的文件。关于这个委员会的商讨内容没有任何记录留存，因为没有一份记录得到过保存。[6]

但是当时代表们的通信中的一些内容，还是可以让我们大致了解他们的重要议题。新罕布什尔的乔赛亚·巴特利特(Josiah Bartlett）曾告诉他的一位同事，委员会内部的商讨弥漫着紧张气氛：“因为这是一件非常重要的事，加上又出现了一些麻烦，我担心要让它们最终得以解决得花上一些时间。”南卡罗来纳的爱德华·拉特利奇（Edward Rutledge）含蓄指出了关键的问题所在，他反对“那种消除所有地区差别、让所有事情……都服从他们所谓的整体利益的观点”。很明显，在各个代表之间存在着很深的思想分歧，其争论的焦点是新的中央政府的权力集中程度。[7]

委员会的任务是制定《邦联条例》(Articles of Confederation)，它提议建立由各个主权州组成的自愿联盟。大陆会议在1774年正是被作为这样的联盟创立，而针对英国议会当局的法律争端则让各殖民地议会成为大众意见的合法传声筒，并因此赋予了各个殖民地（不久就成了州）政府主权。

但是在过去的15个月里，大陆会议一直发挥着主权国家政府的作用。它动用紧急事态处理权建立了军队，针对英国的军事政治政策组织了一次集体回应，让13个分散的殖
92 民地呈现出统一的面貌。准确地说，这种半国家的状态已经在事实上形成，并一路发展，以回应日益明显的英国的挑衅。眼下这种挑衅最直接的体现就是豪氏兄弟率领的那些战舰和士兵。

很清楚的是，在委员会内部，有一批委员希望新的美国邦联能够建立于在帝国统治时期的危机中创立的初级联盟的基础之上，并组建一个中央政府。这个政府拥有足够的权力为即将诞生的国家提供政治基础，而并非仅仅充当13个有可能在赢得战争以后就各奔前程的主权国家的清算机构。

《迪金森草案》很难阐释，甚至很难理解，因为它体现了在那些对于独立后的美国有着截然不同观点的代表之间进行的一系列协调。正如前文所提到的那样，“邦联”（confederation）这一术语本身暗指的就是一种独立主权国家的松散联盟，但是在《邦联条例》的第二条中却指由各前殖民地联合成的统一政治体。《邦联条例》第三条所提议的似乎是，各州在各自的内部事务的处理上享有独立主权，可以保留“自己对于内部秩序的独立自主的规范和管理”，但是随后又加上一句限定从句，即“仅限于与《邦联条例》不冲突的事务”。[8]

《迪金森草案》给国会施加了一项未成文的限制，即它

绝对不能向各州强制征收各种税。简单地说，新的国会不能成为英国议会的美国翻版，这一原则清晰无误地反映出了各殖民地在过去十年中最根本的不满之处。但是《邦联条例》第十九条提供了一长串国会能够行使的权力，大部分是与外交政策相关。综合起来看，这些条款提议建立一个中央政府，这个政府远不是听任各州玩弄的东西。[9]

没有任何就《迪金森草案》进行辩论的记录得以保存，但是亚当斯和杰斐逊都曾做过一些笔记，这些笔记被保留在他们的私人信件中。这些笔记记录下了当时不同的州和地区之间白热化的冲突。如此之深的分歧一直被压抑到现在，为的只是维持对抗英国议会的统一战线，这代表了大家对于被简称为“这项事业”的崇高理想的共同信念。但是如果“这项事业”的首要目的是北美独立，那么一旦所有前殖民地都实现了这个目标，新生各州的不同利益将会浮出水面， 93
戏剧性地展现出各种对立的设想。它们争论的是，赢得独立以后，“合众国”到底意味着什么。大合唱很快就变成了一场大争吵。

实际上，存在着三种根本分歧：第一，北方各州与南方各州在奴隶制问题上的地区对立；第二，大州和小州在代表权问题上的分化；第三，支持建立主权州联盟的人与拥护建立更为稳定的国家联盟的人之间的争论。所有这些政治和宪制问题将持续困扰新生的美利坚共和国，直到南北内战，而现在它们第一次被提上了政治议程。1776 年 7 月末 8 月初，大陆会议就此进行了长达五天的激烈讨论。事实也证明，这是对美国历史即将到来的浓墨重彩的一章的提前预演。

尽管奴隶制是一个因其爆炸性而令人难以直视的话题，但同时它也因为已经深深渗透于南方各州经济而无法被完全忽略。这个禁忌话题在关于《迪金森草案》的《邦联条例》第十二条的争论中又被提及，这一条款提议的是，“战争和基本福利的花费应该从一个公共的国库中支取，这个国库的供应应该由各殖民地按照自己各个年龄段、性别和阶层居民（印第安人除外）的人数按比例承担”。随后就出现了关于如何统计“居民”的争论，这一争论很快又成为关于奴隶的争论：他们到底是人还是财产？[10]

南方各州的代表们坚持认为，奴隶就和马匹、绵羊一样，因此不能被算作“居民”。富兰克林反驳说，他最后一次见到奴隶的时候，他们根本不像绵羊：“羊群绝不会起来反抗。”南卡罗来纳的代表团无法理解这小小的幽默，他们接着发出了最后的威胁：如果奴隶是被当作人而不是财产，“那么邦联将就此结束”。马里兰的塞缪尔·蔡斯（Samuel Chase）察觉到了南方的分离主义倾向，于是他敦促所有代表都冷静下来，然后提议说，在“居民”这个词前面应该加上“白种的”这一修饰语，以安抚南方兄弟州的情绪。
94 但蔡斯提议的修正案却激起了北方各州代表的愤怒，其中包括亚当斯，他谴责南卡罗来纳试图逃避自己应该承担的、征收用于支持战争的税收的任务。在一次局部区域的全体投票中，蔡斯的修正案遭遇了失败。[11]

既然在对抗英国的统一战线显得至关重要的时刻这一问

题的任何解决方案都将面临地区分离的风险，那么代表们只得暂时搁置它。这一问题要到1783年的时候才得到解决（如果“解决”这种说法正确的话），当时国会通过投票同意将每个黑人当作3/5个人。这种做法是为了收税和代表选举，这次尴尬的妥协随后得到了制宪会议的采纳。

新政府中的代表权问题所引发的讨论与奴隶制所引发的争论一样激烈，并且同样也造成了对立局面，尽管这次不是地区之间的对立，而是大州和小州之间的对立。在大陆会议中，每个殖民地（州）都拥有一个席位，无论它的人口有多少。《迪金森草案》的《邦联条例》第十八条推荐继续推行“一州一票”原则。[12]

但是当《迪金森草案》被呈给大陆会议全体成员时，弗吉尼亚、宾夕法尼亚和马萨诸塞的代表们对按州分配的代表权制度发起了正面攻击，他们声称应该由人口决定各州代表团的选举权力。富兰克林在这个问题上最为直言不讳，他警告说，任何建立在各州代表权相同这一基础上的新政府都“绝对不会长久”，因为小州所享有的政治权力与它本身并不相符，这将有违各州经济上的现实情况。富兰克林认为，这是公正的问题：“先让各个相对较小的殖民地提供同等的财力和人力吧，然后它们就可以享有同等的席位了。”[13]

拥护按比例分配代表权的人也希望新的邦联是建立于过去一年在反英斗争中铸就的殖民地联盟的基础之上。宾夕法尼亚的本杰明·拉什的表述更具煽动性：“我们现在组成了一个新的国家……我们相互依靠——并不是独立的各州。”正如拉什所说，美国人现在是在共同事业中团结起来的一个单独的民族，只有基于人口的代表制政府才能符合这种新的现实，像弗吉尼亚人或者罗得岛人那样思考已
95 经过时了。这个政府的新名字——“合众国”（the United States）——应该成为一个单数名词而不是复数名词。[14]

来自小州的代表们觉得拉什的国家设想是一场政治噩梦，因为它将英国议会的专制权力换成了同样可怕的本国版本。康涅狄格的罗杰·舍曼（Roger Sherman）警告说，他的选民们绝不会放弃自己的自由而去服从某个不认同自己价值的遥远政府。联合起来反抗英国入侵是一回事，但舍曼将“合众国”描述成了复数名词，任何国家主义情绪都只不过是白日妄想，它有违人们对各自州的忠诚，而这种忠诚才正是大部分美国人准备遵从的。尽管曾经有过名为“这项事业”的东西，但是从来不存在所谓的“作为合众国人民的我们”。[15]

因为大陆会议的投票仍然是以各州为基础，舍曼和其他小州的代表知道自己能够得胜，尽管面临如富兰克林和亚当斯这种强大对手的反对。结果，他们果然获胜了。

在新中央政府的权力这一问题上的潜在分歧最具威胁性的显现，是在一次关于对各州界定未明的西部边界的判定权的讨论中。有几个州援引殖民地特许状，将自己的西部边界定在了密西西比河，而弗吉尼亚甚至更荒谬地将边界定在了太平洋。大陆会议一致认为，这些过度占地行为是基于殖民地特许状，而起草那些法律的时候，还没有人意识到北美大

陆的面积有多大。但是在各州或是新政府是否有权对此事做出裁定的问题上，还未达成一致意见。像弗吉尼亚这种土地广阔的州和像马里兰这种土地贫乏的州在这件事的处理方法上严重对立。[16]

杰斐逊承受着来自他在弗吉尼亚的同事的巨大压力，他认为旧有的各行政区有对自己依法得到的权利进行表述的权力。他的主要策略意在捍卫弗吉尼亚的裁定权，但是也等于在私底下向代表们保证了“弗吉尼亚人民无意向南方海域（the South Seas）扩张”——“南方海域”很明显指的是太 96
平洋。在威廉斯堡监督弗吉尼亚大会的爱德华·彭德尔顿敦促杰斐逊尽量拖延这场争论，他忧心忡忡地说，“也许在你读到这些话的时候，或者甚至就在我写下这些话的时候，纽约的战事已经决定了我们是否还会有任何可供自己处置的领土”。[17]

后来的事实证明，人们未能就新生美国政府的面貌和权力达成一致，这显然是预料之中的事。正如我们所知，主权问题和奴隶问题交错引发的巨大政治和宪制争议，将决定新生的美利坚共和国未来 85 年的历史走向。我们意识到自己有必要承认的是——在 1776 年的夏天——仅仅几周的认真努力就使这些问题相当轻松地得以解决，是极度不现实的。然而，大多数大陆会议的代表无法预知后来的事情，他们对于自己的失败非常失望，更何况这次失败是紧随北美独立投票的大获全胜而来。

亚当斯尤其心急如焚，因为他感到，紧接着在独立问题上取得的一致而来的，将会是在“独立的美国政府可能会是什么样”这个问题上的整体不一致。“我们就这样种下了无知、腐败和不公的种子，”他哀叹道，“在迄今世上最美好的自由之地上，甚至是在我们第一次试图培育这块土地时。”有两个结论似乎已经很清楚了：第一，在反抗英国内阁的政策时，美国人，或者至少大部分美国人，是团结一致的；第二，一旦他们的共同敌人不再对他们构成威胁，他们将会因为各地区和各州的差异而产生分化。他们很明白自己要反对的是什么，但是并不清楚自己要赞成的是什么。[18]

1775 年至 1776 年间，亚当斯在管理大陆会议中提倡和谈和支持独立的两派代表时表现得极为熟练。然而现在，大陆会议内部的分化对立变得更加复杂，涉及多个方面。更重要的是，曾经激发他们对英国政策做出集体回应的政治激情现在正一路狂奔突进。当然，赢得战争仍然是共同的目标。然而除此之外，殖民地人民并没有统一的政治议程。关于独
97 立的美利坚共和国应该怎样构建，几种版本之间相互争论不休。此外，人们在赢得战争以后是否有任何政治联盟应该得到延续这一点上还存在着诸多疑问。亚当斯的首要职责就是防止这些新出现的地区之间和各州之间的分化断送军事联盟。在纽约战役打响的前夜，他大概认识到了这项工作将会变得多么困难。除了独立，美国人在关于“成为美国人意味着什么”这个问题上并没有达成一致。

自从 15 个月之前在莱克星顿和康科德爆发冲突以来，这些潜藏于表象之下的深刻分歧的暴露将美国革命推向了一

个新阶段。体现在类似“这项事业”之类的崇高表达中的半宗教似的理想主义政治心态，以及诸如“与英国的腐败相比美国的美德更为优越”这类道德上的暗示，提供了一个言辞上的依托，凭借这一依托，不尽相同的各州和各地区的利益能够聚合为一种所谓的集体。就像邦克山的约瑟夫·华伦那样，爱国者们做好了牺牲一切——用杰斐逊充满诗意的说法就是，“他们的生命，他们的财产，他们神圣的荣誉”——的准备，这代表一个更高的目标。

这种心态狂热得近乎表演的特征出自真情实感，但难以维持。这就像是婚姻中的蜜月阶段，幸福浪漫却不能长久。1776 年盛夏的对立争论标志着，在大陆会议中左右争议的影响性因素已由道德转为利益。准确地说，豪氏兄弟是必须要打败的，美国独立是一定要赢得的。但是在那之后，还没有什么变得明朗，所有的一切都有待商议。

* * *

在这些令人沮丧的政治走势中，却出现了一次期待之中但未被承认的成功。一个负责规划美国外交政策的委员会——他们主要是急于寻求建立法美联盟，这一联盟能够在战时为政府提供欧洲盟友——在 7 月 18 日发布了他们的报告。这个委员会将这一任务交给了亚当斯，他仅凭一己之力 98
就写出了名为“条约计划”（A Plan of Treaties）的报告。与《迪金森草案》对不同观点的零散表达不同，《条约计划》条理清晰，思想统一。几乎是在不经意间，它就确定了美国外交政策的框架，而这一框架存在了一个多世纪。[19]

这个计划前面的十三条描述了“在最真诚最强大的君主路易十六——最虔诚的基督教国王，以及他的后世继承者——与美利坚合众国之间”签订的一系列完全商业性的条约。亚当斯采用了欧式外交那种最煽情的谦恭语言，这大概是为了显示新兴的美国政府知道如何进行欧洲的外交游戏。实际上，法国将受邀承认新建立的美国，两个国家都将免除一切进口税和关税，以建立更为牢固的商业联系。[20]

《条约计划》公开反对任何与法国的外交和军事联盟。至少在事后看来，这显得很奇怪，因为正如我们所知，法国的军事援助对于赢得独立战争是相当重要的。但是在 1776 年 7 月，亚当斯和费城的其他代表并不相信法国的军事和财力支持是打败英国必不可少的条件。对于大陆军实力的自信，以及在人力补给方面的无限充足，作为一厢情愿的想法其本质都还没有得到暴露。[21]

这个计划的第八条和第九条强调了为何任何与法国的军事联盟都将引发潜在问题，他们拒绝法国对任何北美大陆土地的占领要求被认为是首要原因。将法国军队置于美国土地上的军事联盟所冒的风险是，一旦他们来了，也许他们绝不会再离开。亚当斯充分意识到了法国想要重新得到它所失去的美洲帝国的部分领土①，他想提前排除这种可能性。[22]

两年以后，正当战争局势看起来更加问题重重的时候，亚当斯被派往巴黎，负责谈判以达成《条约计划》所极力

① 指法国在法印战争中失去了法属路易斯安那。

避免的外交与军事联盟（实际上，富兰克林在亚当斯到达以前就已经就法美联盟进行过谈判）。对于法国对北美大陆 99
（尤其是加拿大）的帝国野心的顾虑将迟迟无法散去，直到最后一艘法国舰船载着最后一名法国士兵驶离。

《条约计划》真正具有远见性的贡献在于——除了 1778 年的法美联盟成为一个无可避免的例外——在可预见的未来，美国外交政策的立足点将是中立。所有的条约，尤其是与一些欧洲强国签署的条约，在实质上将只会是商业性的，不会附带任何外交或军事方面的约定。《条约计划》是对中立和孤立主义立场的首次规范化，这种立场后来在华盛顿的离职演说（Washington's Farewell Address，1796）中得到发扬光大。这一美国外交政策的核心立场直到第一次世界大战之前都占据着主导地位，并且直到第二次世界大战之后才被官方放弃。

关于《条约计划》的讨论进行得十分平稳，正如关于《迪金森草案》讨论的糟糕发展一样。大陆会议在 9 月 17 日采用了这一计划，仅做出了一些细小的改动。它的通过造成了一个非常不合常规的局面，即这个名为“美国”的新兴实体对于自己希望如何与世界各国交往有着清晰合理的认识，但是对于“自己是不是一个国家”却缺乏某种一致认识。[23]

* * *

任何对 1776 年夏天大陆会议纷繁复杂的政治进程的历史重构，都不可避免地会给它强行加上某种事后的一致性，而当时的代表们虽然已经很尽力地在处理着这些从四面八方纷至沓来的事情，但实际上并未拥有这种一致感。他们当时试图组织一场革命，这场革命就定义而言差不多就造成了一种集体创伤感，这种感觉拒绝接受任何的一致或控制。如果我们希望再现费城的几个主要角色的心理语境，我们需要放弃我们无所不知的事后之见，转而捕捉他们在商谈未知之事时的心理状态。

就拿杰斐逊来说，相较于对《迪金森草案》和美国外
100 交政策方向的讨论，对他的《独立宣言》草案的文字改动更能牵动他。他投入了大量精力复制他这份文件的未编辑版本，保留了被大陆会议删去的段落，将他们的改动放在页边空白处，以将之与面向全国出版发行的版本区别开来。他随后将这些复制本送给了他在弗吉尼亚的朋友，抱怨大陆会议削弱了他的信息的纯粹性，并认为所有的改动都是刻意的破坏，是为了平抚那些失望的心灵，那些人仍然对与英国和谈抱有幻想。这并不是真的——修改是为了让行文清晰而不是为了妥协——但是杰斐逊受伤的自尊需要更为中肯的解释，而不是这种表面的托词。[24]

他对保留自己原有语言的热情最终退却了，但它从未完全消失。在临近自己生命尽头的时候，他在自传中回首这一时刻，重申自己感觉受到了大陆会议的恶劣对待。在那时，他离开得像一个相当自我的年轻人，尽管事实证明他早年抱有的“《独立宣言》的语言相当重要”这一觉悟的确有先见之明。[25]

如果说他的头脑是在专心致志捍卫自己的文字，那么他

的心则牵挂着蒙蒂塞洛，这是他内心极其想去的地方。“很抱歉，因家中事务的状况所需，我不得不请别人来代替我在这里的位置，”他在威廉斯堡向爱德蒙·彭德尔顿如是解释。他又补充道，“房子的舒适宜人使我不必再频繁地操心这些私人事务，而正是这些事务让我不得不这么做”。这些“私人事务”显然是指他夫人的健康。玛莎·杰斐逊正怀有身孕，事实上她面临着流产的风险。“看在上帝的份上，看在你的国家的份上，看在我的份上，”他在给理查德·亨利·李的信中写道，“我肩负着神圣的义务，需要回家。”讽刺的是，如果他希望有人在弗吉尼亚代表团里取代他的请求得到了迅速回应，他就不会在8月2日出席签署《独立宣言》，这将损害他长久以来作为该宣言作者的名誉。[26]

如果他的通信能够算作什么暗示的话，那么可以看到，比起在费城的政治讨论，杰斐逊更感兴趣的是在威廉斯堡就弗吉尼亚宪法进行的讨论。他将自己起草的宪法寄给彭德尔 101
顿——彭德尔顿当时是弗吉尼亚大会的主席——而他尤其关注的是，投票权赋予范围应该扩大到“所有愿意永久居住在这个国家的人”。当威廉斯堡开始流传“他拥有关于‘人民’的智慧的激进思想”这样的谣言时，杰斐逊立即指出，在他起草的宪法里，他反对议员的直接选举。“我曾经观察到，”他写信告诉彭德尔顿，“人民自己做出一项选择，往往并不是因为这个选择是明智的。他们首先能想到的东西通常是粗陋的、不统一的。”[27]

另一条更具诽谤意味的谣言说的是，他无法容忍针对与英国有同盟关系的印第安部落的强硬派政治。这条谣言导致他在四分之一世纪后作为总统做出了一次饱含感情的回应："除了将战争引向他们的国家腹地，没有什么办法能够如此迅速地减少这些不幸的人的数量。但是我不会止步于此。只要他们还有一个人留在密西西比河的这一边，我就绝不会停止追踪他们。"显然他最关心的是他回家后在泰德沃特①（Tidewater）精英阶层中的名声，他并不希望被当作一个浪漫的理性主义者。[28]

最后，就像所有大陆会议的代表一样，杰斐逊收到了按时传来的关于纽约战况的新消息。这条新消息使他更加意识到了英美两军之间在实力上的差异，但是他仍然满怀信心，认为民兵在最后一刻的到来将会解决这个问题。"华盛顿找到了自信，通常他这样做时都带着居高临下的姿态，"他告诉彭德尔顿，"他说他的士兵都精神饱满。那些受命前往长岛的人有着奔赴舞会的人的那种急切。"军事方面的事务并不能引起他头脑中的巨大能量的充分注意，他仅仅是在表面上接受华盛顿的总部发出的爱国宣传。[29]

* * *

亚当斯有着截然不同的性情，并且大陆会议中的一系列
责任不允许他拥有沉溺于个人感情的宝贵时间。如果说杰斐
102 逊倾向于在宣布独立后席卷大陆会议的政治军事风潮中随波
逐流的话，那么亚当斯则倾向于立刻潜入波涛之下。在关于

① 弗吉尼亚东部一个地区。

《迪金森草案》的讨论中，他支持更为统一的美国邦联。正如我们所见，他在起草《条约计划》时所起的领导作用，确立了美国未来外交政策的方向。在每一个政治议题上，他都是既胸有成竹，又争强好胜。他就像一座火山，随时准备用语言的岩浆吞没他的对手。在大陆会议中他与富兰克林在名望上不相上下（富兰克林也有他自己的敌人），而他所肩负的责任也不比任何人轻松。他每天工作 18 个小时，他在同事眼中就是不知疲倦、精力无限的革命者，他是以短跑选手的速度在跑着一场马拉松。

最为急迫的是他作为战争与军需委员会主席所担负的职责，因为这些职责让他成为大陆会议和大陆军之间的关键联络渠道。他承受着一大堆特殊的要求：华盛顿需要 30000 发燧石供步枪使用，然后还需要额外的五吨火药；高级军官的升迁决定也使得许多人自尊心受伤，需要他去平抚；最初被派往北线尚普兰湖的马萨诸塞民兵部队必须得转向前去支援华盛顿在纽约的军队。[30]

正如其职位名称所示，除了处理这些紧迫的（如果算得上棘手的话）细节，亚当斯还作为对战事担负最高责任的公民而不得不参与到更大的战略事务中去。约瑟夫·里德和纳瑟内尔·格林都曾写信警告他说，对于“民兵将增强大陆军的战斗能力”这一说法的信心是错误的。他们认为民兵是由从未受过锻炼的业余人员组成，在战场上他们的数量并不能转换为同等数量的职业英军或黑森佣兵。里德和格林都敦促通过更丰厚的津贴来招募更多军龄更长的士兵加入大陆军。[31]

亚当斯同意他们的评估，但他告诉他们，大陆会议里的政治观点是绝对反对创立一支庞大的常规军。“我相信，只
103 有时间才会说服我们采取这一措施，”他解释说，“同时，我们将不得不依赖于临时召集的民兵。”亚当斯比大陆会议里其他任何人都更加清楚地意识到，目前这种模式——也就是维持一支规模相对较小的大陆军，然后每次参战时由附近各州抽调出的一队民兵补充——是有风险的。至于这种风险有多大，得在长岛和曼哈顿的战斗中才能发现。[32]

但是他没有多余的精力来专门关注纽约即将到来的战斗。例如，大陆会议针对魁北克的失败行动举行的听证会就变成了一场寻找替罪羊的活动。亚当斯总结道，魁北克的溃败是几个不可控因素导致的结果，主要是糟糕的天气和致命的天花传染。更重要的是，他将整个加拿大的行动都看作妄想的行为，看作对美国有限的军事资源的一次错误使用，这次行动是基于“加拿大迟早要成为美国的一部分”这种预想。[33]

他命令霍拉肖·盖茨——此人最近被任命为名为北方军（the Northern Army）的那支军队的指挥——放弃加拿大的行动，在尚普兰湖更南边的地方安营扎寨。“我们很为你和你的军队担忧，”他写信告诉盖茨，“也为［华盛顿］将军和他在纽约的军队担忧。”然后他又补充了一个具有高度启发性的观点：“我们期待着敌人发动几场大胆的攻击，但是我并不认为豪和伯戈因在今年能让他们的军队汇合。”[34]

亚当斯清楚无误地抓住了英军战略的中心目标，即通过占领哈德逊走廊来孤立新英格兰。这次进攻从两翼展开，

豪率领人数更多的那支军队从纽约一路北上，约翰·伯戈因将军则率领一支7000人的部队穿过尚普兰湖南下。在华盛顿抵抗着豪对纽约的进占时，亚当斯希望盖茨可以忘记加拿大，集中精力阻止伯戈因从哈德逊河谷向南进军。对于整个北美的局势，他比费城任何其他的代表都更具全局眼光。

没有人比亚当斯承担着更多政治上和军事上的职责。没有其他任何人意识到这个决定时刻的千钧一发，或者是鼓足 104
干劲以应对这一时刻提出的不可能的要求。他是革命精神的化身，尽管他在漫长人生中成就无数，但此时无疑是他最精彩的时刻。

但是和杰斐逊一样，亚当斯发现他负荷严重的头脑又被自己的家庭事务所困扰。正如我们所知，在7月中旬的时候，他听说自己的妻子阿比盖尔以及他们的四个孩子正在波士顿接种天花疫苗。阿比盖尔对他们11岁的女儿纳比（Nabby）的描述几乎令他潸然泪下。“她大约长了1000个脓包，个个都大如豌豆”，并且连站立或端坐都不得不忍受痛苦。随后又传来消息说他更小的儿子查尔斯也“以自然的方式”得了天花，也就是说通过接触传染而不是接种疫苗，他“已经连续48小时都在说胡话”，已经濒临死亡的边缘。[35]

亚当斯感觉到，为了履行作为一名美国政治家和爱国者的使命，他没能扮演好一个丈夫和父亲的角色。“在这种情况下，我很难描述自己的感受，”他写信告诉阿比盖尔，“我感觉自己像一个野蛮人一样留在这里，而我的家人在波士顿正饱受疾病之苦。”但是尽管也有过回家的冲动，他却像一个士兵一样，无法离开自己的岗位。“我亲爱的宝贝查尔斯，我无时无刻不在牵挂着他——愿仁慈的上苍保佑他。”他在给阿比盖尔的信里这样写道。但是，他立刻又在结尾写道：“两支军队在长岛已经是一触即发了。”[36]

* * *

如果说杰斐逊倾向超然于大陆会议的政治争斗之上，而亚当斯倾向于立刻让自己置身其间，那么富兰克林展现出的就是他与自己所参与任务可远可近的独特风格。在任何会议中，他都是房间里最出名的人——享誉国际的科学家，著名散文家和智者，最优秀的高层政治家。“我很高兴看到的是，尽管你的国民在过去这40年里从你这里得到了这么多好处，”詹姆斯·鲍登（James Bowdoin）在给富兰克林的信中略带激动地写道，“而你仍然还能给他们带来这么多利益，并且还让他们有选择余地……他们仍然期待着能从你那里享受到利益，并且和平时一样非常愉快地享受。”[37]

105 尽管他是后来才加入独立事业中来的（他曾经在伦敦不辞辛劳致力于达成和解），但他的转变却既彻底又突然。他深信，乔治三世和英国内阁所作出的决定实际上是向北美殖民地宣战，这个决定最终会作为英国外交史上最大的败笔而黯然收场，他也曾把这种想法告诉过理查德·豪。

能够反映出富兰克林名气之大的是，理查德勋爵并没有觉得受到了侮辱，而是试图去维持他们的友谊。他希望“你因我在这个国家的军事处境而赋予我的那种不光彩，不会影响到你对我的个人情感；因此没有什么政治观点的差异会改变我希望能证明‘我是你多么真诚和谦逊的随从’这一愿望”。富兰克林在回信中重申了自己的观点，他认为豪想要与美国以及与他达成和解的愿望都是幻想。但是他没有选择将信寄出。他传达出的是一位知晓历史前进方向的先知的想法。如果你和豪一样明显站在了错误的一方，没有任何情感的纽带能够跨越这两个政治阵营之间的鸿沟。[38]

富兰克林也将这一严苛的标准用在了自己的儿子威廉身上。威廉本是他的私生子，富兰克林将他作为正式的家庭成员养大成人。威廉·富兰克林曾被任命为新泽西的皇家总督，随后在英美之争扩大为战争时站在了英国一方。他在1776年春天被作为危险的托利党人逮捕，最终出于安全保护的需要被送往康涅狄格。威廉的妻子伊丽莎白写信给富兰克林，恳请他出面求情，使威廉能够获得保释，这样他们就能团聚。“请您考虑一下，我尊敬的、亲爱的先生，”她写道，“我现在向您请求的事情关系您的儿子、我最爱的丈夫。”富兰克林没有做出回复。他的儿子选择了自己的阵营，也就必须活在这一选择的后果之中。在这个重要的时刻，政治承诺是浓于血的。[39]

在由《迪金森草案》所引发、更具争议的未来美国政

府这个话题上，富兰克林是按比例分配代表权的坚定拥护者，因此他也是一个新国家主义者，认为应该形成的是一个
106 独立的美国，而不是一个由各主权州组建的联盟。但是面对各个小州的联合反对，他不愿意坚持比例分配原则。正如他认为历史在独立战争中站在了美国这边一样，他也认为，时间将会证明，以州为基础的邦联制不足以应付统治的需求。如果说政治的果实必须得足够成熟以后才能被采摘，那么就得先让它成熟。如果你知道旅程将会如何结束，你在途中就能够保持耐心。[40]

此等远见与耐心也共同决定了他对起草宾夕法尼亚宪法的反应。就像杰斐逊一样，他个人对于建构自己所在州的宪法很有兴趣。但是与杰斐逊不同的是，富兰克林拥有近水楼台的优势——宾夕法尼亚大会（the Pennsylvania Convention）是在费城召开，而且就和大陆会议在同一栋楼里。

在 8 月 13 日和 15 日与宾夕法尼亚各代表的会谈中，他将自己巨大的影响力投注在了宾夕法尼亚宪法中最特别、显然也是最具民主色彩的两处条款上，即坚持权利法案，以及建立由包括手工匠人和财产拥有者在内的公民选举产生的一院制的立法机构，并因此让宾夕法尼亚有了美国最信奉平等的政府。但他还是会让其他人来主导整个讨论过程，而在最终稿得到批准时分享这份荣誉。他所提议的修改意见基本上都是文字风格方面的。鉴于他的名望，他最重要的贡献就是到场助阵，赋予这项事业以合法性。无论是在宾夕法尼亚大会还是在大陆会议，富兰克林都是无比珍贵的奖杯。在这个

舞台上，他比华盛顿更受拥戴、更广为人知；他就是美国革命的德尔斐神谕①。[41]

这是富兰克林出于本能选择的一个角色，因为他在通过感知政治时局而提出相应的迫切要求方面是一个天才。例如在这次事件中，现实情况就要求他摆出智慧的姿态，以体现出人们相信北美独立这一事业是顺应天意的。现实情况也要求他以更高的姿态参与到讨论中去，这种高姿态通过不让他卷入有害的争论来保留并保护他的特殊地位。这使得他兼具亚当斯的亲力亲为与杰斐逊的保持距离。他是一个奇特的人 107
物。

但是连相信着英军气数已尽的富兰克林也意识到，纽约的战斗结果将会决定美国最终的胜利会很快出现——很明显这也是众所期待的结局——还是会以最终令英国主动放弃的持久战的形式而慢慢到来。他缺乏亚当斯所拥有的源源不断的关于兵力的信息来源，并且缺乏对民兵战斗力量的质疑，但是一个活动于哈德逊河沿岸火力点的线人向他保证说，英国的入侵将会被击退：“这里的一切情况都令人欣慰，如果我们的敌人胆敢发动进攻，毫无疑问他们将自讨苦吃。”富兰克林并不相信纽约的一次失败就能扼杀美国的事业，但是他也不认为爱国者们对事态的估计有多可靠。他坚信美国将会赢得战争，但他并不确定大陆军

---

① 德尔斐（Δελφοί）是一处重要的“泛希腊圣地”，即所有古希腊城邦共同的圣地，该地有供奉着阿波罗的神庙，里面的女祭司能够传达阿波罗的神谕，被称为“德尔斐的神谕”（Delphic Oracle）。

是否能打赢纽约这一仗。“在我写下这些文字的时候，”他在8月28日给霍拉肖的信里说，“传来了消息说，双方军队在长岛展开了战斗，战况不详，这使我一下子变得焦虑不安。愿上帝赐予我们成功。”结果，事实证明上帝并没有聆听他的祷告。[42]

6

战争之雾

总的说来，我的将军们输在了领导上[①]。 108

——约翰·亚当斯1776年10月8日

写给阿比盖尔的信

自从理查德·豪勋爵的舰队在7月初登陆斯塔滕岛以来，华盛顿就一直期待着开战。但是在接下来的几周里，随着其他一波一波的军队和舰船的到来，日益明朗的是，杰曼勋爵和英国内阁打算组织一支远远超出华盛顿预期的进攻队伍。豪氏兄弟一直找不到理由发动进攻，直到杰曼所有的增援——最主要的是高度职业化的（也是很昂贵的）黑森佣兵——在8月中旬出现。[1]

这种拖延意味着，军事行动将在这个季节的末尾开始，这使得豪氏兄弟在进入漫漫冬季之前只剩下大约三四个月的时间来攻占纽约并消灭大陆军。这也意味着，美国抵抗入侵的军队规模将会急剧扩大，因为来自康涅狄格、宾夕法

① 原文是In general, our generals were out generalled，很明显，亚当斯此处是借general一词玩了一把文字游戏。

尼亚、特拉华和马里兰的民兵部队将在 8 月初涌入纽约，这些后到的人们在拿起枪之前就已经收割完了他们的庄稼。

尽管华盛顿被豪氏兄弟的拖延战略所迷惑，但是他很欢迎这个取得均衡的机会：“他们［英国军队］一向比我所领
109 导的美国军队强大，而现在，我期待着美国军队能够获得比他们更加强大的力量，因为民兵正开始加紧赶来，并且已使我军人数增加到了……大约 23000 人的样子。”一周以后，在开战的前夜，他们的总人数达到了 28000。[2]

民兵人数的激增增强了几位美国军官的信心，其中包括格林，尽管他对于民兵的战斗力还存有疑问。在格林从长岛前线写回的信中，他向华盛顿保证说，一切都在掌控之中：“我很高兴地告诉您，军队似乎是处于一种极度良好的精神状态之中，毫无疑问的是，如果英国佬在这里发起进攻，我们应该能够给予他们狠狠的还击。”斯特林勋爵当时负责督导长岛的防御战备，他与格林英雄所见略同。各种碉堡、阵地和壕沟十分牢固，以至于斯特林勋爵竟然还希望着——正如他原话所说——“豪将军能够专门赶来这里，而不是美国的其他地方”。8 个月之前，查尔斯·李曾发表过“纽约防备薄弱”这一论断，而现在斯特林认为它坚不可摧。[3]

斯特林过度的热情常常使得人们难以分辨他是故作声势还是的确信心十足。但是随后英军和黑森佣兵的军官们的话证实，长岛的多层次防御体系足够击退 5000 士兵的正面进攻。甚至连杰曼都已不认为组织如此规模的英国军队是正确

的了。

鉴于双方所修筑的工事的杀伤力，威廉·豪和华盛顿之间的最后一次通信似乎已经显示出，豪深深地为这一糟糕透顶的事情感到后悔。“如果没有表达出对于殖民地目前所处不愉快境地的深切关注，”他对华盛顿袒露道，“我无法结束这封信，这种境地与我有幸在上次战争中所经历的完全不同，它剥夺了我在更为私人的会面中将会感受到的那种愉快。”[4]

华盛顿将这视为对于一个月前未能达成的和谈的遗憾说法。但是他感到有义务用同样贵族化的文体做出回复，要维持两位绅士之间的荣誉礼仪，他们两人希望让自己远离他们将要见证的杀戮。“请允许我向您保证，先生，”华盛顿回 110
复道，“我觉得自己深深地被您的来信的结尾所打动……并且从与您的结识中，我强烈地感受到了荣耀和满足。殖民地现今的状态与上次战争中的状态不同，它剥夺了我的那份快乐，没有人会比您更后悔此事，您忠诚的仆人。”适当地寒暄之后，血腥的战事现在可以开始了。[5]

* * *

预计战事发生的准确地点是华盛顿面临的首要困境。8月14日，两名英军逃兵报告说英军的主要进攻将直指长岛。几天后的另一则情报则预言了英军对长岛和曼哈顿北角的联合进攻。尽管军事战略的首要原则是——强敌当前，绝不可让你的军队分散，华盛顿却不得不违背这一原则，因为他要与拥有完全制海权的对手斡旋，保卫两座岛屿。他将英军对长岛的任何进攻都视为可能的障眼法，只在那里布置了6000名士兵（他手下“适合服役”的士兵的1/3）；他将剩下的兵力留在了曼哈顿，毕竟那才是英军的最终目标。[6]

与此同时，在斯塔滕岛上，豪与他的副司令亨利·克林顿正就战略方案进行着一场激烈的讨论。事实上，豪对于克林顿没有丝毫的尊敬——无论是作为将军还是普通人——因此克林顿的选择几乎不可能占据上风。他们在邦克山战役和波士顿围城时曾一起共事。在那些场合中，克林顿暴露出了与上司结怨这个终其一生的毛病。他的上司似乎从不赞赏他的主张，尽管他自己认为这些主张是值得赞赏的。克林顿似乎的确拥有某种不讨人喜的独特气质，他是那种总认为自己正确的角色。然而就这一次来说，所有后来的历史都清楚无误地证明了，实际上他是正确的。[7]

111 克林顿希望英国在曼哈顿北端的国王桥（King's Bridge）发起进攻，哈勒姆河在该处将这个岛屿与大陆分隔开来。如果这个方案成功了，那么在英国海军控制着哈德逊河与伊斯特河的情况下，它将阻断曼哈顿和长岛的大陆军的逃生之路。一旦被包围起来，只消一场战斗，大陆军就可能被逐渐削弱并最终全歼。克林顿的策略基于如下设想：正确的目标不应该是纽约的城市和港口，而是大陆军本身；如果它不复存在，北美的叛乱也将烟消云散。[8]

豪对此表示不赞同。他相信大陆军会遭遇决定性的失败，但不会被毁灭。他从杰曼那里得到的命令是占领纽约，纽约将成为英国海陆两军孤立哈德逊走廊和新英格兰这一决定性行动的作战基地。如果纽约的城市和港口是目标，那么长岛很明显就是通向目标的必经之路，因为对布鲁克林高地的控制将使南部的曼哈顿变得难以守卫。如果能在粉碎叛乱意图的过程中给予大陆军足够的羞辱的话，那就更好了。但是战略目标是占领纽约，而不是消灭大陆军。当然，豪拥有最终决策权，因此对长岛的进攻被定在了 8 月 22 日。到那时，新近到来的黑森佣兵应该已经蓄势待发了。[9]

后来的历史证明，豪拒绝克林顿所看好的策略这一决定，也许已经意味着英国失去了在北美叛乱的初期就将其终结的机会。我们永远无法确定这种可能会发生的事情，因为我们无法知道彻底消灭或俘虏大陆军是否会粉碎他们叛乱的意志。也许亚当斯和富兰克林都深信，大陆会议将会不屈不挠地组建另一支军队，并指派另一位华盛顿来领导它。很清楚的是，如果两支军队各自的司令交换位置的话，它们也许能够被带领得更好。对于以领土而非大陆军为目标的豪而言，他在本应主动的时候采取了谨慎的策略。而对于意在保 112
卫纽约的华盛顿而言，他在本应谨慎的时候选择了冒进的策略。

* * *

在情况最糟糕的时刻，又一桩不合时宜的不幸事件碰巧发生了。格林在 8 月 15 日通知华盛顿说，他“为高烧所困，卧床不起”。刚被任命为少将的格林是华盛顿最得力、最信任的军官，他参与设计并建设了长岛的防御网络，这使得他在该地广为人知。现在他不得不被撤离到曼哈顿。华盛顿选择了约翰·沙利文（John Sullivan）来代替格林，这并不是因为华盛顿了解并信任他，而是因为他是唯一一个没有指挥权的高级军官。他刚刚从奥尔巴尼（Albany）赶来，之前他威胁说，宁愿辞职也不愿效力于霍拉肖·盖茨。沙利文之前是新罕布什尔的一名律师，他自信满满，战争经验有限，对于自己要指挥的军队以及要守卫的土地一无所知。[10]

英国军队在斯塔滕岛练习水路联合作战已经有两周了。在8月22日这天，三百多艘战船载着15000名士兵驶入长岛西南部的格雷夫森德海湾（Gravesend Bay），没有遇到任何阻碍，也没有任何明显的抵抗。豪勋爵的秘书安布罗斯·塞尔形容这个场面是相当壮观的："简而言之，大约15000名士兵下船登上一片美丽的沙滩，他们在临近的平原上集结……展现出的是一幅想象所能及、视觉所能见的最美最壮观的景象。"三天之后，另外5000名黑森佣兵被运载了过去。尽管华盛顿又调遣了2000人渡过伊斯特河前去支援长岛守军，但是美国军队在人数上仍然被两倍于己的英军所赶超。华盛顿依然做着两手准备，认为英军对长岛的进攻只是障眼法，他们主要的进攻目标将是曼哈顿。[11]

在第二天的总动员令中，华盛顿宣告等候已久的对大陆
113 军的考验时刻终于到来了："敌人已经登陆长岛，交战的时刻正在迅速逼近，我军的尊严和成功，以及我们正在流血的祖国的安全，都取决于这一时刻。军官们，士兵们，请你们记住，你们是自由的人，为自由的恩赐而战——如果你不能像人一样勇敢战斗，沦为奴隶将成为你以及你的后代的命

运。”要是这些激励人心的话还不够的话，所有的军队还需要知道的是，“如果有任何人不经命令试图逃避责任、卧倒或撤退，他将立刻被就地正法，以儆效尤”。[12]

* * *

格林为长岛设计了三个层次的防御计划，以使英军在穿越火力地带时遭受沉重的伤亡。狙击手将被安排在格雷夫森德海湾以北植被茂密的地带，集中于三条通道的沿线，这几条通道为英军的战马和炮兵团留出了行进的空间。然后美国军队将退回戈温那斯高地（Gowanus Heights）——这片山脊一样的高地从东向西横跨了整个长岛——一连串的壕沟和阵地之中。格林的原计划是，先暂时坚守戈温那斯高地，随后撤入主要的防御带之内。这个防御带主要由布鲁克林高地的四座碉堡组成，他认为最激烈的战斗将发生在这里。这个由不同防御据点组成的网络具有可伸缩性，它最大限度地利用了地形优势，并且能让美军在掩护下作战，而不是与英军在开阔地带展开较量。在开阔地带，英军士兵更为严格的纪律和更为丰富的经验很可能会使他们处于上风。[13]

作为司令官，沙利文的第一次也是最后一次行动就是修改格林的计划，将戈温那斯高地的守军扩充到了 3000 人——这几乎是他一半的军力。随后发生的事情表明，这是一个代价巨大的错误，它使得戈温那斯高地成为战斗的中心，而此处的美军将面临的是在人数上 7 倍于自身的对手。

到了 8 月 24 日，华盛顿重新考虑了沙利文的任用，并任命伊斯雷尔·帕特曼（Israel Putman）为长岛的总司令，

114 而沙利文只能统领戈温那斯高地的军队。“老帕特”（Old Put）体壮如牛，头若炮弹，有着天生的战士头脑。帕特曼是经历过邦克山战役的老兵，是法印战争中具有传奇色彩的战士——他曾经在被印第安人架在火上炙烤之时逃脱。自从事情变得清晰——英军的主要进攻目标将是曼哈顿，帕特曼就要求得到指挥权。“这位勇敢的老人被困在这里是相当悲惨的。”约瑟夫·里德在发自曼哈顿总部的信中如是写道。华盛顿想法的改变传达出某种犹豫不决；任用他手下战斗经验最丰富的军官，也反映出他最终认识到长岛才是英军的目标。尽管认识到了这一点，但他仍然将超过半数的军队留在了曼哈顿，借此来掩护他的基地。但是，这样做的代价就是，它使得英军在发起进攻那一刻起就拥有了极大的优势力量。[14]

威廉·豪作为英军中最尖端的轻步兵战术继承者而广为人知。在邦克山战役的经历意味着，他也许是最后一位在美国对格林庞大的防御体系发起正面进攻的英国军官了。但是他越是研究地图，格林的防御计划似乎就越是天衣无缝，它将使英军在战斗中无可避免地遭受惨重伤亡。

亨利·克林顿这时又想出了一个大胆的（如果说也简单得令人吃惊的话）方案。他也一直在研究地图。往东离美军防御中心7英里左右的地方，有一条人迹罕至的路叫作杰梅卡通道（Jamaica Pass）。当地的亲英派报告说，美国人认为它太过路途遥远，因此除了布置象征性的防御力量之外，也没有让他们做什么。但是克林顿宣称，这是长岛战役的关键，因为它使豪可以迂回绕开格林多层次的战地工事。

克林顿提议发起一场沿杰梅卡通道进发的行动，这样可以将英军置于戈温那斯高地的美军阵线后方，切断他们撤回布鲁克林高地的碉堡的后路。他还提议说，英军与黑森佣兵应该牵制美国防御阵线的右侧和中心区域，以吸引他们的注意力，直到他们发现自己已处于包围之中。这是一个高明的计划，是豪所面临的战略困境的明显答案，但它之所以难以 115
得到采纳，是因为它有着“来自不受待见的克林顿”这种奇怪的不良特征。[15]

克林顿稍后承认，在与豪就战略问题进行争论时，他最大的敌人就是他自己。“也许我在这些事情上的狂热，”他回忆道，“使得我现在时不时地被人认为是个麻烦。”然而这一次，克林顿聪明地将自己计划的呈现委托给了一名下属。8 月 26 日，豪接受了这个提议，并借司令的特权宣布这是他自己的提议。[16]

一群亲英派自告奋勇要带领英军沿着杰梅卡通道趁夜行军。不言自明的是，长岛居民中没有人将英军的计划透露给大陆军的任何人。这也许是一个在情感上普遍亲英的地方，以至于英国人在情报方面享有了重要的优势。豪充分地利用了这一点。

* * *

在 8 月 26 日夜幕降临之时，克林顿带领 1000 名充当先锋的英军和黑森佣兵，沿着美军防御阵地的左侧，踏上了一段弯弯曲曲长达 7 英里的行军之路，豪和康沃利斯带着主力部队随后跟进。沙利文怎么会忽略了杰梅卡通道的守卫？这一问题在当时激起了不少批评，在后来也引发了不少猜想。他意识到了这条通道的存在，因为他曾派五名骑兵前去把守。这些人很快就被俘虏了。这支庞大的英国军队在灌木丛中披荆斩棘一路挺进。他们的行动为何能不被察觉？这似乎也很奇怪。实际上，两位美军军官，塞缪尔·迈尔斯（Samuel Miles）和大卫·布罗德黑德（David Brodhead）后来证实，他们的确发现了英军纵队。“我所相信的是……豪将军将会来到杰梅卡通道，”迈尔斯回忆道，“我希望能有军队在那里监视他们。”但是并没有什么军队。沙利文随后试图为自己的过错开脱，他相当无奈地宣称：“我没有兵力来完成这一目标了。”[17]

与此同时，在戈温那斯高地，克林顿的计划正在完美地
116 运转。一支由5000名步兵和2000名海军士兵组成的英国大军，在詹姆斯·格兰特将军的率领下牵制住了斯特林在阵地右侧的部队。沙利文告诉帕特曼，英军的主攻已经开始，而帕特曼转而催促华盛顿渡河到布鲁克林高地与他一起监督这场战斗。事实上，格兰特的进攻只是障眼法，是为了在克林顿和豪的军队从后方包抄美军的同时吸引美军的注意力。[18]

然而格兰特却借此机会从远处炮轰斯特林的军队达两小时之久。“子弹和炮弹都急速地飞来，”一名士兵报告说，“时不时地削掉一个脑袋。”斯特林已命令自己的士兵保持队形，而不是寻找掩护。这种展现军事纪律、遵守荣誉准则的行为在18世纪仍然十分流行。“我们的士兵队形保持得

很好，”一名士兵骄傲地宣称，“甚至没有一个人流露出退缩的迹象。”一支由利奥波德·冯·海斯特尔（Leopold von Heister）将军率领的黑森佣兵部队，共计4000人，在格兰特部队的右侧集结。这样一来，他们一起将自己连成了一块砧板，而克林顿-豪的部队就是那把锤子，而大陆军正好就在他们中间。[19]

这把锤子在8月27日早晨9点挥落了下来，当时1万名英军士兵出现在美军阵线的后方，这在新兵中间引起了恐慌，他们被包围了，而且对手人数远远超过他们。在大多数连队里，纪律立刻土崩瓦解，士兵们纷纷试图逃回布鲁克林高地的碉堡中去。约瑟夫·普拉姆·马丁当时只有15岁，他记得，一名年轻的美军中尉崩溃了，他无法抑制地抽泣着，祈求他的士兵的原谅，这些人从他身边跑过，奔向后方。他还记得，军官们纷纷将帽子上的徽章取了下来，这样他们如果被俘也不会被认出来。他在戈温那斯河见证了一场大屠杀，撤离的美军士兵要么溺死河中，要么被岸边的英国陆军射杀，死尸浮满了整个河面。[20]

被俘的美军士兵被成批地就地杀害。“黑森佣兵和我们勇敢的高地战士毫不手软，”一名英军军官回忆道，“看着他们带着愉悦用刺刀杀死这些叛乱者时，感觉那真是一幅不错的景象，在我们包围这些人后他们已经无力抵抗。”其他 118
的目击者还讲述过那些黑森佣兵用刺刀将美国战俘钉死在树上的事情。这样的残暴事例只是个别现象，并非通例，但是它们后来却成了美国各大报纸报道这场战斗时的标准头条。

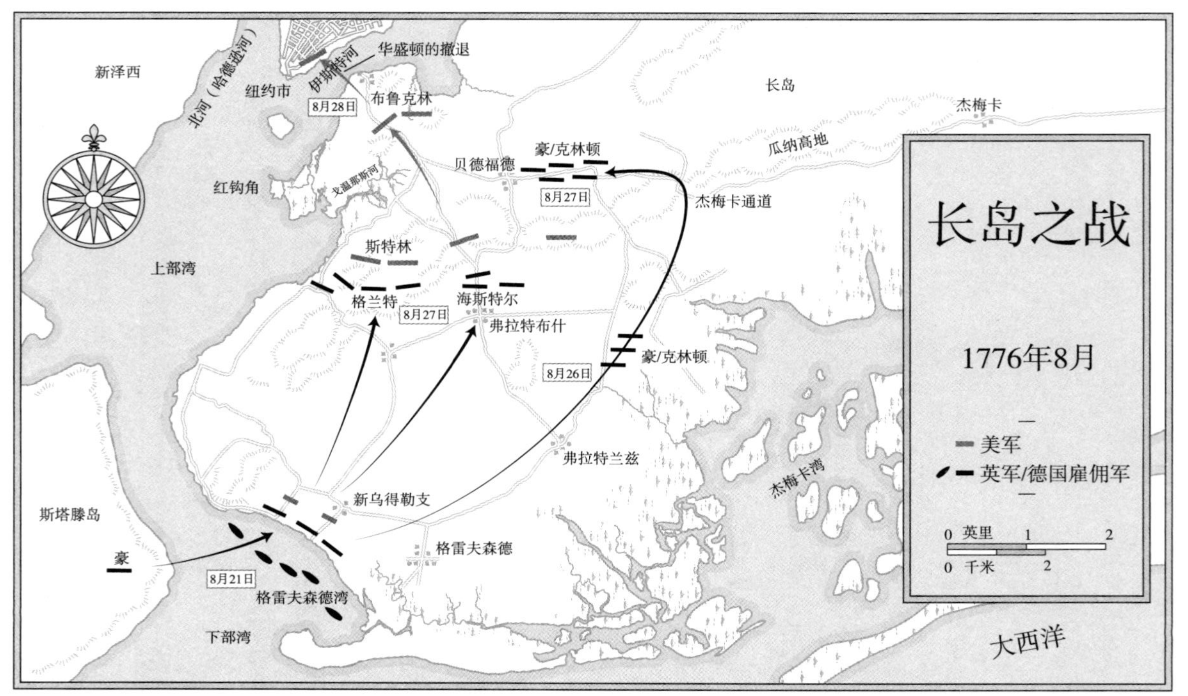
长岛之战
1776年8月
美军
英军/德国雇佣军
0 英里 1 2
0 千米 2
大西洋
杰梅卡
长岛
瓜纳高地
杰梅卡通道
杰梅卡湾
豪/克林顿
8月26日
8月27日
弗拉特兰兹
弗拉特布什
贝德福德
海斯特尔
格雷夫森德
新乌得勒支
格兰特
斯特林
戈温那斯河
布鲁克林
华盛顿的撤退
伊斯特河
8月28日
纽约市
北河（哈德逊河）
新泽西
红钩角
上部湾
斯塔滕岛
豪
8月21日
格雷夫森德湾
下部湾

这些报道将黑森佣兵形容为野蛮的雇佣军。[21]

美军士兵的普遍反应是恐惧和逃离，但在战场的某些角落，驻守的美军士兵却顽强作战，甚至连英国人也承认他们的战斗气势令人印象深刻。这种情况在右侧防线尤其突出，在那里斯特林指挥着来自马里兰和特拉华的老兵部队。斯特林自己并不像一个作战指挥，为他写传的人形容他是“一个肥胖并罹患风湿的、虚荣而浮夸的、好吃懒做的酒鬼”。但是在这个紧急的考验人的时刻，他是伟大的。好几位评论家一致认为他像“狼一样在战斗”。为了给他其他的部队争取逃跑时间，斯特林率领他手下的马里兰兵团对英国正规军发起了7次自杀式进攻——400人对抗2000人。在给英军造成惨重损失的过程中，他们自己也承受着90%的伤亡率。当华盛顿在布鲁克林高地用望远镜观测这次行动时，有人听见他说：“上帝啊！我今天必须要失去的是多么勇敢的人啊！”[22]

一切在中午之前就结束了。双方军队都夸大了对方的伤亡率。豪相当荒谬地宣称，他们所杀死、打伤或俘虏的美军比战斗中被牵制在戈温那斯高地的美军人数还要多。最准确的估计是，双方各有三四百人伤亡；美军死亡人数高于受伤人数，这是因为黑森佣兵的杀戮。而英军获胜的依据是被俘的美军人数。接近1000人的俘虏中，大部分都会在停泊于纽约港的英军囚船上因疾病和营养不良而悲惨地死去，这艘船由贝齐·洛林的丈夫监管。斯特林和沙利文这两位美国将军也在俘虏之列。[23]

讽刺的是，如此多的年轻美军士兵只顾着仓皇逃离，没有理会他们的长官为了守稳阵地并奋起反击所做的努力。大约只有 2000 人撤回到了碉堡中，准备择日再战。如果是英军老兵的话，他们准会听从长官的指挥，要么战死，要么被俘。

119 然而除了对伤亡与被俘人数的纯粹统计之外，大陆军的斗志已经完全崩溃，任何所谓的纪律都已经被彻底摧毁。心理上的战争优势已经完全倒向了英军一边；它是如此巨大，以至于军官们不得不阻止英军和黑森佣兵追击逃入布鲁克林高地的碉堡中的大陆军。

好几位目击者（包括豪本人）都相信，如果英军继续进攻，长岛上的这些碉堡和整个大陆军都将被征服。“要是他们继续进攻，”豪后来承认道，“我认为他们能够拿下这些阵地。”在布鲁克林高地俯视观战时，帕特曼评论说：“豪将军要么就是我们的朋友，要么根本就没有将军之才。”根据帕特曼的判断，豪“使得我们整支军队都处于他的控制之下……要是他立刻乘胜追击，那将对自由事业产生非常不利的影响”。克林顿一如既往地相信，豪已经错失了一战定胜负的时机。“大获全胜的情况似乎通常都是快速进攻的结果，”他在回忆录中记录道，“因为关于失去整支军队可能会引发何等效应，或者是它将在何处受阻，都不会有任何的说法。”克林顿坚持自己的看法，认为大陆军的覆灭将会引发创伤性的心理震荡，而那又将进一步摧毁美国人继续作战的意志。[24]

约翰·亚当斯在1776年春夏之际在大陆会议中组织了一场关于北美独立的讨论，然后在这场冲突的最初两年里担任着事实上的战争部长。

约翰·迪金森是大陆会议中温和派的领袖，他相信，与英国的陆军及海军开战是自取灭亡。

Independence National Historical Park

本杰明·富兰克林是稍后才加入北美独立这项事业中来的，但是刚一加入，他就发挥了作为该时代最著名的北美人的巨大威望。富兰克林坚持认为，英国的所作所为是错误又无望的。

The Metropolitan Museum of Art

托马斯·潘恩是《常识》一书的作者，由于在书中将乔治三世与君主制谴责为黑暗时代的残余，他让北美与大英帝国的最后一丝联系也变得岌岌可危。

Courtesy of the Library of Congress

托马斯 · 杰斐逊是 1776 年夏天美国革命的诗人，他起草的那些句子在随后的时代里也一直持续回响。

The Metropolitan Museum of Art

五人委员会——约翰·亚当斯、本杰明·富兰克林、托马斯·杰斐逊、罗伯特·利文斯顿和罗杰·舍曼——在 1776 年 6 月 28 日将《独立宣言》草案提交给约翰·汉考克，这个场面常常被误认为发生在 7 月 4 日。

Yale University Art Gallery, Trumbull Collection

在得知独立已经得到宣布之后，1776 年 7 月 9 日这天，纽约的人们推倒了位于下曼哈顿鲍灵格林的乔治三世的巨大雕塑，以示庆祝。

Lafayette College Art Collection, Easton, Pennsylvania

▲ 乔治·杰曼是英国国务大臣，他策划了对纽约的水陆两路袭击，意在发出致命一击，以粉碎北美的叛乱。

Crown Copyright

◀ 乔治·华盛顿犯下的最根本的战略错误就是，与实力远胜自己的英国陆军及海军开战，试图守住纽约。随之而来的惨败差点导致北美在一开始就输掉这场战争。

U.S. Senate Collection

纳瑟内尔·格林是华盛顿最有能力、最受信任的中尉。正是格林劝说华盛顿放弃了对纽约的守卫，使大陆军躲过了全军覆没的危险。

Independence National Historical Park

威廉·豪是英军的总指挥，他采取了一种节制而谨慎的战术策略，这是由于他错误地以为，北美方面对于战争的支持只是浮于表面。

Anne S. Brown Military Collection, Brown University Library

▲ 亨利·克林顿至死都相信，如果在纽约战役中是由他担任英军司令的话，美国革命早在1776年夏天就已经终止了。

Courtesy of the Council of the National Army Museum, London

◀ 理查德·豪被公认为英国皇家海军最优秀的军官，但他最热切的期望是实现北美叛乱的政治解决，以使北美殖民地留在大英帝国版图之内。

National Maritime Museum, Greenwich, London

一名英国海军军官的画，描绘的是 1776 年 7 月 12 日豪勋爵的舰队抵达斯塔滕岛的景象。

Spencer Collection, The New York Public Library, Astor, Lenox and Tilden Foundations

斯塔滕岛上的毕洛普庄园，也被称作会议庄园，因 1776 年 9 月 11 日在该地举行的会谈而知名。当时北美代表团拒绝了理查德·豪勋爵的和谈请求。

Courtesy of the Library of Congress

斯特林勋爵带领一队北美士兵以自杀式方式抗击着英军，成功掩护北美主力军队撤离到了布鲁克林高地。

Wikimedia Commons

Collection des Prospects.
BLE A NOUVELLE YORCK.

描绘纽约大火的画作，那场发生在 1776 年 9 月 20 日晚上的大火摧毁了三分之一的纽约城。

Eno Collection, Miriam and Ira D. Wallach Division of Art, Prints and Photographs, The New York Public Library, Astor, Lenox and Tilden Foundations

最早的潜水艇『海龟号』的复制品，原物已于 1776 年 9 月初在试图摧毁海军上将豪的旗舰『雄鹰号』未遂之后沉入哈德逊河。

Wikimedia Commons

莫里斯 - 朱梅尔庄园，它在曼哈顿的战役中充当着华盛顿的指挥总部。

Courtesy Tom Stoelker

威廉·豪想的不一样，尽管他在此阶段的思考过程已经和美军在长岛的防御工事一样有着诸多层次了。要对此做出公正评判，必须得有通常与精神分析相联系的那种分析技巧。

正如我们所知，豪曾经非常希望通过谈判使叛乱和平结束。他倾向于将叛乱看作是一种不幸的误会；由于费城那些激进领导者，以及英国政府不了解情况的官员，这种误会最终升级成了流血牺牲。与他哥哥一样，他最大的梦想就是自己在回家的时候不是作为一位纵横沙场的英雄，而是作为一位成功地与之前的美国兄弟达成了和平协议的政治家。

这个梦想在 7 月遭到了践踏，华盛顿与大陆会议回绝了 120
他哥哥的请求，认为它完全不合时宜。这些叛乱者在豪氏兄弟到来之前就已经越过底线走向了独立，他们是不会有原路返回的打算了。到了 8 月的时候，豪开始相信，只有通过一场决定性的战败让他们认识到与远占优势的英国海陆军队作战是多么徒劳，才能让这些北美人清醒过来。他已做好充分准备，打算在长岛击败他们，这也是到 8 月末为止他一直在做的事情。[25]

然而，“通过谈判解决问题”这个曾被践踏的梦想从未消失。豪只是将它搁置起来，以给予华盛顿的业余部队一点适当的教训；在那之后，叛乱者们将更能意识到他们所做的事情有多么无望。因此，他发动这场战斗所基于的考虑是，谨慎地、有限度地展示一下英国的军事优势对于当下的任务而言绰绰有余。克林顿相信的是，必须依靠一次大规模打击来迅速赢得战争，这样可以摧毁大陆军，以免战事变得旷日持久、结局难料；与克林顿不同，豪认为英国的胜利是不可阻挡的，这样一来就意味着更小规模的作战策略就完全足够了。与英国对爱尔兰和苏格兰发动的军事行动不一样（这些行动是野蛮且带有民族仇杀意味的冲突，它们遗留下的仇恨持续了几个世纪），豪希望他在美国的行动能够成为更有节制的事件，它允许战前的那种让他记忆犹新的相互友善在战后得到恢复。[26]

豪对于“有节制的作战”这种战略的偏好也有英国式的原因。他很希望保持己方的低伤亡率，这是他在事后对自己停止进攻布鲁克林高地的决定进行辩护时所援引的想法。“我不会去冒那种险，”他解释道，“我们在进攻中也许已经遭受过那样的损失。”邦克山的伤亡肯定仍然令他在意，然而另一种强烈的感觉同样攫住了他，那就是，他手里掌控着的是珍贵的、有限的、无法轻易被替换的资源。[27]

在豪的这个公式中，美国和英国得到了完美的平衡。对
121 于英美双方，他都希望能将伤害减到最小。就拿布鲁克林高地那些碉堡来说，将伤害减到最小的做法就是发起一场围攻，同时英国海军在沿岸进行炮轰。只需数日，华盛顿除了投降将别无选择；与立即发动正面进攻导致双方遭受惨重损失的结果相比，这种做法的损伤更少，只不过会拖延几天。毕竟，如果你已经确切知道了结果，就不必匆忙；这种态度倒也符合豪的悠闲做派。

华盛顿因为处于大军包围之中而再也无法维持什么做派

了。整整两天，他不辞辛劳，骑着马在布鲁克林高地的各个阵线来回奔走，激励情绪低落的士兵。他精疲力竭，仍然对那场毁灭性的败北感到茫然，日后将赢得坚决果断之名的他现在却不知道该做什么。他两眼无神地看着前方，一场大雨让壕沟里灌满了雨水，哨兵们都站在齐腰深的水中，因为火药浸水，他们许多人的步枪已经无法使用。与此同时，豪的工兵们正在挖掘自己的壕沟，这些壕沟以锯齿状的造型朝着碉堡向上推进；在经典战术中，这种壕沟是为围困战提供掩护的。现在已经清楚的是，华盛顿下令让另外的 1200 名士兵横跨曼哈顿赶来并使布鲁克林高地的守军增加到 9500 人的决定是一个错误，因为它只会让更多的美军士兵落入英军的包围之中。考虑到与他对抗的军队数量，华盛顿只有三种选择：要么投降，要么接受全军覆没的命运，要么跨过伊斯特河逃往曼哈顿。[28]

约瑟夫·里德一直催促华盛顿选择那个唯一看似可行的选项，但是出于几个理由，他无法让自己下令撤退。毕竟，几个月来他一直向部下宣扬的是坚守阵地，抵抗英军的进攻。现在他若是改口，怎么可能不显得愚蠢?[29]更为根本的原因是，华盛顿是为荣誉所驱使的 18 世纪式的人。他相当理解，在英军炮火密集，纷飞的霰弹（即数颗用链绞在一起的铁制弹丸）让士兵们腹破肠流、人头落地的时候，为何斯特林还会下令让他的部下立正站好。尽管对我们现代人而言，这种事听起来是很不理智的，但是华盛顿相信，他个人的荣誉，也就是他作为一名军官和绅士的名声的核心所

122 在，迫使他宁愿承受死亡，也不愿承受撤退的不光彩。他这种明显的无力感是对两件要紧之事进行平衡的结果：他的名誉，以及与之相对的大陆军的存亡。[30]

让他的困境得以迎刃而解的是 8 月 26 日这天托马斯·米夫林（Thomas Mifflin）将军的出现。此人对美军阵地进行了一番巡视后报告说，军队的士气很低，有部分士兵已经在谈论向英军投降的事情了。米夫林是一名有着贵格会背景的费城富商，他放弃了自己的和平主义信条，成了宾夕法尼亚的优秀战士。如果由米夫林提议撤退，那么华盛顿就同意当天下午召集战争委员会。这样可以保住华盛顿的荣誉，因为这个要求是由其他人提出的。米夫林对此表示同意，但是有一个条件，那就是由他来指挥最后一批撤退的队伍。这也因此会面临被杀或者被俘虏的风险，这种姿态也是能够保住米夫林自己的荣誉的。[31]

战争委员会在四烟囱庄园（Four Chimneys）召开，此地是菲利普·利文斯顿（Philip Livingston）男爵的避暑山庄。利文斯顿男爵提供了一幅大陆军可以采用的逃生路线的全局图，这条线路靠近今天的布鲁克林大桥。最后的结论毫无异议，这迫使华盛顿接受一条由他手下的将军而不是他自己选择的路线，这也让他能够继续装模作样地嚷着要从高地下去战斗。剩下的事情就是，如何计划并实施近一万人的撤离行动，并且在通过一片被英国海军控制的水域时不让英军察觉他们的离去。本杰明·塔尔梅奇（Benjamin Tallmadge）少校，一位年轻的康涅狄格军官，简要地说明了这项计划：

“要调动人数如此众多的一支队伍，让他们跨过一条足足有一英里宽的水流湍急的河，还要面对一支获得胜利、纪律严明、人数是自己三倍的军队，以及一支能够阻断航道从而使任何船只都无法通行的舰队，这些因素似乎构成了最大的障碍。”[32]

至少风向是有利于美军这一方的。东北风限制了英军舰船在伊斯特河上的行动，尽管它也造成了美军船只过河的航道问题。尽管华盛顿别无选择，但是他现在必须得实施一场在战争史上堪称最高明的战略撤退。

* * *

使诈是这场撤离计划的核心所在。华盛顿发布了一条总 123
动员令，将所有曼哈顿和长岛的平底船只都组织起来，声称要从新泽西运送额外的兵力过来。这让约翰·格洛弗（John Glover）上尉和他那支由马布尔黑德（Marblehead）的渔民和水手组成的马萨诸塞连队能够召集起船只，在假装增援的掩护下撤离长岛。格洛弗和他手下衣着鲜艳的部队的行动纪律严明、干净利落，这种素养需要数年乘船出海的经验方能练就。这幅景象会立刻给人留下一个印象：“这些小伙子，”一位来自宾夕法尼亚的军官提到说，“说不定能够做出些什么名堂呢。”实际上他们要做的就是，向这支业余士兵组成的军队展示，一个由老练水手组成的兵团是如何在夜里实施一场援救行动的。[33]

只有几名军官知道（大多数在伍士兵对此一无所知）一场撤离行动正在紧锣密鼓地进行。在某些连队，当接到

“手执武器、背好行囊”进发的命令时，士兵们还以为他们将要去进攻英军的阵地，并以必死的决心去贯彻他们的意志。约瑟夫·普拉姆·马丁记得突如其来的沉默规则：“我们被禁止说话，甚至连咳嗽也不行。所有的军令都是由军官口口相授，再以低声细语传达给每个人。”坦奇·蒂尔曼（Tench Tilghman）这名年轻的中尉很快就成了华盛顿最信赖的助手之一。他报告说，所有连队都在不知道目的地的情况下撤往了后方：“这件事是以高度机密的形式执行的，不管是下级军官还是士兵都不知道整个军队是要渡水回到纽约。”[34]

正值强敌当前，整支军队的战略撤退组织起来相当困难，因为各个连队不得不分批次轮流撤离，同时还要留出足够的补给兵力来守住阵地。因此，时机的把握必须非常精准，剩下的部队需要分散开来填补撤离的队伍留下的空缺。在撤离的中途，一个几乎致命的错误在布鲁克林高地发生
124 了：米夫林接到命令，要求撤走他所有的部队。这道命令是个错误，因为米夫林的部队理应留守到最后，他们的撤离将会使美军前线阵地完全暴露。米夫林对这道命令发出过质疑，但还是半推半就地执行了它。

在他带领部队撤向渡船时，华盛顿骑马上前，要求知道米夫林是在做什么。“我的天啊！米夫林将军，恐怕你要毁了我们。”他惊呼道。可以想象的是，米夫林当时既愤怒又迷惑，他解释了这个传达过程中的错误，然后带领他的部队退回到了阵地中。尽管美军的阵地有一个多小时处于无人防

守的状态，但是英军从未察觉。[35]

好运的到来简直是雪中送炭。东北风势头渐弱，风向转变成了东南风，这对格洛弗的队伍开船横渡伊斯特河大为有利。天气的变化本应促使英军舰船出航巡弋，并且可以让美军的撤离行动转变成一场彻底的大屠杀，因为这些满载士兵的划艇毫无防备可言。但很不合常理的是，豪勋爵从未注意到风向的变化，也从未让英军舰队出动。

他正在他的旗舰“雄鹰号”上忙于应付一场晚餐会谈，斯特林和沙利文这两位被俘的美军将领是他的座上客。理查德勋爵所关注的是，最近给予大陆军的羞辱是否可能已经让他们在他提出的和平结束叛乱这一问题上改变主意。正好和他弟弟一样，理查德·豪最大的愿望就是达成外交协议，而不是军事胜利。在这个命运攸关的时刻，他所有的注意力都集中在这件事上。

上天还是将好运给予了美军 8 月 30 日早上最后一次撤离。最后一批撤离的部队是最冒风险的，部分是因为没有人在后方掩护他们，部分也是因为不得不在光天化日之下溜走。塔尔梅奇少校在多年以后仍然清楚地记得：

> 第二天的黎明已悄然到来，我们这批被留在阵地里
> 的人开始为我们自身的安全而焦虑……正在此时，一场
> 非常浓厚的大雾弥漫开来，它似乎特意将两军阵地都笼 125
> 罩了起来。我对这一来得及时的事件记忆犹新；大雾是
> 如此浓重，在这样的氛围里，我甚至连六码开外的人影

> 都难以辨认清楚……在战争史上，我真找不出比这更幸运的撤退行动。[36]

塔尔梅奇乘坐的船划离了岸边，他回首看见华盛顿登上最后一艘离开长岛的船。这就是整个传奇的经过。在所有被安全运抵曼哈顿的近1万人中，只有3名途中落伍的士兵下落不明。整个计划必须非常精准，军官和士兵必须依靠非凡的勇气行动，风向与水流必须要适度配合，皇家海军也必须正好疏忽大意，最后，一场浓雾也必须及时地降临。所有这些环节必须以适当的顺序组合起来。尽管成功的撤退算不上赢得了战争，但是这次长岛的撤离意味着大陆军可以存活下来，择日再战。如果一个人相信“这项事业”不会消亡，那他可以得到谅解。

英军一方最初的反应是，他们完全不相信华盛顿能够在不被察觉的情况下让自己的部队全身而退。在几位英军军官看来，似乎这些美国人在战场上作战完全不行，但是在逃跑这一点上倒是很有天赋。

除了诧异以外，英军的普遍印象是，大陆军的斗志在长岛被彻底击垮了。对抗英军海陆军队是多么徒劳，这一点已经得到了令人信服的展示，而且相对来说英军几乎没有任何伤亡。简而言之，豪将军的所有行动目标都已达到。正如一名英国将军休·珀西所说：“我敢说，他们再也不敢在战场上与我军对阵。他们的一切似乎都已经完了，我个人认为这场行动将会给整场战争画上句号。”[37]

然而，还是存在着一些不同意见。“彩虹号”战舰的司令乔治·科利尔（George Collier）认为，豪氏兄弟每人都错失了一个摧毁或俘虏整个长岛上的美国军队的机会。豪将军曾下令停止英军对布鲁克林高地的进攻，而现在华盛顿都已 126
经逃离了包围，这一决策看起来就不会那么让人信服了。海军上将豪也未能让英军舰队驶入伊斯特河（科利尔说这是“我们一直期待着能够受命去做”的事情），这让科利尔觉得不可理喻。因为只需要派出几艘英军的小型护卫舰，就可以确保“没有任何一个人能够逃出长岛”。这样的机会是否还会再来，没有人说得准。“现在，我的预感是，”科利尔悲叹道，“他们（美国人）将会给我们带来足够多的麻烦，让这场战争继续下去，天知道还要多久。”[38]

* * *

美军战败的消息慢慢地传到了大陆会议，部分是因为华盛顿自己过于疲惫而难以提交报告。“48 个小时以来，”他向汉考克解释道，“我几乎都没有下过马，也没有一刻合过眼，所以我已经完全没有精力再写东西或者下命令了。”他最终的报告强调了长岛的胜利撤离，而淡化了戈温那斯高地的惨败，并且提供了一份对英军伤亡人数的夸大估计，因此很方便地就将整体上的军事溃败和大陆军士气低落的情况掩盖了过去。华盛顿在曼哈顿总部的谣言中心开始传播这样一种观点，说格林遗憾的缺席是战败的主要原因：如果是格林在长岛坐镇指挥的话，整场战斗的结局将会完全不同。[39]

8 月 31 日的总动员令保留了战前那一套爱国主义的说

辞，想要表明没有发生什么真正的改变。“从我们的事业的正义之中，我们只能期待成功。”这份命令上如是写道。“现在是时候了，每个人都应振作起来，为祖国争取荣耀，否则就是可耻的。”为了树立一个范例，华盛顿故意选择让自己暴露在英军从长岛沿岸发射过来的炮火之中。在两次躲过头顶的炮火之后，华盛顿达到了他的目的，于是让手下带他离开了。[40]

以任何公正客观的标准来衡量，大陆军终归是遭受了一
127 场耻辱的败北。根据豪将军的战略标准，这种溃败所造成的政治和心理影响将会对北美叛乱的领导集体产生巨大冲击，让他们意识到，他们光荣的事业实际上不过是生命和财富的无谓牺牲。华盛顿一开始就对战后报告进行了处理，并以此抑制了豪的策略。他隐瞒了受损的严重程度，站在己方立场做了适度的修改，以减轻军事溃败可能会给舆论带来的突然冲击。如果说他没能掌控自己的部队在战场上的行动，那么他将努力在更广阔的舆论战场上掌控人们对战争影响的认知。

在费城这边，亚当斯也抱有类似的想法。他原本的打算是回到布伦特里与家人团聚，但是他预感来自纽约的消息会很糟糕，于是他留在了自己的岗位上：“的确，如果结局是不幸的……也许我和其他人一样将要一起承受这次打击。”他最担心的是豪的获胜对大陆会议中的中间派以及那些乡村地区的半托利党人所产生的心理影响。“恐慌也许会吓住任何人，”他向阿比盖尔倾诉道，“但它不会吓住我，我将坚

守在这里，直到共和国的面貌变得更好，或者更坏。它注定也肯定会变得更好的。”[41]

亚当斯首先想到的就是，通过宣称事情本来会更加糟糕，来将伤害减至最小。他多少有些含混地辩称，如果豪氏兄弟在纽约战败了，他们将会进攻波士顿，这样一来，损失也许会更加惨重。然后他又指出，英军的胜利果实过于巨大，事实将证明，这会成为他们的军事负担。“如果他们占领了纽约、长岛和斯塔滕岛，”他评论道：“这些区域都不是他们那支军队能够守得住的。”根据这一反直觉的思路，英军的每次军事胜利只会增加他们占领活动的负担，这暗示着赢得战争的最好方式就是输掉每一场战斗。像这样的论点表明，亚当斯无法承认战争中会有任何美军失败导致英军胜利的可能性。

事实是，大陆军的业余状态在长岛暴露得非常明显，所 128
有关于美国的事业在道德上是多么崇高的陈词滥调都已经被职业军队的军事优势所摧毁。这些令人不快的事实，需要亚当斯（正如华盛顿一样）去掩盖，甚至是对他自己掩盖。[42]

如果所有的美国人都像他深爱的阿比盖尔，那么亚当斯就不会面临这种政治难题了。和她的丈夫一样，阿比盖尔态度十分坚定。她评论说，“我们似乎对于纽约的事情一无所知”，并坚持认为“如果我们的军队是处于如此关键的状态，我希望去了解它，哪怕是它最不好的那一面”。她已经准备好了去了解未经粉饰的真相，因为她丝毫不会妥协。“但哪怕是我们战败了，”她坚持认为，“我也不认为我们会被征服。”对于她所提出的对美军在长岛的作战表现做出真实的评估这一要求，亚当斯的回应优雅而简洁：“总的说来，我的将军们输在了领导上。”[43]

亚当斯对于政治气候的突然转向的把握尤其敏锐。在前一年的春天，他怀着崇敬与惊奇的心情目睹了大众舆论十分戏剧性地转向支持独立，这是对乔治三世实施军事行动以解决北美叛乱这一决定的回应。现在他意识到了朝着另一个方向的转向，那是对于长岛遭遇的惨败的回应：“豪的胜利带来了奇怪的托利党人的春天。”正如另一位代表所说：“迄今为止潜藏在沉默和中立中的人似乎愿意起来反对他们祖国的自由。”甚至有人听见华盛顿预测说，有更多纽约和新泽西的美国志愿者可能会投奔豪的阵营，而不是加入大陆军。[44]

大陆会议其他代表的通信表明，并非只有亚当斯一个人试图掌控政治趋势。尽管本杰明·拉什向他的妻子透露，纽约的受挫已经改变了政治气候，事情可能会变得更糟而不是更好，但是在给别人的信中，他极力粉饰眼前的危机。“因此我可以很可靠地向你保证，”他在给一名法国朋友的信中
129 写道：“［大陆会议］这个机构的大部分人仍然态度坚定，要么争取美国的自由，要么就玉石俱焚。没有任何困难会令我们沮丧，没有任何损失能让我们忧虑。”[45]

富兰克林加入了这个团队，尽管就他而言，没有必要去扭曲事实，因为他本来就满怀信心地认为，豪的暂时取胜只不过是一次小小的挫折，是美国获得胜利这个最终不可避免

的故事里简略的一章而已。他承认英军“过于强大，让我们难以应对，他们也因此在自己所做的事情上获得成功，但是对全世界来说，这些事情并没有它们看起来那么重要”。富兰克林所坚信的根本一点就是，英国在美国的军事行动是不可能成功的，最近英国所取得的胜利也丝毫不能改变他的看法。“看看他们都做成了些什么？”他反问道，“他们就占领了美国沿海岸边的几座小岛……如果每一英亩的美国领土都要靠这样的代价来获取，那么这场征战可以拖垮整个欧洲。”[46]

在大陆会议内部政治观点的层级体系中，亚当斯和富兰克林所属的那一批人非常坚定地相信，不论华盛顿的军队在纽约发生了什么，一旦越过底线走向了独立，就不会有回头路可走了。随后，在9月的第一周里，一场戏剧性的事件让大陆会议其他代表在一项不容谈判的策略上态度发生了动摇。[47]

这次事件就是陆军上将约翰·沙利文回到了费城。请回忆一下，就在华盛顿的军队跨过伊斯特河逃离的那天晚上，沙利文正和斯特林一起与豪勋爵在“雄鹰号”共进晚餐。在晚宴上，理查德勋爵成功地让真诚的沙利文相信，他的和平使命使他能够开出慷慨的条件，凭借这些条件，北美一方可以在不损害自己名誉的前提下结束这场无意义也无必要的战争。豪随后提出，释放沙利文，派他前去将这些条件告知大陆会议。

在沙利文的报告中，他对豪勋爵十足的真诚进行了描

述。然后他声称，通过将他送回费城，豪实际上是含蓄地承认了大陆会议的权威与合法性。更重要的是，豪已经清楚地
130 表明了他的个人观点："英国议会无权向北美征税或是干涉其内政。"他自信满满地认为，一旦敌对状态结束，乔治三世和他手下那群政府大臣将十分欢迎这样的安排。[48]

沙利文的报告引发了激烈的争论。拉什随后回忆道，亚当斯在讨论过程中曾俯身"向我耳语，说他真希望我们的军队［在长岛］战败那天的第一颗子弹打穿的是他［沙利文］的脑袋"。亚当斯随后站起身来抗议这场讨论，他称沙利文是"豪派到我们中间来引诱我们放弃独立想法的一个诱饵"。[49]

第二天，也就是 9 月 5 日，新泽西的约翰·威瑟斯庞（John Witherspoon）发表了一通重要的演说，谴责豪勋爵的提议，没有人起来反对他的结论。"这很简单，"威瑟斯庞说道，"绝对的屈服才是他们要我们同意的。"因此，尽管表面上听起来很慷慨，豪勋爵却"完全避开了任何能够暗示我们不是英国国王的叛臣乱民的情形"。一旦情况是这样的话，只有公开的亲英派才会赞同豪的条件，而在大陆会议里是找不到这种人的。这些被纽约的战况所摄、心存疑虑的代表们已经走投无路了。[50]

如果说还存在什么争议的话，那么唯一的争议就与如何回复豪勋爵这个问题有关。相信沙利文，让他去回话，这是不可取的，因为他的名声早已被他在戈温那斯的表现抹黑，现在更是因为被豪愚弄而越发受损。但是不给答复也许会在

那些不大热心的爱国者眼里显得过于轻蔑。最好还是不要失去他们的支持，不要在外交上犯什么过错。

豪提出要接待大陆会议派出的代表团，但这仅就他们作为个体公民而言，因为他收到的指示不准他承认大陆会议的合法性。代表们怀着如下的决心将这个外交难题推回到了他的面前：“吾等已然认定，我方机构无法以合适理由派出任何成员以私人身份与勋爵阁下会面。”另外，“要是真的希望在合理条件下实现和平，对方应派遣其相应机构的委员会，才能知道他是否有权与大陆会议所委派的、代表美国 131
处理此事的人会面”。鉴于之前所收到的指示，豪要么拒绝与美方代表团见面，并就此为这样的外交困局负责，要么就与他们见面，但是承认他无权与美国政府的代表谈判。无论是哪种情况，和谈的想法都只会成为一种外交上的妄想。[51]

* * *

第二天，也就是9月6日，大陆会议选派亚当斯、富兰克林和南卡罗来纳的爱德华·拉特利奇前往斯塔滕岛与豪勋爵见面。选择亚当斯和富兰克林，这就意味着这场有趣的谈判最终将以失败收场，因为亚当斯在北美叛乱者通缉名单上高居榜首，如果人们接受了豪的和谈条件，这些叛乱者就将以叛国罪被公开处以绞刑。而富兰克林，这位豪之前的友人，最近又劝过他说，他的军事任务毫无希望可言，继续蹚这摊浑水只会彻底地毁掉他的名声。

即使结局早已注定，9月11日的会面还是充满了戏剧性。很清楚，豪仍然希望北美军队最近在长岛所遭受的灾难会让北美人民重新思考从大英帝国分离出去这种做法的前景。同样清楚的是，美方代表团前来赴会正是下定了决心要粉碎这种希望。不是那么清楚但又最重要的是，如果对全美人口做一次民意调查，其结果将会揭示出，与大陆会议及其外交代表相比，美国人民在政治上更为分化，对于豪的条件也更愿意接受。对于豪来说不幸的是，这样的调查是不可能的。

双方在外交礼节上几乎都庄重过度了。豪在美方人员下船的珀斯安博伊（Perth Amboy）安排了一名英国军官作为人质，以确保美方人员的安全。亚当斯坚持认为没有必要留下人质，因为有豪勋爵的话作为保证就已经足够了。“您真
132 是太过奖了，”豪说道，“您大可放心，我会把您的褒奖看作最神圣的东西。”衣着华丽的步兵仪仗队带领美方人员到达了彰显着仪式感的会面地点。在里面，豪已经摆好了丰盛的宴席，包括“上等葡萄酒、上好的面包、冷火腿、口条以及羊肉”，可谓在礼仪上下足了工夫。[52]

豪以他作为北美知名的朋友所具备的诚意开始了谈话。他解释说，他之前将自己的航程推后了几周，就是为了得到任命他为和谈使节的指示，但这场延误也正意味着他到达北美刚好是在《独立宣言》得到通过之后。“是不是已经没有办法能够退回《独立宣言》这一步，”他问道，“并敞开心扉彻底地讨论一下这些事呢？”[53]

亚当斯和富兰克林展示着美方礼貌却完全消极的回应。

如果英国政府在一年以前就承认了北美在征税以及处理内部事务方面的权力，这场冲突基本上是肯定能够避免的。但是现在的情况与那时已经不同。亚当斯细数了英国一系列的侵犯行径，从莱克星顿和康科德爆发的冲突，一直到豪勋爵所参与指挥的这支入侵部队。为了应付这一系列的权力滥用，北美各州通过投票一致决定独立，大陆会议正式批准了这一决议，这一步已经无法退回。实际上，美方代表团也无权推翻这一决议，正如豪也没有权力承认他们是美国公民而非英国臣民。当豪解释说他愿意将各位来宾视为同胞时，亚当斯回敬说，阁下您可以以您所希望的任何身份会见我们，“除了英国臣民的身份以外”。[54]

此次未曾谈及的话题（豪认为直接提及会很尴尬）是最近在长岛的行动，那场行动肯定至少是给美国战胜极其强大的英国海陆军队的希望蒙上了一层可疑的阴影。豪含蓄地提到这件事的方法是，先表达他对北美的深厚感情，随后补充说，“要是北美在战火中陷落，他将像失去兄弟一样为之哀悼”。数年之后，亚当斯仍然会津津有味地回忆起富兰克林聪明的回答：“富兰克林博士面露愉悦、神情镇定，他先鞠躬致意，随后微微一笑，带着在交谈中不时出现的质朴……回答道：‘大人，我们将竭尽所能，让您免受这种痛 133
苦。’”[55]

拉特利奇随后提议说，既然美国的独立已经是不容谈判的事实，也许豪可以回伦敦去劝说他的朋友们接受这一事实，并与美国结成经济联盟，这种关系可以为双方带来经济上的利益。豪对此表示疑惑，他不知道伦敦的上级是否能够接受这个想法；这也不是他所想要的结果。[56]

实在是已经无话可说了。尽管在长岛遭受了军事的挫折，更不要提曼哈顿的大陆军万分危急的处境，美国一方在政治态度上一点也没有改变。豪那位势利的副官安布罗斯·塞尔气急败坏。他在当天日志中对整件事情所做的概述简短而又刻薄："他们见了面，说了话，然后分别。现在什么想法都没有了，除了迎战这群由殖民地垃圾所聚集起的顽固的伪君子和煽动者，是天意要让这个地方成为国家的灾难。"[57]

回到费城的亚当斯同样气愤。他告诉萨姆·亚当斯："整件事……现在在我看来，就和以前一样，只是一场泡影，一场争吵，只是一场恶毒的阴谋，它只是一个圈套，一次欺骗。"他唯一给出的解释一语中的："他们一定是对我们的领导集体有着错误的认识，才会觉得我们会上他们的当。"[58]

7
民心所在

我谨将以下观点作为我的个人意见：一场全面而迅 134
速的撤退是绝对必要的，美国的荣誉和利益要求我们这样做。

——纳瑟内尔·格林1776年9月5日
写给乔治·华盛顿的信

根据豪氏兄弟预定的策略，在长岛对大陆军的羞辱所激起的风波足以撼动北美叛乱的基础。但是在斯塔滕岛上与美国代表团的会晤似乎暴露出了这个策略的缺陷，因为美国代表团拒绝将长岛的溃败视为什么大事，他们认为那不过是微不足道的暂时受挫。亚当斯和富兰克林甚至还坚信，大陆军的全军覆没或是投降都不会有什么影响，除了也许会让不可阻挡的美国的胜利延后一些。豪氏兄弟试图用他们处于优势的海陆军队作为不那么友好的劝降工具，但是那些已经献身于美国独立事业的大陆会议领导是不可劝降的，在他们现在的处境中，与强大的英国之间任何的和谈希望都是难以想象的。

另外，大陆军正好在经历着豪氏兄弟意欲施加的那种冲

135 击。有利的风向扭转了水势，随后是一场天降大雾，这一切使华盛顿的军队得以渡过伊斯特河，实现了一次几近奇迹的逃离，但是他们的士气却土崩瓦解了。“我们的处境的确令人痛苦，”华盛顿向汉考克报告道，“这些民兵，并没有尽自己最大的努力，而是显得十分沮丧，不听命令，非常不耐烦地想要回［家］。他们很多人都中途逃跑了，有时候甚至是整个连队。”这些士兵到达曼哈顿的时候，一位目击者描述说，他们“满脸病态，形容憔悴，垂头丧气……总而言之，一切都处于混乱之中”。[1]

确切的人数是不可能知道了，因为华盛顿自己也无法追踪这些逃兵。但是最完整的估计是，在 9 月的前两周里，大约有 1 万名民兵逃掉了。华盛顿下令在曼哈顿北端的国王桥拦住逃兵，但是很快便撤销了这道命令，因为他觉得这些民兵不只是无用，而且有害，他们的存在只会造成恐惧和失败主义的传播。他们的离去意味着，华盛顿所领导的 18000 名士兵中，大约只有 13000 人是“适合服役”的，这也就是说，他现在面临的敌人人数是自己的两倍以上。[2]

甚至这些被归为“适合服役”的士兵也神情恍惚、士气不振，正如华盛顿描述的那样，他们“常常四处乱走，远离各自的岗位和营地，已无法抵抗任何突然出现的敌人”。对于他们以及美国的事业而言，幸运的是豪在长岛的胜利之后没有再继续对曼哈顿发起进攻。这种拖延对有些英国军官来说似乎是难以理解的，因为很明显整个大陆军已经不堪一击了，而英军正准备着进行能够结束这场战争的最后一次战斗。“在随后的许多天里，我们勇敢老练的士兵……站在伊斯特河的岸边，”乔治·科利尔上尉回忆道，“他们就像站在皮斯扎克山（Mount Piszak）上的摩西一样，眼睁睁地看着他们的恩许之地就在不到半英里远的地方。”[3]

豪明显缺乏主动性，实际上从整体来看这与他的战略优先项保持一致。他正等待着他哥哥与叛乱者在斯塔滕岛的商
谈结果。如果很快就能以外交手段结束这场冲突，发起另一 136
场军事行动是毫无意义的。再说，叛乱者的军队（如果它的确仍然可以被称作一支军队的话）已经从长岛的包围中逃进了曼哈顿的另一场包围里。没有必要匆忙，因为华盛顿那支斗志涣散的军队已经无处可去了。

英国间谍报告说，美国士兵正忙于劫掠城中的每一户人家，并公然为自己的强盗行为辩解，说不这样的话这些战利品就要落入英军手中了，因为只要英军愿意，他们可以在任何时候占领这座城市。正如豪所希望的那样，他们在长岛几乎濒临死亡的经历迫使他们直面这样一个事实，即纽约的守卫一直以来都是在错误的指导下进行的。

的确，从英军的角度来看，北美的叛乱已经被镇压了，剩下的只是一些清理行动。在伦敦这边，长岛胜利的消息使杰曼勋爵开始起草让威廉·豪晋升为骑士的相关文件，以对他在北美保护大英帝国权利的行为进行嘉奖。“这场叛乱的领导者的行动正如我所希望的那样，”杰曼写信告诉海军上将豪，意思是他们在纽约有所反应，“我相信受到蛊惑的人们很快就会向阁下您祈求宽恕和保护，而让他们的首领去接

受他们应得的惩罚。”这也许意味着，华盛顿、亚当斯和富兰克林，将和其他人一起，走向绞刑架。[4]

* * *

华盛顿在9月初的日子里都待在自己的总部，慢慢地从疲惫中恢复过来。而更深层次的真相是，他已经渐渐明白了，决定守卫纽约是一个根本性的错误，而现在他正深陷在这个错误造成的后果之中，不知道该做什么。

最清醒的建议来自纳瑟内尔·格林，他刚刚经历了濒死体验，才从医院出来：“现在需要考虑的是，一场从此岛的
137 整体迅速撤离是否有必要。在我看来，要想成功击退敌人，保证我们不再受辱，这似乎是唯一可行的计划。我认为在国王桥的这一端我们已经没有目标了。……我会烧掉这座城市以及它的郊区地带。”在格林的计划中，大陆军的生存不仅仅是保卫任何一寸土地的问题。“我谨将以下观点作为我的个人意见，”他重申道，“一场全面而迅速的撤退是绝对必要的，美国的荣誉和利益要求我们这样做。”[5]

格林是在请求华盛顿接受两个令人不快的、麻烦的现实：第一，保卫纽约的决定成了一个错误，现在应该意识到这一点并阻止美国继续遭受损失；第二，华盛顿需要让他那种受荣誉驱使的“坚守作战”的本能服从于更大的政治需要，这种需要在此时就是指大陆军的存活。很明显，格林不像亚当斯和富兰克林，他相信大陆军的覆灭会将美国独立事业置于危险之中。

格林对华盛顿性情的揣摩和他对大陆军面临的战略选择

的估量同样敏锐。他意识到，华盛顿有着根深蒂固的个人荣誉意识，由于这种意识，大陆军的失败会给他自己的名声蒙上一层阴影。他容易将撤离和战败等同起来，并且会将战败看作自己名声的永久污点。根据这种逻辑，战略撤退时不光彩的行为，就像拒绝决斗的邀请一样。格林的理解是，华盛顿的最优先选项必须是他们为之而战的、有自身纪律的事业，而让大陆军覆灭的行为则毫无纪律或是荣誉可言。

虽然如此，华盛顿的第一反应就是拒绝格林的建议。他在此时与汉考克的通信就很反常的混乱无序、散漫无章，也许这是疲劳的后遗症，也许是长岛的战败留下的心理创伤又复发了（他将汉考克而非亚当斯视为大陆会议的主席，作为他的行政上级，尽管亚当斯作为战争与军需委员会的最高领导在军事方面更为在行）。尽管大陆军面临绝境，他对于 138
从纽约不战而退的决议仍然感到很不满意，他告诉汉考克，“这有涣散军心、损害这项事业的嫌疑”。它也会在所有殖民地都造成严重的政治影响：“在这些地方，共同的事业也许会因为它给许多人的精神打击而受到影响……尤其是我们在长岛遭受了损失之后。”不管决定性的考量是他个人的荣誉感，抑或是恢复大陆军信心的需要，抑或是害怕放弃纽约会让各地那些不热情的爱国者在心中产生疑惑，他都觉得有必要在曼哈顿对英军发起一场“漂亮的进攻”，即使那意味着会有失去一切（包括他自己的生命）的风险。[6]

为了这场“漂亮的进攻”而在暗地里进行的努力涉及一种单人潜艇的部署。正如我们所见，富兰克林在数周之前就与华盛顿探讨过这种水下工具的前景，它也许能够通过在英军战舰下方游弋并在其舰身上安装延时炸弹来炸毁它们。9 月 6 日，华盛顿批准进行水下战争开创性的尝试。尽管面临水流的阻碍，这艘名为“海龟号”（Turtle）的实验性潜艇仍成功地潜到了海军上将豪的旗舰“雄鹰号”下方。它携带了 150 磅的炸弹，但是未能成功地将它安装在覆铜的龙骨上。要是成功了的话，“海龟号”也许能够大大减少英国海军在曼哈顿附近河面上所拥有的战略优势。但是在它的处女航之后不久，“海龟号”就在被运往哈德逊河上游再次进行试航的途中沉没了。潜艇战还要等一个多世纪才能在技术上达到要求。[7]

9 月 7 日，华盛顿召集了一个战时会议，这个会议投票通过了他提议的抵抗——也许是最后的抵抗——而地点就在曼哈顿。这是一场令人困惑的讨论，因为华盛顿已经接到大陆会议让他不要烧掉纽约城的命令，有些军官将这道命令理解成是让他们不惜一切代价守卫这座城市。华盛顿似乎认可了这种解释，他提醒与他共事的军官们，政府控制军队这一
139 原则必须得到尊重，即使大陆会议很明显地未能充分理解这支军队所面临的那种真正绝望的处境。

一旦做出了守卫曼哈顿这个重大决定，战时会议就通过投票对军队进行了分配，它安排了 5000 名士兵在此岛南端保卫市区；9000 人守在北端，英军的进攻很有可能在这里发起；4000 名新兵则驻守中部，在这里最不可能发生战斗。因为英军掌握着主动权，无论在何处发起进攻，他们在数量

上都拥有很大的优势。[8]

华盛顿想让汉考克明白，曼哈顿差不多已经失守了。“考虑到我们的利益和期待，”他解释道，“得尽可能地拖延此事。”正如约瑟夫·里德向他妻子解释的那样，这次的目标是在投降之前给英军造成惨重损失，“如果我们的牺牲能够拯救美国的事业，那么我们就还有时间在春天到来前召集到另一支军队，这个国家也将得以留存”。这种宿命论的逻辑差不多确切地反映出了华盛顿在这个紧急多事的时刻的想法——或者说是那种被称作想法的东西。华盛顿正准备以身殉国。[9]

情况也有可能是，他相信除了牺牲自己和大陆军已经别无他法了，因为他们以寡敌众、孤军奋战，已经看不到任何逃出曼哈顿的现实可能了。豪将军如果没有在国王桥封锁住他们的逃离路线的话，那他一定是个十足的白痴；而在该处驻守的美军指挥官威廉·希思向华盛顿报告说，他缺乏兵力，无法阻止豪在该处设下陷阱。一位名叫鲁弗斯·帕特南（Rufus Putnam）的负责工程的军官对当地地形进行了一番侦测，证实了希思的看法，没有任何方法阻止豪将大陆军放入“可怕的盒子里”。[10]

纽约临时政府的代表们从菲什基尔（Fishkill）相对的安全写起，证实了这一战略判断：“我们对于敌人登陆纽约的计划，以及将由此造成的惨败，是如此确信不疑……我们有理由担心它带来的后果。”所有人一致认为，英国海军在哈德逊河与伊斯特河上处于优势地位，加上它在曼哈顿北端

140 的地面优势，这意味着华盛顿的孤立无援。既然投降不能作为一个选项，那么唯一的选择就是战斗。[11]

在 9 月的第二周里，三个方面事态的发展让华盛顿改变了主意。第一，大陆会议明确了它早些时候下达的不准烧毁纽约市的命令，并将是否决定守卫纽约的问题交给华盛顿去思考。他的判断，而不是他们的判断，更加充分地忠实于实际情况，并且能够得到验证。第二，豪将军仍然在等待他哥哥那里有关和谈事宜的消息，他没有表现出任何想要在国王桥周围集结部队的意思。他更倾向于准备攻占纽约市以及纽约港。第三，格林说服了周围的军官召开另一次战时会议，以重新考虑守卫曼哈顿的事情。他认为，它的守备是不堪一击的，而大陆军的生存意味着美国独立的生存。“当前的情形意义是如此重大，其后果将波及整个美国，”格林坚持认为，“重新考虑之前的决定势在必行。”[12]

斯塔滕岛和谈破裂的第二天，也就是 9 月 12 日，各位将级军官以 10∶3 的投票结果推翻了他们上一周的决议。他们现在准备放弃纽约市的所有防御，并加强他们在国王桥的力量，以抵抗计划中英国将在该处发起的进攻，而不是把大陆军分散在整个曼哈顿岛。他们暂时只会在华盛顿堡①（Fort Washington）留下 2000 名士兵与哈德逊河上的英国海军精锐较量。他们的新目标是，在曼哈顿北端挡住豪可能发起的进攻，然后让整个大陆军撤离此岛。新的首要任务是不

---

① 曼哈顿岛北端的防御堡垒，位于该岛的最高处。

惜一切代价（包括失去纽约）让大陆军保存下来。[13]

华盛顿很不情愿地接受了这个新的策略。它违背了他所有的原始本能，他为荣誉所驱使的性格，以及他过去四个月中所持的“让纽约成为更为致命的邦克山”这一军事设想。他想让汉考克知道，他原本是坚持守卫纽约的，因为他意识到了它的战略重要性。“但是我十分确信的是，这件事是不 141
能做的，”他辩称道，“如果尝试这么做的话，其后果很可能在本质上将会是最致命、最令人担忧的。”[14]

使用“致命”这个词，他差不多的确是指大陆军的覆灭了。他是否与格林一样都认为大陆军的终结意味着美国独立的终结，这一点尚不清楚。很长时间以来，他一直视美国的事业坚不可摧，以至于很难让他从心理上放弃它。但是如果大陆军的覆灭确实会让美国独立陷入危险之中，那么这就是一个不值得的冒险。在此基础上，他已做好了牺牲自己生命的充分准备，而且他希望这一事实能够使他所有的军官明白。但是比他自身的荣誉更重要的事情现在正处于千钧一发的状态，他必须让他的本性服从于这个更大的目标。

* * *

自亚当斯从斯塔滕岛归来以后，战地的报告开始在他费城的办公桌上堆积。战争与军需委员会主席的身份让他了解到了令人警醒的士兵逃跑率、残余部队士气不振的状态，以及被亨利·诺克斯形容为“恐慌感”的情绪，它在长岛磨难的后期攫住了整个大陆军。“我看不起这种情绪，以及受它影响的那些人。”他如此告诉诺克斯，并且半带正经地敦促说，“十一抽杀律（Decimation）这种优良的古罗马传统方法应该被引入”。这种方法就是，在一支士气低落的队伍里，十分之一的人应该被处以军法，以作为对其他人的警示。同时，他的工作还要防止这种情绪传播到大陆会议，因为与大陆军相比，大陆会议才是需要稳定的中心。[15]

北卡罗来纳的威廉·胡珀报告了与之前的温和派在独立问题上的谈话，现在这些人在走廊里偷偷地传播着“我早告诉你了”一类的说法。但是在关于豪勋爵的和谈行动的正式讨论中，变得很清楚的是，豪在纽约的胜利所引发的任
142 何温和化的重新考虑都是不被允许的；美国独立仍然是不容谈判的。大陆会议的领导层有效地促成了在“他们输掉了战争”这一棘手事实上的沉默。[16]

这样一来也就意味着，政治日程应该迅速朝前推进，不要受来自纽约的负面新闻的影响。例如，在 9 月 9 日这天，代表们终于齐聚一堂，共同修改所有的官方通信的文体手册，因此这份手册用“合众国”（United States）一词代替了“殖民地联盟”（United Colonies）。9 月 17 日，他们采纳了亚当斯《条约计划》的最终稿，这一文件意在打造与法国之间的外交联盟，随后他们选派杰斐逊与身处巴黎的赛拉斯·迪恩（Silas Deane）一起就条约事宜进行谈判（杰斐逊因为个人原因谢绝了，主要是因为他妻子脆弱的健康）。9 月 20 日，他们同意了亚当斯的另一份文件——《战时条款》（the Articles of War），这份文件使得大陆军在内部的晋升、办事程序以及惩罚方面的管理得以规范化，亚当斯也直

言不讳地承认这份文件“是从英国的《战时条款》复制过来的，如果要直截了当地说的话”。[17]

[这一切的] 潜在预设就是，不论纽约战场上发生过什么，美国革命都将继续前进。如果亚当斯需要什么东西来增强自己的革命信心的话——他并不需要——他会在他不屈不挠的阿比盖尔身上找到。如果华盛顿军队中的所有人都战死或者被俘，她宣称，那么豪氏兄弟也必须得和“一群美国的亚马孙战士”一决雌雄。[18]

英国人已经让自己确信，战争总算是结束了，而大陆会议的领导们却想要明确声明，它才刚刚开始。几个月来，一直有人警告华盛顿，靠临时补充的民兵组成的美军无法与英国常规军相匹敌。现在长岛的惨败，以及曼哈顿的军队士气不振、日益萎靡的状态，都已经证明了这一点。“要说的话，我们现在是处在我们部队瓦解的前夜，”他如此警告汉考克，他指的是逃跑现象的增加以及许多士兵服役期即将结束的情况，“除非大陆会议采取一些迅速有效的措施，否则我们将输掉我们的事业”。[19]

格林很赞同这种对民兵虚幻的战斗力的责难，因为现在 143
这些人一群群地逃跑。“大陆会议的政策是你所能想象的最荒谬、最可笑的，”他写信告诉他的兄弟，“补充进来的民兵每个月来了又走。在这些原则上建立起来的军事力量不战自败。”华盛顿支持这种观点，并且评论说，如果长岛的战斗能让人们认识到什么的话，那就是“将希望寄托在民兵身上毫无疑问就像走路时依靠断掉的拐杖”。[20]

华盛顿和格林所不知道的是，大陆会议已经投票决定，给予他们所要求的一切东西，甚至更多。9 月 16 日，代表们下令建立 88 个新的陆军营，这又是 6000 人的兵力。“发放 20 美元津贴”鼓励了参军服役的行为，“在整个战争期间”服役更是得到了“在战争结束后拥有西部 100 英亩土地”的承诺。[21]

为了补充这条命令，各州还根据各自的人口得到了相应的征兵指标（有趣的是，尽管代表们在“新政府的代议制度究竟应该按州还是根据人口比例来算”这一点上无法达成一致，但是他们却很容易就一致同意，像弗吉尼亚和马萨诸塞这样的大州应该在军事方面承担更多）。汉考克写信给各州的统治者，敦促他们“集中所有精力征集到符合要求的美军配额”。[22]

这一新的举动反映的是，人们意识到了，纽约发生的一系列事件让所有尽快结束战争的希望都破灭了。正如华盛顿所说，赢得独立“不可能就凭一天的工夫”。更重要的是，在他们目前所面对的旷日持久的斗争中，对于爱国热情的依赖，就像对于民兵的依赖一样，已经远远无法满足需要了。“当人们被激怒，热情被激发，他们会迅速而欢快地奔向武器。”华盛顿以他最现实的方式说道。但是这些激动人心的日子现在已经过去了，战争已经进入新的阶段，此时纪律和忍耐力代替爱国心成了获胜的核心因素。“身处组成大陆军主体的这群人中，要去期待他们受到的是利益原则以外的任何原则的影响，”华盛顿警告说，“那就等于是说，你所期待的是从未发生过、恐怕永远也不会发生的事情。”[23]

大陆会议的决定代表了一份集体承诺，答应为华盛顿提 144
供一支他认为对获胜来说必不可少的常规军。它也代表了一份象征性的政治决议声明，即无论华盛顿的军队在曼哈顿发生过什么，美国的事业所具备的兵力来源都的的确确是永不枯竭的，这一信息足以给英国政府造成震动。

但是这个决定从另一方面看也是象征性的，因为它的实施依赖于各州议会的通力合作，而这些州倾向于支持的都是自己领土范围内的民兵部队，而不是大陆军的征募。因为一份强制性的草案违背了他们声称为之奋斗的共和原则，这道命令实际上是一种请求，各州的通力合作也遵循自愿原则，这意味着绝对不可能征集到一支 6000 人的新军。华盛顿也许会反驳说，如果美国输掉了战争，共和原则也就毫无意义，而大陆会议的领导们对此也明显表示过赞同，但是政治现实却是，费城的代表们做出了一个他们无法遵守的承诺。

准确地说，所有州的政府在美国独立这一问题上都仍然十分坚定（豪氏兄弟曾期待在长岛战役后能够出现变节现象）。但是当涉及为大陆军出钱出力的时候，各州政府都将保护自己的公民作为最优先选项。它们不再愿意将主权交给大陆会议，其抗拒程度不亚于他们不愿意承认英国议会的统治权。只有在各州被允许追求各自所认为合适的目标的前提下，他们在独立问题上才联合一致。

* * *

要概括性地谈论美国大众是十分困难的。毫无疑问，这些人代表着最重要的民心所在，因此也是豪的策略所要争取的最终对象。在他的策略中，对大陆军的羞辱是为了展示英国的军事优势。在 5 月和 6 月出现了类似于关于独立的全民
145 公投，并产生了决定性的结果。如果在 9 月再次出现全民公投，这些结果将会同样地起到决定作用，还是会危险地产生分化效果？

当然没有出现这样的全民公投，但是即使出现了，也不大可能有大的变化，因为大多数人仍然完全不知道大陆军遭受过什么失败。造成这种广泛无知的一个简单原因就是，美国的报纸根本不报道此事。阿比盖尔·亚当斯的报纸阅读量不输任何人，而她也抱怨缺乏相关报道："我们似乎对于［纽］约的事情一无所知……谁倒下了，谁受伤了，谁成了俘虏或是成了敌方的人，这些消息都像在战斗结束后那天一样被埋藏了。如果我们的军队真的是处于这样紧要的关头，我希望能够知道，并且是知道最坏的那一面。"[24]

实际上，阿比盖尔所阅读的一份波士顿报纸——《新英格兰报》（*The New England Chronicle*），报道了美军在长岛取得的光荣胜利：

> 英国政府军在长岛三处不同的地点以他们的最大力度向我军阵线发起了进攻；但是美军士兵的勇敢，加上成为自由民族的那份热情，击退了他们；他们应该庆幸的是仓皇中还能够撤离，尽管遭受了惨重的损失，而关于他们损失的具体细节我们还未能知晓。

《新英格兰报》还报道了（惹人注意却毫不可靠地）詹姆斯·格兰特将军的死讯。这位英军军官之前曾预言说，他能在几周时间里用5000名英国常规军平息北美的叛乱。其他几家报纸也选取了这个故事，鉴于格兰特对美军作战能力的鄙夷，它有着巨大的爱国主义感染力。[25]

《康涅狄格报》（*Connecticut Courant*）准确地记述了英军和黑森佣兵入侵队伍的规模，以及美军在戈温那斯高地所遭受的围困。但是它随后报道说，被围困的美军“勇敢地从敌人的包围中杀出了一条血路，消灭了不少敌军士兵，又俘虏了一大批”。《宾夕法尼亚邮报》（*Pennsylvania Packet*） 146
几乎是原封不动地再次报道了这个版本的战况，但是随后补充了一份完全虚构的第一手叙述，说的是“斯特林将军的光荣牺牲，由一位在将军倒下时离他很近的目击者所讲述”。

《纽波特使者报》（*Newport Mercury*）刊登了一位罗得岛的士兵的记叙，它准确地描述了美军的惨重损失、斯特林的英勇以及他的被俘，但是它重点报道了在敌众我寡的情况下美军所展现的持久的勇气和最终获得的胜利。《弗吉尼亚公报》（*Virginia Gazette*）重点报道了大陆军在战斗前夜的“高昂士气”，但是并没有提供关于战斗本身的报道。稍后刊登的一则故事则错误地报道说，“豪将军的一条腿被流弹击中，情况很不妙”，传染病又在黑森佣兵中爆发，有传言说他们已经处于叛乱的边缘。[26]

实际上，所有报纸都详尽而准确地报道了大陆会议在斯塔滕岛上与豪勋爵的会谈以及随后对他的和谈提议的拒绝，报道这一决策的编辑手法得到了各界嘉奖，人们认为那是对美国反抗的适当表述。只有一部分报纸提到了那次仓皇又绝望地趁夜横渡伊斯特河逃往曼哈顿的经历，这主要是因为它与先前报道的美军在长岛获胜的消息不符。[27]

简而言之，新闻界并没有客观公正地报道长岛的战斗或是大陆军内部的突出问题。在这个万分危急的关头，对于“这项事业”的忠诚是如此彻底地战胜了一切对真相的传统定义，以至于新闻诚实几乎变成了叛国罪行。这样一来，在纽约以外的其他各州几乎没有出现任何在美国独立信念上的动摇，在纽约的亲英派则成群结队地志愿加入英军。偏激的美国新闻界完全掩盖了大陆军士气低落的状态。几乎没有美国人知道他们正在输掉战争。

* * *

147 9月12日这天，豪将军了解到他哥哥的和谈努力失败了。而就在同一天，战时委员会决定放弃守卫纽约。在豪看来，这意味着必须占领纽约市和纽约港。脾气暴躁的克林顿对这一决议提出了质疑，并提议转而向下曼哈顿进发，凭借对国王桥进攻的余威，一举“将这个瓶子的瓶口塞住”，把整支大陆军围困在岛上。“要是那时当机立断做成了这件事的话，”克林顿后来在他的《回忆录》（*Memoirs*）中声称，“叛军将被打散成许多分散的队伍……它的每一群士兵［必将］一个接一个地落入我们手中。”[28]

历史并不要求后人承认克林顿的提议所蕴含的战略智

慧。华盛顿的所有军官都意识到了豪有能力将他们围困在曼哈顿，里德将这座岛形容为“这块我们万万不该出现于其间的狭长地带”。的确，这就是为什么他们要投票决定将整支军队移往曼哈顿北端，他们将在那里杀出重围，离开这座岛。[29]

唯一对此持不同意见的人正好是双方的总司令。华盛顿很不情愿地接受了一个事实，即一旦英军攻占布鲁克林高地，纽约市和纽约港就守不住了，但是他仍然在寻找能够在逃往大陆之前将英军拖在曼哈顿的方法。长岛的耻辱需要得到洗雪，大陆军的官兵需要重塑他们的信心，“这项事业”需要某种形式的胜利（不管它是多么象征性的）。

豪氏兄弟都很厌恶克林顿，并且都拒绝了他的战略提议，哪怕它是带着诸神的认可。但是现在已经相当清楚，更重要的是，他们并不想围困并歼灭曼哈顿的大陆军。尽管豪勋爵在斯塔滕岛的会谈结果不尽人意，他们依旧相信，人们对叛乱的支持是肤浅的，他们将自己和谈使者的身份看得比军事领导者的身份重要得多。他们想要控制住双方的杀戮， 148
直到北美人民清醒过来。有趣的是，华盛顿和豪氏兄弟都让军事策略服从于更广泛的民心争夺战。

* * *

在对曼哈顿东边的几个备选进攻地点进行了一番考察之后，豪氏兄弟最后选择了基普湾（Kip’s Bay），这一地点位于现在的第32大街和第38大街之间。9月15日早晨，4000名英军和黑森佣兵被运送过了伊斯特河，当晚在他们之前已经有 5 艘战舰停泊在湾内，准备在进攻之前布下一张火力掩护网。十分讽刺的是，美军从曼哈顿的撤离已经在进行之中了，所以如果英军再等一天的话，他们的登陆行动将不会遭遇任何抵抗。[30]

相反，基普湾的海岸线由 800 名康涅狄格民兵和大陆军的新兵守卫着，其中包括约瑟夫·普拉姆·马丁。这些都是华盛顿麾下战斗经验最为匮乏的士兵。他们的防御阵地由一道浅浅的战壕和上面堆满的泥堆组成。许多人只有长矛当武器。除了被告知要坚守阵地以外，上级没有发布任何命令告诉他们如何应对进攻。马丁记起白天向外望去的时候看见了英军战舰以及瞄准着他的战壕的 80 门大炮，不知道他该做什么。

海军的火力网一旦展开，这个问题的答案立刻就变得十分清楚了。所有五艘战舰火力全开，所展现的火力被几位英军军官形容为比他们有生以来目睹过的所有火力都要密集。在几分钟之内，美军的防御战线灰飞烟灭，而马丁（正如他自己所说）“开始想着自己身体的哪一部分会先行离开”。炮击持续了整整一个小时，其间一艘英军战舰“俄耳甫斯号”（the Orpheus）消耗了 5000 多磅的弹药。到那时，马丁和他的战友们——这相当容易理解——早已决定尽快逃离“杀戮地带”了。英军和黑森佣兵的登陆行动没有遭遇任何抵抗，他们一点伤亡也没有。为数不多的美军士兵仍然留在
149 了战壕里，他们在试图投降时被仓促地杀害了。长岛的战况又重现了。[31]

克林顿率领着进攻的军队，他接到的命令是抢占滩头，

然后等待由豪率领的第二批9000名英军的到来。由于没有遭遇任何抵抗，克林顿本可以横跨曼哈顿，然后顺势阻挡住由帕特南率领的从南面而来的5000名美军。但是克林顿遵守了命令，违背了自己更好的判断，这使得“老帕特”在现今里弗赛德大道（Riverside Drive）的地方得以绕过英军和黑森佣兵。他年少聪慧的副官阿龙·伯尔（Aaron Burr）已经确定好了逃离路线。

接下来发生的事算是这场战争中美军最糟糕的时刻之一了。被恐慌所笼罩的士兵们逃向了基普湾，这似乎是面对英国海军压倒性的炮击所做出的合理反应。但是在他们向北逃离的过程中，他们发现恐惧是具有传染性的，它造成的惊吓传播开来，使得康涅狄格民兵和正规军在面对英军象征性的攻击时，整团整团地扔掉自己的步枪和行囊。“恐惧和混乱这两个魔鬼在那天似乎控制了所有人、所有一切。”马丁回忆道。撤离变成了一场溃败。[32]

华盛顿遭遇了全速逃离的狂乱的士兵，当时他正从总部骑马奔向南面枪声响起的地方。他徒劳地想要通过指挥军官们在石墙之后稳住阵脚来重建秩序，但是人们只是从他身边跑过。一位目击者报告说：“他［用他的马鞭］打了几位正在逃跑的军官，三次将帽子摔在地上，最后长叹道：‘我的天呐，难道我率领的就是这样的士兵吗？’”不断逼近的英军步兵团已经到了50码开外，但是一群手下都不能劝动他们的司令离开战场。最终约瑟夫·里德抓住他的坐骑的缰绳，一路咒骂地将华盛顿带到了安全区域。格林回忆起第二天的场面时宣称，华盛顿是“如此急躁不安，以至于他宁愿一死也不要偷生”。[33]

这个有着不可思议掌控能力的人在那个可怕的时刻输掉了一切，不过也幸运地逃脱了战死或被俘的命运。对于华盛
150 顿而言，这是一个低谷，它集中体现出的是，他对大陆军作战能力所抱有的所有希望都不过是痴心妄想。由于他将军队看作是他自己的投射，那天发生的事情玷污了他的名声。对此他难以忍受，在他受荣誉驱使的世界里这比死亡还要糟糕。当溃败的消息在两天以后传到亚当斯耳中的时候，他也深感震惊，尽管他个人并不用承担这份耻辱。“我为新英格兰士兵可耻的懦夫行为感到强烈的愤怒，”他评论道，“以至于我为我的祖国感到丢脸。”[34]

但是这种懦夫行为也产生了有利作用，因为士兵们匆忙的逃离意味着他们大多数人都安全到达了哈勒姆高地的美军阵地。死伤和被俘的人数只是长岛损失人数的一小部分，即使战败这根刺更多的是让华盛顿痛苦不堪。

与此同时，我们可以理解豪氏兄弟沉浸在他们隐约可见的胜利之光中的行为。凭借几乎可以忽略不计的伤亡，他们就攻占了他们的首要目标，即纽约市和纽约港，其间还对虚有其表的大陆军发起了又一次致命的打击。一切都按计划进行着。

豪勋爵意识到，第二次进攻可能已经粉碎了叛乱者的意志，海军的炮击也轰掉了那些在简陋战壕里的无助守军的士气。9 月 19 日，他发布了一份告“北美人民”的宣言，就此绕过了大陆会议的代表们——他们已经证明自己无药可

救，已经不能理智地认识自己的缺陷了——直接向更加广泛的大众发起呼吁。

他敦促他们“自己做出判断，为目前所进行的这项非正义的、摇摇欲坠的事业牺牲自己的生命是否符合他们的荣誉和幸福”（在基普湾之后，这项事业也许已经变得更加岌岌可危了）。只要他们愿意放弃虚假的独立并“回归他们之前的联盟关系”，不必要的流血牺牲就可以停止，他们也能够享受“和平的恩赐……并充分享用他们的自由和财产”。在基普湾的惨败之后，这条信息是否可信，对此人们将永远不会知道，因为只有纽约和新泽西的亲英派媒体才会认为这条消 152
息适合刊载。华盛顿拒绝了豪勋爵的提议，认为那只是旧瓶装旧酒的方案，实际上是要求彻底的投降，“而在那之后，英国国王将会考虑是否有谁应该被处以绞刑”。[35]

*　*　*

哈勒姆高地是一片岩石密布的高原，它横跨整个曼哈顿岛，正好位于现在的第125大街的位置。它的南部边界被一段高约60英尺的悬崖峭壁保护，它所形成的山岭充当了天然的屏障。如果要说这座岛上有哪里和邦克山差不多的话，那么就是这个地方了。[36]

正是因为这个原因，它被选作美军撤离的集结点，大陆军需要将所有士兵和装备都转移到曼哈顿的北端。到9月15日的晚上，心有余悸的基普湾的幸存者已经到达了哈勒姆高地的安全地点，而“老帕特”手下那帮精疲力竭的士兵也同时到达。他总算躲过了英军的追击，得以沿曼哈顿西

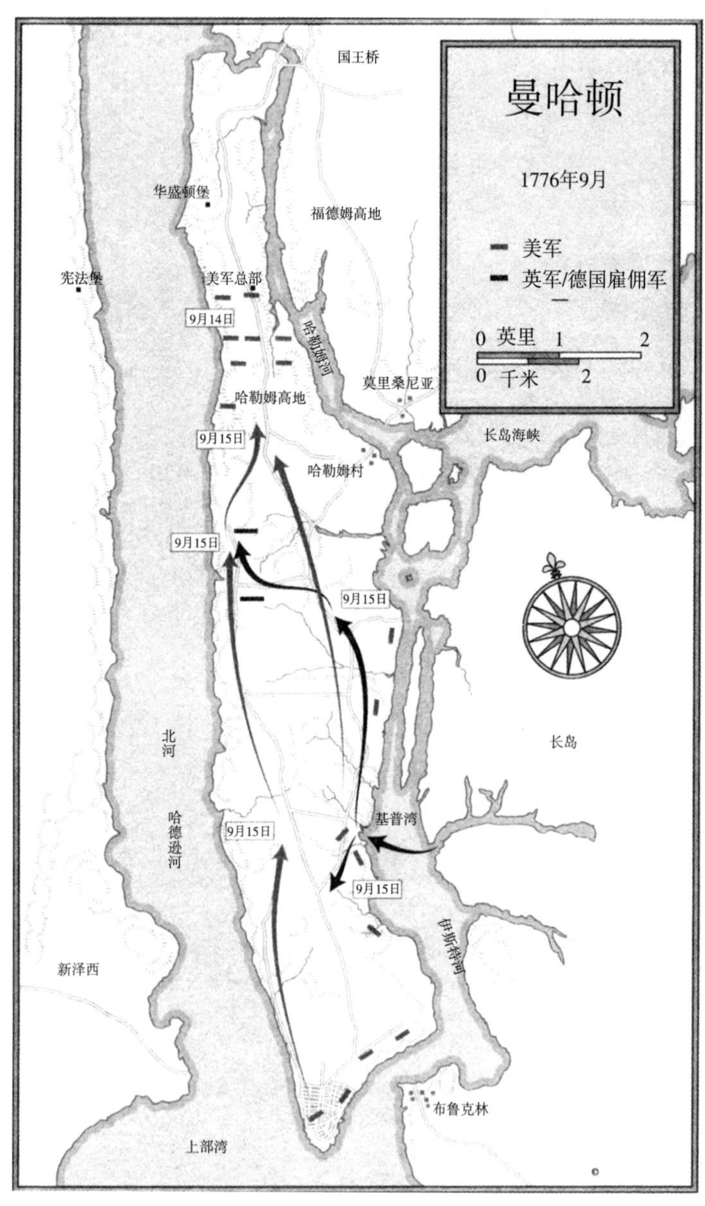
曼哈顿
1776年9月
美军
英军/德国雇佣军
0 英里 1 2
0 千米 2
国王桥
华盛顿堡
福德姆高地
宪法堡
美军总部
9月14日
哈勒姆河
莫里桑尼亚
哈勒姆高地
长岛海峡
9月15日
哈勒姆村
9月15日
9月15日
北河
长岛
哈德逊河
基普湾
9月15日
9月15日
伊斯特河
新泽西
布鲁克林
上部湾

面一路奔走北上。

对美国的事业来说，这并不是顺利的一天。大约有60名士兵阵亡或负伤，另外有300名士兵被俘。和在长岛时一样，大陆军所展现的唯一显著才能就是在逃跑方面令人印象深刻的技巧。

华盛顿从他的新总部［现在是在朱梅尔庄园（the Jumel Mansion），它濒临库根崖（Coogan's Bluff），也就是今天的第161大街的位置］放眼望去，能够看见整个岛屿的全景。他关注的是南边，他认为豪将在那里对哈勒姆高地发起进攻。实际上，豪正在纽约市建立他的新总部，那里的大多数居民都很欢迎英军，将他们视为解放者。的确，豪从来没有想到过对哈勒姆高地坚固的防御发动正面进攻，也正是基于同样的原因，他拒绝进攻布鲁克林高地。他不愿意拿士兵的伤亡去冒险。

华盛顿的情绪十分沮丧，他几乎快要认命。在写给他在弗农山庄[①]（Mount Vernon）的表亲及经理人伦德·华盛顿（Lund Washington）的信中，他表达了自己那种“已经快走到尽头”的感觉：

> 简单地说，这就是我的处境，如果我可以在坟墓的 153
> 这一边对敌人进行最恶毒的诅咒的话，我将会诅咒他带
> 着我的心情来替代我的位置。……至于信心什么的，我

① 华盛顿故居，位于弗吉尼亚州北部的费尔法克斯。

> 告诉你，我自出生以来从未陷入过如此不愉快、如此对立的状态之中。……如果我倒下了，请让人知道我这样的处境，发表声明维护我的名声，那样做不会有错的。如果人们能够站在我这边（顺便说一下，我并不抱这样的希望），那么我决心在有生之年绝不让人赶出这里。[37]

在被华盛顿视为最后一搏的行动的过程中，他下令大部分士兵开始挖掘壕沟、搭建阵地。但是为了能发现南面英军的动向，他也下令由新近组建的康涅狄格巡骑精英团进行侦查，该团由托马斯·诺尔顿（Thomas Knowlton）上尉率领。

36 岁的诺尔顿是经历过法印战争的老兵，他在邦克山的英勇行为已经成为传奇［约翰·特朗布尔（John Trumbull）认为在他对战斗的描绘中应该将诺尔顿当作主要人物才是合适的，他的这幅画现在还挂在波士顿美术馆（the Museum of Fine Arts in Boston）里］。在对基普湾溃败的事后清理中，人们一致认为，军官尸体中没有找到领导，这是造成失败的一个主要原因，但是诺尔顿代表了大陆军中最高战斗领导的标准。人们曾听到阿龙·布尔如是评论："要这么快地把这样一个人提拔起来是不可能的。"[38]

大约在哈勒姆高地往南半英里的地方（靠近现在的第 107 大街和里弗赛德大道交汇处），诺尔顿带领的 120 名士兵遭遇了 400 名英军常规步兵团。双方随后爆发了激烈的冲突，美军躲在一堵石墙后开火，效果甚好。但是后来一个苏格兰高地兵团［也就是著名的黑衣守护者（Black Watch）］赫然出现，面临数倍于自己的敌人，诺尔顿向哈勒姆高地撤退了。英军已经如此习惯于看着美军逃离，以至于一名号手吹起了猎狐行动中狐狸被困、追逐将尽时的号角声。

这让华盛顿和他的手下勃然大怒。他们也意识到，大约
1000 名英格兰和苏格兰士兵，在兴高采烈中已经让自己过 154
于分散，他们正走进一个由 10 倍于自身的美军所形成的包围圈中。华盛顿派约瑟夫·里德带着给诺尔顿的命令去往现场，让他在安德鲁·利奇（Andrew Leitch）少校率领的弗吉尼亚大陆军的增援下绕到英军后方，同时美军数个兵团从哈勒姆高地俯冲而下，从正面牵制英军。这个包围战术失败了，弗吉尼亚的士兵在绕到英军后面之前就开了枪。在随后的交火中，双方都遭受了惨重的损失，包括利奇和诺尔顿，他们都在敦促手下离开暴露的山岩时被流弹击中下腰。他们的遗言在几周时间内登上了几乎所有美国的报纸，据说那都是殉难的豪言壮语："只要我们能够在这一天胜出，我不会吝惜我的生命。"[39]

双方都投入了更多兵力参加战斗，让一场小的冲突发展成了哈勒姆高地战役。英军在一片麦田（位于今天的格兰特墓[①]南面）里稳住了阵脚，在经过了两个小时的激烈交战后被迫撤退，他们因为美军而遭受了 270 人阵亡、60 人受

---

① Grant's Tomb，位于纽约市，是美国军事家、政治家、第 18 任总统以及南北战争时期担任北方军统帅的格兰特将军及其妻子的陵墓。

伤的损失；而美军也不得不克制住，不去追击逃离的英军。这是英军在纽约战役中第一次遭受失败。尽管这不是一场大的战斗——在它最激烈的时刻，双方大约都有 2000 人参与战斗——哈勒姆高地一役对于大陆军的士气有着重要的心理影响，他们一直到当时为止都强烈地质疑着自己对抗英国职业军队的能力。[40]

在第二天的总动员令中，华盛顿认为着重强调以下这点是很合适的："昨天的行动与之前某些士兵的行为形成鲜明的对比，它肯定也展示了，只要官兵齐心合力，我们能够做成什么。"正如他所说，他一直在寻求着以某种方式来"大干一场"，这样一场行动不仅可以增强他手下士兵的信心，更能够向全体美国人民传递信息，告诉他们"这项事业"仍然有着旺盛的生命力。后一个目标得到了大部分美国报纸的
155 报道声援，这些报纸将基普湾的惨败略去不提，却将哈勒姆高地之战作为美国光荣的胜利，将托马斯·诺尔顿作为新出现的美国烈士，大书特书。尽管大陆军所面临的战略缺陷并未得到真正改变，不过至少在当时，战败的情绪终于得以平息。然而，接下来还是得看这支军队是否能够离开这座岛。[41]

8

漫长的战争

请允许我说一句，先生，您的事情比您看似理解的 156
样子更加希望渺茫。

——1776 年 10 月 4 日乔治·华盛顿
写给约翰·汉考克的信

人们也许会认为，无论在哈勒姆高地所取得的只是多么小的胜利，它都成了华盛顿所希望发起的那场行动。在拿下这重要的一役之后，他现在应该可以趁陆军上将豪还没有封锁他的退路，轻轻松松地将大陆军撤出曼哈顿并保住自己的名誉。

但与此相反的是，他预感英军将从南面发起一场大规模进攻，于是命令自己的部队开挖更多的战壕。他最终找到了理想的防御位置，这个位置完美体现了他守卫纽约的整个战略计划。他打算利用哈勒姆高地突起的岩石，在英军对撤离行动发起攻击之前，给他们造成最大限度的伤亡。这是一个大胆而危险的决定，因为他将大陆军置于生死存亡的险境，以求能够以“这项事业”的名义发起一场更为明显的进攻。[1]

9 月 20 日晚上，他向南仰望天空，目光搜寻着不断进逼的豪的军队，此时地平线被烧掉了纽约市 1/3 的大火照亮。大陆会议曾下达过严格命令，不准在撤离时烧毁城市，
157 理由是有一天它还会被再次夺回——这明显体现了那种仍然影响着费城代表思考的自信。[2]

那一被称为“大火灾”的事件是一群纵火犯的杰作，他们大部分人可能是自诩的爱国者，不过当时在城中只是备受攻讦的少数派。两名嫌疑犯被草草地处决了，其中一名被丢进火中，另一名则被吊死在路灯柱上。华盛顿告诉汉考克，这场大火不是他放的，很可能是一场意外。但是他私底下向伦德·华盛顿袒露说：“是上天，或者某位好心的人，为我们做了我们无法做的事情。”不管它的起因是什么，对于经历过战争的人来说，英国占领军都在百老汇大街西面的所有住宅、教堂和建筑物的灰烬中活着。[3]

* * *

与此同时，在华盛顿等待着豪打算对哈勒姆高地发起的那场未能实现的正面进攻时，大陆会议正努力地在理解基普湾溃败所蕴含的所有意义。与整体的美国大众不同，费城的代表们充分理解了这份耻辱。

例如，西泽·罗德尼（Caesar Rodney）在听完他来自特拉华的同事详细讲述过这场溃败之后，十分谨慎地为华盛顿开脱了责任，转而谴责他手下那帮“嘴上无毛的小伙子”。“我一直在写这件事直到我染上了病态的幽默，”罗德尼总结说，“唯一的安慰就是，到你读到它的时候，你将会

和我一样愤怒。”北卡罗来纳的威廉·胡珀（William Hooper）相信，现在是时候破除爱国主义的障眼法了。“剥离事物的伪装，如其所是地看待它们，这成了我们的责任，”他督促道，“在当前时代以及数百万还未出生的后代都依靠它们的改变时，我们应该不遗余力地去达成如此值得去实现的目标。”实际上，华盛顿几周以来一直试图告诉汉考克，大陆会议似乎还没有完全理解军队的糟糕情况。在基普湾一役之后，代表们最终获知了消息，并投票选派了一个三人委员会前往哈勒姆高地与华盛顿及其手下会面。他们的 158
会面长达 5 天，从 9 月 20 日持续到 9 月 24 日。[4]

关于会谈的详细内容没有留下任何记录，但是双方着重讨论的问题，以及提出的解决方案，在两周后委员会送交大陆会议的报告中得到了简明的概括。这份报告隐含的结论就是，大陆军实际上已经根本不能被叫作军队了，以至于迅速获胜的说法再也站不住脚了。因此，要在美国独立战争中取得成功，必须依靠一支有能力与英军一决高下的军队，所以必须有一种“新模式”，或者说一次“新的组建”。实际上，该委员会推荐的所有改革，都是大陆会议在一个月之前试图实施但最终未遂的，而这次则带有更多的紧迫性和广泛性。

第一，大陆军需要扩大到至少拥有 6 万名士兵，而且大多数人要承诺能够“在整个战争期间”服役。这将消除对民兵的需求，因为纽约的行动充分展示的一点就是，对于“临时民兵”（Minutemen）的依赖是只会产生不光彩影响的光荣设想之一。一年兵役制被证明是同样有问题的，因为正好就在刚刚开始习惯军队纪律、成为可靠战士的时候，士兵们就服役期满，应该离开这支部队了。

第二，组建一支有效军队的体制基础并不存在。军需组、物资组、医疗组都只是不可靠的临时团队。士兵们衣衫褴褛、食不果腹，一旦受伤或感染疾病也得不到应有的照料。人们普遍认为这是一场很快就会结束的战争，这使得大陆军能够以这种临时的方式运作。既然这种普遍观念发生了改变——很明显这会是一场持久的战争——那么体制的改革就必须沿用英军的模式实现制度化，而这正好是几个月来华盛顿一直所呼吁的。

第三，上层和下层的军官团队都严重不足。一方面，对
戈温那斯高地和基普湾纪律崩溃情形的报告责备的都是缺乏
159 经验的军官。缺乏有效领导的士兵成了流窜团伙。另一方
面，当由斯特林勋爵或是托马斯·诺尔顿这种天生的领袖指挥作战时，士兵们在战斗中就表现很出色。纳瑟内尔·格林甚至认为，要是有正确领导的话，美军就能与英国常规军相提并论。“如果军官能和手下一样出色的话，”格林声称，“美国也许能够傲视全世界。”[5]

来访的委员会认可了华盛顿及其手下所提议的所有改革。纽约的行动成了一段痛苦的教训，所以唯一的明智之举就是解决那些显著的问题，以使大陆军成为一支名副其实的有效战斗力量。问题是清楚的，所以解决方案也很明显——实际上，几周以来这些解决方案一直在大陆会议中流传。现在，整个大陆会议怀着更大的决心，接受了在 10 月的第一

周里的“新的组建”。[6]

但是，认可这些推荐意见是一回事，实施它们又是另一回事。再一次变得清楚的是，大陆会议缺乏在各州征兵的权力，所以将大陆军扩充至6万人的提议无论在政治上、经济上还是后勤上都是不可能的。而这也进一步意味着，华盛顿在不久的将来还是得依靠民兵的力量。甚至连通过提升待遇来鼓励志愿参军者签约承诺“在整个战争期间”服役的做法也收效甚微。一年兵役制仍然是标准做法。只有颁布强制性的法案才能解决这个问题，而那又是不可能的。用于扩充大陆军的人力储备毫无疑问是现成的，而且大陆会议也有动用这些资源的政治意愿，但是那种意愿未能触动各州议会，它们的视野仍然局限于地方而未能放眼全国。

更重要的是，必要的体制改革的实施不可能只靠为军队的不同部门起草几份新的程序性指导文件。规章制度必须层层下达给那些军事经验甚少或者几乎全无的人，然后逐步推行直至常态化。对于大陆军里的那些人而言，这不是自然而然就能做到的事。事实就是，“新的组建”无法在一夜之间 160
实现，除非是纸上谈兵。战争将会持续很久这一事实意味着，在不断尝试和犯错的基础上，军队将有足够的时间发展出各种重要的细节规定。大陆军似乎注定要成为一件永远处于改进之中的作品。更为受限的国家军队的设想是在共和制度下能被认可的一切了。

建立高等军官团队的提议引起了亚当斯的注意，这部分是因为它证实了纽约发回的报告，部分是因为他为了教育作为战争与军需委员会领导的自己而一直在研读罗马军队的历史。他发现波里比阿①（Polybius）曾总结说，罗马的大部分失败都不是士兵的过错，而“始终是军官的过错”。这种相同的领导错误困扰着大陆军，但是亚当斯坚信，这个问题没有办法立即得到解决：“这支军队需要优秀军官的真正原因是……在美国无法找到大量这样的军官。巧妇难为无米之炊。只要靠时间、学习和历练，就一定能够培养出足够的军官。”[7]

他的意思是，美国缺乏英国贵族那样的阶层，他们鼓励像豪氏兄弟那样投身戎马生涯的人。大陆军缺乏这样一种传统，它必须依靠共和制的方式来产生军官，也就是通过对战功进行认可和提拔的方式［亨利·诺克斯、纳瑟内尔·格林以及为人们所怀念的托马斯·诺尔顿，都很好地代表了这种缓慢而稳定的晋升过程，一位名叫亚历山大·汉密尔顿（Alexander Hamilton）的年轻步兵上尉也是一颗即将飞腾的新星］。从长远来看，美国需要一所军事院校，以提供合格的军官，而亚当斯也准备在战争胜利之后提议建立这样一所院校。然而就目前而言，对军官的需求远远超过供应，因为没有迅速有效的解决办法，对这个问题的讨论只会暴露出大陆军的先天缺陷。“隐藏它才是治愈它的方式，”亚当斯总结道，“而暴露它就不行。”这意味着，这个悬而未决的问题应当被适当地淡化。[8]

---

① 古希腊政治家和历史学家，以《历史》一书留名传世。

随着夏季转入秋季，有两个结论显而易见：第一，在所
有致力于战争的事情上，大陆会议都继续充当着临时国家政 161
府的角色，随时准备给予华盛顿他所要求的一切；第二，人
们在拥有意愿的时候，却找不到任何方法将这种口头上的支
持转化为现实，部分原因是大陆会议缺乏领导各州议会的权
力，还有就是解决许多困扰着大陆军的顽疾没有迅速有效的
政治手段。

华盛顿充分理解了这种令人不快又难以应付的现实。在10月4日写给汉考克的一封长信中，他表达了对于来访的委员会认可他所有提议的感激之情，但是又补充道："选组军队和人民起义之间有着天然的区别。"在不久的将来，他将带领一支由不称职的军官、靠不住的民兵以及短期服役的士兵组成的军队。正如他最近任命的副官坦奇·蒂尔曼（Tench Tilghman）所说，华盛顿指挥的是"一支全世界有史以来最差的一支军队"，而"豪先生带领的是美国土地上有史以来出现过的最精良的军队，如果要阻止他"，这只能指望奇迹发生了。[9]

在信的末尾，华盛顿总结说，在军事上必要的东西在政治上无法实现。只有依靠英军模式的永久常规军才能赢得战争，但是人们"对于军队力量怀着如此的不信任和嫉妒，以至于总司令都没有机会……能够对成功做出哪怕一点点的保证"。准确地说，"这项事业"是光荣的，但是如此组建的大陆军天生就是问题从生的临时部队。[10]

的确，对于他自己的军队来说，可悲的处境一目了然：

一些逃兵已经开始投奔英军了。一位名叫弗雷德里克·麦肯齐（Frederick MacKenzie）的英军军官宣称，逃兵以每天 80 人的速度不断到来。一如华盛顿所预言的那样，长岛和下曼哈顿的亲英派们正整连整连地加入豪的军队。与此同时，在整个新泽西，一场内斗正在酝酿之中，有近 300 位公民（包括一名《独立宣言》的签署者）接受了豪的赦免，并宣誓效忠乔治三世。[11]

这样的变节投敌行为似乎可以被看作是美国独立事业这
162 座大厦最早出现的裂缝。这因此也意味着，豪的策略开始产生效果了。当豪一连几个星期都没有对哈勒姆高地发起任何进攻时，几名英军军官对此表示困惑。他们的设想正如麦肯齐上尉所言：“目前的重点肯定是让这支主要的部队解散，如果这个目标能够达成，剩下也就基本没什么要做的了。”但实际上豪却不认可这样的设想。在对大陆军发起过几次毁灭性打击之后，他一直等待着这些行动产生效果。他觉得没有必要摧毁大陆军，因为他相信这支军队会不攻自破。没有一个见证者会像华盛顿那样害怕，正如他对汉考克所说，他的部队“正处于在政治上被解散的前夜”。[12]

* * *

就像是为了让豪的策略成功一样，恐惧和失望的情绪传出了纽约和新泽西。整个美国的新闻报道都限制了这种情绪的传染，但是华盛顿担心逃兵会将这种病传回他们各自的州。令人厌恶的现实就要来到眼前，也就是说，这将是一场漫长的战争，但如此组建的大陆军还远不够格来打这场仗。

大陆会议的领导已经表示了对华盛顿由衷的支持，并且在美国独立不容谈判这一点上结成了统一战线。即使他们不能履行他们“重新组建一支军队”的承诺，但是在这个脆弱的时刻，这种政治姿态本身和发表承诺声明是一样重要的。费城的代表们必须展现的是，他们对于这种情绪的传染具有免疫力。

例如，亚当斯就利用自己战争与军需委员会领导的身份，来让那些对大陆军士气低落状态抱有疑虑的军官们恢复信心。“我十分遗憾地了解到，军队士气不振，”他在给一名军官的信中写道，“但是这种精神状态的萎靡是你们一次
又一次的撤离行动所造成的自然结果”。在经历了长岛和基 163
普湾的败北之后，亚当斯评论说：“在同样的情况下，连世界上最好的军队多多少少都会受到恐慌的影响。但是你们将会在短时间内恢复你们的士气。”[13]

富兰克林采取了另一种不同的方针，更多地是以他一贯灵活变通的方式，利用大陆军的糟糕情形作为筹码从法国获取经费和物资的支援。在他下达给新的美国驻法大使赛拉斯·迪恩（Silas Deane）的指示中，他叮嘱在军队的不利状况方面要完全的坦率：“总的说来，我们在纽约附近的军队无力在开阔地带对付陆军上将豪。……和他们现在所拥有的或是我们所能够提供的比起来，他们希望得到更好的武器、更好的帐篷以及更多的衣物，这样一来，我们也无法靠这种没有吸引力的条件征募新兵或扩充军队。”没有什么比法国的援助更有助于挽回局势的了。[14]

从另一层更深的意义上来说，在几位代表之间，让他们自己不抱怀疑态度的需要催生了许多智慧而且常常是反直觉的点子，所有这些点子都成了支撑他们的革命信心这座建筑内壁的飞扶壁（flying buttress）①。就像托马斯·阿奎那（Thomas Aquinas）有五条证明上帝存在的证据②一样，这些人也做出了一些理性的尝试，来证明一条最终要归于信仰的信念，那就是，纽约的军事失败是毫无意义的，因为美国的事业是命运之子（destiny's child）。

后来被奉为美国精神病学奠基者的本杰明·拉什（Benjamin Rush）告诉他的妻子，英军最近取得的一系列胜利实际上是上帝的旨意。“我认为我们现在只需要上天皱一皱眉，”他写道，“如你所知，要经历重重艰难考验，各州以及每个个体才能被引向荣耀和幸福。现在我的信念比任何时候都要强烈。”的确，拉什宣称，“很长时间以来，我不仅期待着，而且希望陆军上将豪能够占领纽约”。现在，所有临近各州的亲英派都涌入纽约，“在这里他们将变得羽翼丰满，就像波士顿的托利党人那样，然后展开驱逐和毁灭行动”。这个国家的其余地方随后将“清理掉那些无赖，他们
164 的懒惰和不忠给我们带来了许多灾难”。美国所有的臭鸡蛋现在都将被放到一个篮子里了。[15]

---

① 一种起支撑作用的建筑结构部件，凌空跨越下层附属空间（如走道、小祈祷室等）连接到顶部高墙上肋架券的起脚部位，常见于哥特式建筑。

② 13世纪基督教神学家托马斯·阿奎那就“上帝存在”这个命题从五个方面做出了论证，又称“五条道路”，见其所著《神学大全》。

来自康涅狄格的代表威廉·威廉斯（William Williams）采用一种更为神学的方式得出了相似的结论。他所采用的阐释基础是清教徒式的控诉，这种方法将英军在长岛和基普湾取得的胜利解释为对于罪孽深重的美国民族的神圣惩罚行为。"上帝让我们作战的武器变得迟钝，"威廉斯郑重其事地说道，"让我们在敌人面前逃窜，并且还让他们占领我们的大本营。"在威廉斯的道德世界里，这与大陆军的相对弱势无关，而是涉及整个美国民众的堕落："彻底的忏悔和改变……可以平息神圣而公正的上帝的愤怒，避免这些惊人的灾难，保证千秋万世的自由和太平，以及所有子民永远的幸福和荣誉。"明显的解决办法不是提供更好的军官、更好的装备或是从法国获取的援助。只要美国的爱国者们能够斋戒、忏悔并且祈祷上帝的救赎，所有这些东西自然就会到来。[16]

亚当斯在古希腊罗马的历史中找到了自信，这种自信主要来自从伯罗奔尼撒战争①和布匿战争②中学到的经验。当亨利·诺克斯对接连数次战败给大陆军士气所造成的影响表示忧虑时，亚当斯告诉他不要担心了，"一场愚蠢的恐慌的

---

① Peloponnesian War，以雅典为首的提洛同盟与以斯巴达为首的伯罗奔尼撒联盟之间的一场战争，从公元前 431 年一直持续到公元前 404 年，其间双方曾几度停战，最终斯巴达获得胜利。

② Bella punica，是在古罗马和古迦太基之间的三次战争（分别发生于公元前 264 ~ 前 241 年、公元前 218 ~ 前 201 年、公元前 149 ~ 前 146 年），其结果是迦太基被灭，迦太基城也被夷为平地，罗马争得了地中海西部的霸权。

确从你的军队里传开，并一路传到了费城”，但是，汉尼拔也给罗马军队造成了同样的恐慌，然而他从未能有效地利用它，最终输掉了战争。豪很可能就将成为美国革命中的汉尼拔。[17]

因为就像汉尼拔一样，豪将发现，战斗的取胜并不意味着赢得战争：“征服很容易就能实现，因为我们用尽全力就能实现征服——长久的征服却很难，因为我们只能用一部分力量去守护征服的成果。”对于豪来说，占领长岛和曼哈顿将会把他的战线补给拖长到崩溃的边缘。“在他的军队被如此分割散布以后，”亚当斯预言道，“我觉得他今年差不多
165 快走到头了。”豪获得的胜利越大，他面临的困难也就越大。豪注定要一路胜利地走向失败。[18]

更重要的是，亚当斯解释说，伯罗奔尼撒战争中的底比斯（Thebes）人给美国人指明了方向。底比斯人在经历过数次美军在纽约那样的失败之后，他们意识到自己无法以传统方式战胜斯巴达，采取防守战略会让底比斯军队“轻率地与希腊最强大的军队展开决战”。相反的，他们选择“不断地骚扰斯巴达，与之发生频繁的摩擦……通过持续的接触来获取经验、信心和勇气”。在纽约所受的羞辱实际上是非同寻常的学习经历，它让美国人吸取了底比斯人两千年前的经验教训。因为像斯巴达那样的英国人必须赢得战争，而底比斯般的美国人要做的只是不输掉它。这种初步的认识通过纽约的艰难作战才被认识到，但是现在它将指引美国赢得最终的胜利。[19]

随着战争不断推进，人们将看到亚当斯的分析是具有先见之明的，尽管对于华盛顿而言采取防御性（或者叫作底比斯式的）战略相当困难。之所以困难，部分是因为他自己热衷于主动出击，部分是因为他担心在一场旷日持久的战争中英军最终将凭借雄厚的财力资源胜出。但是在此时的严峻考验中，最具效力的东西，还是大陆会议的领袖们为消除纽约军事败北的影响而提出的各种观点。无论其观点是根据地缘政治、神学还是历史而来，他们都将美国独立的命运视为天定。即使个别观点有点似是而非，但是它们所基于的信仰却毫不动摇。豪氏兄弟严重低估了这种信仰的深厚基础。

* * *

到 10 月上旬的时候，华盛顿已经意识到，陆军上将豪不会借邀请之机将他逮捕，并对哈勒姆高地的堡垒发起进
攻。大约就在同一时间，豪也开始意识到，军事行动的阶段 166
即将告一段落，他必须再对英国的军事优势进行一次酣畅淋漓的展现——实际上就是说，对迷茫而规模日减的大陆军发起又一次打击。

豪所选择的战术几乎总是两翼进攻的模式，因此在向他的哥哥打听过伊斯特河上航行路线选择及阻碍之后，他选择在斯洛格内格［Throg's Neck，也被叫作“蛙颈半岛”(Frog's Neck)］发起进攻，该地在哈勒姆高地东北 9 英里处，靠近今天布鲁克林的斯凯勒堡（Fort Schuyler）。

为了实施精心计划的战略，豪设定的目标并非阻断华盛

顿从曼哈顿逃离的路线，而是正好相反，他打算以包围战术迫使大陆军撤离该岛，然后在开阔地带与之展开较量，这样可以再一次证明英军的军事优势是多么具有决定作用。正如他随后告诉杰曼的那样，他的目标不是将华盛顿围困在曼哈顿，而是将他引出哈勒姆高地的防御堡垒，“如果可能的话，是要争取让他有所行动”。[20]

英国的船只和人员在伊斯特河的活动迅速引起了华盛顿的注意。“我有理由相信，”他在 10 月 11 日写给汉考克的信中说，“他们的军队最大的那一部分已经沿河而上，或者正准备这么做，这是为了实现他们的原计划，也就是绕到我们身后，然后切断我们与自己国家的联系。”华盛顿似乎已经认定，豪想要将这个包围圈封好，但实际上，豪打算做的却是打开一个缺口。[21]

华盛顿亲自对曼哈顿东北面包括斯洛格内格在内的河岸线做了一番侦察。结果发现，这个地峡实际上在涨潮时只是一座岛，它是由一条堤道和一座桥与大陆相连。他下令让宾夕法尼亚大陆军的一个小规模兵团封锁这个可能的登陆地点。在爱德华·汉德（Edward Hand）上校的指挥下，这个岛的出口被毁掉了。当亨利·克林顿率领的 4000 名英军先遣部队在 10 月 12 日到达时，他们发现自己被困在一片满是蚊蝇的沼泽中。斯洛格内格成了最不适合发起进攻的地点。[22]

双方随后的一系列行动以闪电般的速度在进行。华盛顿
167 在 10 月 16 日召开了战时会议，通过几乎一致同意的投票决定——只有一人持反对意见——撤离曼哈顿，并让部队转移

至 18 英里以外的怀特普莱恩斯（White Plains）的高地上。此地提供了一处和哈勒姆高地差不多的天然掩体。而行动的目标是在豪封锁出路之前到达该处。

战时会议还通过投票决定在华盛顿堡留下 2000 名士兵。这一举动毫无战略意义，留下“一座城堡在身后”的做法违背了所有传统的战争原则。因为已经很清楚的是，英军的战舰可以沿哈德逊河一路前行，毫发无损地经过华盛顿堡，这让守军无法实施他们的核心任务。但是作为对美军守卫纽约决心的一种展现，这一举动从心理上来说有着相当大的意义，哪怕是在华盛顿下令撤离的时候也是如此。它是一项无法实现的军事决定，一次由衷的荣誉之举，同时也是华盛顿在整场战争中最糟糕的战略失误。[23]

出席战时会议的不是别人，正是最近才从南卡罗来纳获胜归来的查尔斯·李。尽管放诞无礼、喜怒无常，尽管长着鹰钩鼻，外貌邋遢，尽管随时随地都带着一群狗，李在指挥层中可是仅次于华盛顿的人物。他的登场增加了数名军官的信心，包括约瑟夫·里德，他自长岛那次高明的逃离行动以来就一直对华盛顿明显的茫然失措和优柔寡断絮絮不休。

人们能够察觉到两位指挥者之间矛盾的早期征兆，这在李建议华盛顿就最近在战场上的失败向大陆会议提出辞职时尤为明显，虽然他声称这一举动是为了在政府上级那里赢得支持。华盛顿没有理会这个建议，而他也没有将李的意见视为敌对行为。的确，他将哈德逊河靠新泽西这边的宪法堡（Fort Constitution）重新命名为李氏堡（Fort

Lee），以此来纪念李的回归。而且撤离曼哈顿的决定是对李的判断的含蓄认可，因为他始终认为纽约是难以防守的。[24]

10 月 18 日，也就是大陆军开始撤离行动的那天，豪氏
168 兄弟将克林顿的部队运离了斯洛格内格，并加派了两个新近加入进攻部队的黑森佣兵团前去增援。他们在佩尔角（Pell's Point）登陆，该地位于沿长岛海峡上溯数英里［现为佩勒姆（Pelham）］的地方。复杂的海陆军队行动像机械一样精确地进行着，登陆地点位于大陆而不是在半岛屿的地方，登陆行动在一开始也未遭受任何抵抗。

但是对豪氏兄弟来说不幸的是，他们选择的地点是由约翰·格洛弗（John Glover）和他的马布尔黑德军团（Marblehead regiment）守卫的，这也许是大陆军中最为训练有素的部队。格洛弗后来回忆起他透过望远镜看见 200 艘英军战舰向自己逼近的情形："哦！当时我的脑子一直为那天的形势而焦虑……我是多么希望陆军上将李能够……现场督阵指挥，或者至少对我的做法表示赞同。"[25]

格洛弗主动出击，将他手下的 750 名士兵派到一堆石墙的后面。尽管处于敌众我寡的劣势，他们还是主动诱使英军进攻。当英军开到近处时，格洛弗部队中的一排士兵起身开火，随后又立即躲回墙后面；当英军一边前行一边亮出刺刀时，下一排士兵站起身来，又是一阵开枪痛击；他们就这样一堵墙一堵墙地轮番发起攻击。在一个多小时的时间里，英军在佩尔角损失的兵力就超过了他们在整个长岛战役中损失

的人数（格洛弗后来声称，他的部下一直保持着冷静沉着，这场战斗“就像是在打鸭子一样”）。有人统计，英军死伤人数超过了300人，而美军则只有20人。[26]

豪未曾料到美军会有这样的战斗力，他深感震惊，于是下令让英军停止前行。第二天，他十分谨慎地撤回到处于内陆的新罗谢尔（New Rochelle），决定在那里等待新到的8000名黑森佣兵从长岛赶来。格洛弗的军队实际上已经撤退并与华盛顿的部队会合了，所以只有少数民兵留下阻击豪的军队向怀特普莱恩斯挺进。但是豪并没有采取行动。

大陆军倒是有所行动，尽管十分缓慢，一天行军连3英里都不到。13000人的军队中有整整四分之一非病即伤；他们也没有足够的马来拖运货车和大炮，以至于这些东西不得不靠人力搬运；食物供给也严重缺乏，一路上士兵们被迫 169
饥不择食地四处搜寻可吃的东西。约瑟夫·普拉姆·马丁略感讽刺地回忆起，当时他被要求拿一口铁制的锅，这口锅几乎没有被使用，因为已经没有什么东西可煮了。士兵们已经没有战斗的状态了，不过这种状态也没有用了，因为豪并未试图阻断他们的去路。好像他几乎是希望他们可以逃走。[27]

无论豪怀着怎样的动机，大陆军最后一批落伍的士兵在10月24日到达了怀特普莱恩斯群山之间的安全地带，最终逃出了包围圈。守卫纽约的战略决策从一开始就是一个本质上的错误，它给美国造成了一场潜在的大灾难；而现在，多亏了豪氏兄弟外交优先的考虑，这场灾难得以避免。和以往

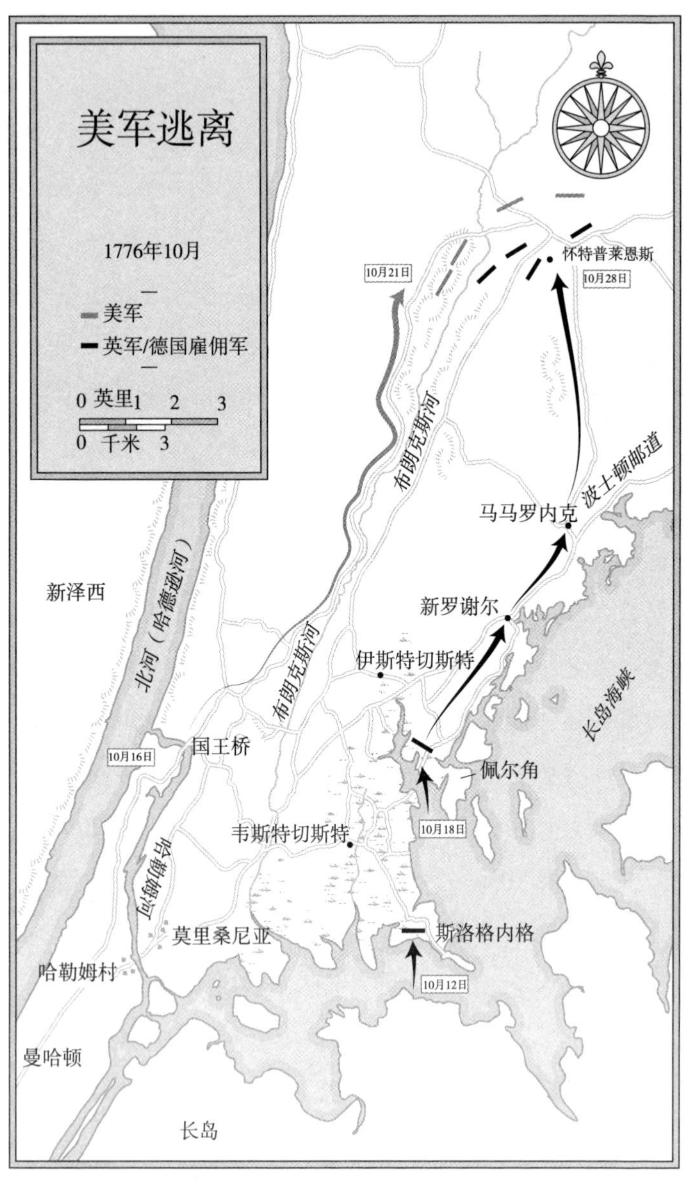
美军逃离
1776年10月
美军
英军/德国雇佣军
0 英里 1 2 3
0 千米 3
10月21日
怀特普莱恩斯
10月28日
布朗克斯河
波士顿邮道
马马罗内克
新泽西
北河（哈德逊河）
新罗谢尔
伊斯特切斯特
布朗克斯河
长岛海峡
国王桥
10月16日
佩尔角
10月18日
韦斯特切斯特
哈勒姆河
莫里桑尼亚
斯洛格内格
哈勒姆村
10月12日
曼哈顿
长岛

一样，威廉·豪在怀特普莱恩斯足足等了4天多才发起进攻，这给了华盛顿足够的时间为他的防守做准备。

* * *

对美国来说，这是战争初期的结束。这意味着它的军队已经成功挨过了这场战争中最为艰苦的时期。华盛顿从纽约一役吸取了教训，他再也不会将大陆军置于生死存亡的险境了。尽管这与他本人的意愿相左，但是他现在意识到了，他的目标不是赢得这场战争，而是不要输掉。

而对英国一方来说，这是战争末期的开始。这意味着，尽管豪氏兄弟在战术上十分高明，但他们却未能发动致命一击，将叛乱扼杀在襁褓之中。的确，他们有意识地决定不采取这样的做法。如果他们采取相反的做法，情况可能会变成什么样？这将永远是美国历史中最令人感兴趣也最难以回答的问题之一。

但实际上，其他几个令人感兴趣的问题在美国的革命之夏中已经得到了回答，这些答案在很大程度上决定了随后战争的特征。它们分为截然不同的两方，一方认为从长远看英军最终将会胜利，另一方则同样不现实地期待着美军在军事上的获胜。它们一起确定了这场旷日持久的对抗的界 171
限，它将在接下来的五年里持续上演，并最终在约克镇（Yorktown）战役结束后以英国承认无法取胜[①]而告终。

---

① 1781年，乔治·华盛顿将军率领的美军和法军联手对约克镇的英军发起围攻，并最终获得了决定性胜利。英军投降之后，英国政府决定进行谈判并结束这场战争。

一方面，现在很清楚的是，大陆会议已经对英国任何的和谈提议都具有免疫力了。对于“这项事业”的承诺在本质上是一种信念，它不为长岛和曼哈顿的溃败所动，这两次失利均被视为暂时的挫折，随后就成了上帝为美国独立事业所做的安排。这不是一种全然理性的心态，因为它将所有挑战其核心观念的证据都判定为不可容忍的。结果，杰斐逊对革命承诺所做的抒情展现——“我们的生命，我们的财产，我们神圣的荣誉”——并不仅仅是口头姿态。它准确地反映了大陆会议的承诺的深厚根基，它所受的考验到了极限仍毫不动摇。豪氏兄弟的军事策略的中心设想，也就是那种认为北美叛乱所得到的支持脆弱且肤浅的想法，被证明是错误的。无论在美国这个庞大的剧场中，“这项事业”将会遭遇怎样的挫折和灾难，它的中心始终能够屹立不倒。

另一方面，同样清楚的是，对于独立的一致同意并未转变为对于建立邦联的一致同意。因为地方性的、各州之间的以及地区性的联盟仍然是首要形式，所有建立一支完全由大陆会议单独授权的大陆军的期待都是不可能的。美国人认为国家政府和合法授权的大陆军都体现了统一的政治军事权力，这与美国革命宣称要为之而战的东西是背道而驰的。

这样一来就意味着，大陆军将永远处于一种尴尬的初生状态，并非必需但身份可疑，始终面临着被解散的命运。很明显它的坚强是重要的，但是它的边缘地位却更为明显地体现了对于为萌芽中的北美共和国建立一支常规军这种想法的敌视。这样一支军队是没有办法赢得战争的。

综上所述，革命之夏的这两份产物实际上造成了后来一场持久的冲突，即英国因为政治原因无法获胜，而美国则因 172
为军事原因无法获胜。许多致命的决策和挑战还等候在前方——华盛顿在特伦顿[①]（Trenton）心血来潮的冒进行为[②]，豪做出的攻占费城而非封锁哈德逊走廊这一不合常理的决定[③]，在福吉谷（Valley Forge）的耐力考验，以及法国十分关键的参战[④]——但是它们的发展还是都停留在 1776 年夏天所形成的战略框架之中。

---

① 美国新泽西州首府，位于特拉华河航运起点。

② 指 1776 年 12 月 26 日在乔治·华盛顿强渡德拉瓦河至特伦顿后爆发的一场战役。在不利的天气条件下进行危险的渡河后，华盛顿的大陆军主力碰上了驻扎在特伦顿的德国雇佣军。经过短暂的交火后，几乎整群德国雇佣军都遭俘虏，而美军则几乎毫无损失。

③ 1777 年 9 月，威廉·豪占领了费城，大陆会议被迫解散，华盛顿和他的部队在福吉谷度过了一个冬天。

④ 法国在 1778 年 2 月正式承认美国独立，并同美国订立美法同盟条约，正式参战。

9

后记：必要的虚构

173 《巴黎条约》① （the Treaty of Paris，1783）上的墨迹才干，华盛顿就预言说，关于美国不可能的胜利的真相将永远不会写进历史书里：

> 如果历史编纂者能够有魄力在史书中记录下在这场战斗过程中以不对等的军力（就美国一方而言）获取的优胜，并试图把它们与其过程中所面临的令人沮丧的环境联系起来，后人多半会将他们的工作戏谑地称作虚构；因为人们不会相信，大英帝国动用了这样一支军队，在这个国家征战八年，他们居然会失败……而且将他们打败的军队在人数上少得多，它的士兵总是衣不蔽体、食不果腹，没有报酬又缺乏经验，时不时还要经历人性所能承受的各种悲痛。[1]

华盛顿在呼吁人们对大陆军的坚韧不拔精神的关注——

① 1783 年美英两国之间签署的条约，其内容包括英国承认美国独立，停止敌对行为，但仅承认美国占领密西西比河以东的土地。

漫长的 8 年中他们一直是“这项事业”的代表——他们是使美国获得最终胜利的根本因素。正如亨利·克林顿从一开始就意识到（而豪氏兄弟却没有）的那样，这场叛乱的战略中心不是一个地方——不是纽约，不是费城，也不是哈德逊走廊——而是大陆军本身。

在这种叙事框架中，1776 年纽约的行动显得十分关键， 174
因为这是最为危机万分的时刻，此时的大陆军差点就要不复存在。的确，怀着“存活就是成功的关键”这种观点所写下的战争史会特别重视 1776 年 8 月那场横渡伊斯特河的近乎奇迹的逃离，以及 1777 年冬天大陆军在福吉谷面对的持久考验，它们甚至比萨拉托加和约克镇戏剧性的胜利更像是这场战争中的决定性事件。

华盛顿自己对于这场对抗的认识体现出了一种天定论的特点，而这正是基于对 1776 年夏天的回忆。因为他比大多数人更加能够意识到，守卫纽约的决定是一个巨大的失误，仅仅是靠着纯粹的运气以及豪氏兄弟令人费解的克制才没有沦为一场大灾难。这也是为什么他会将美国的胜利描述为“标准的奇迹”，这个奇迹是因为“一系列因素的连锁反应才会出现，而这样的反应无论何时何地都不可能再次出现了”。尽管华盛顿并非笃信宗教的人，但是这场战争的头几个月让他深深地相信了天意，这也就是说，在某些情况下，上天掌控着事态的发展。[2]

他在这场战争剩下的日子里都十分相信的是，纽约是一个上天选定的地方，他将回来补救之前所犯过的错误，并且发起一场决定性的进攻，以结束英国在北美的一切跋扈行径。他十分沉迷于将纽约视为将会有重大战役发生的地方这一想法。因为纽约是曾经让“这项事业”几近毁灭的地方，所以有理由相信，此地也应该成为它最终胜利的地方。让他完全大吃一惊的是，所谓命运，以及法国舰队，选择的地点却是泰德沃特半岛上一个不知名的地方。

他对大陆军的描述——“经常衣不蔽体、食不果腹，没有报酬”——是意在赞扬这支历经艰辛挺过整个战争的队伍。但这也是对于在1776年夏天最初成形、在随后的战争岁月里其前途却一再变得严峻和渺茫的政治模式的刻薄评
175 论：那就是，大陆军勉强能够生存，并且从来没能得到过华盛顿所要求的财力和人力的支援，即使打造一支更大的、装备更精良的军队的资源已经具备。[3]

正如我们所见，各州从一开始想的就是满足自己的民兵需求，而不是提供大陆会议为补充大陆军而提议的配额。这主要是因为各地和各州内部的联盟关系远甚于任何集体的或国家的情感。战争就这样一直拖下去，而这种离心力只会日益加剧，每一次对于财力和人力支持的要求都只会让各州议会更加憎恶。这也并非仅仅事关对本州的忠诚与对国家的忠诚。建立一支强大的大陆军，这种想法被普遍认为是建立一支美国版的英军，它像一头家养的庞然大物一样有着令人不寒而栗的外表，它威胁着这场战争声称要为之而战的共和原则。从这个意义上说，在华盛顿对于美国胜利的理解中，他所主要关注的是一个在大多数美国人看来多少有些尴尬的组

织所具备的那种坚忍不拔的精神。

随着《巴黎条约》签署后养老金问题开始出现，对于将大陆军从爱国主义的愿景中抹除的呼声日益高涨。在战争期间，主要出于对征兵这一目的的考虑，政府做出过包括为军官提供终身半薪养老金在内的相关承诺。变得日益明显的是，这一承诺将不会得到履行，因为各州拒绝征收专门用于此事的税款。此时一个叫作“补偿方案”的替代选项又被提了出来，根据这一方案，退休军官将得到连续 5 年的全薪养老金。[4]

大众对于这个补偿方案的反应主要散见于新英格兰新闻界的通信和评论。它们几乎清一色地对此持否定态度，其行文言辞激烈，几近污言秽语。身经百战的军官们被描绘成懒惰的无用之人，他们带着自视甚高的态度，在公众那里骗吃骗喝，就像“贪婪的鸟身女妖（harpy）① 一样，长着磨得锃亮的喙，瞪着凶神恶煞的眼”。如果他们真如自己所称是有道德的人，那么用道德作为对他们的唯一报酬就可以了。一位康涅狄格的退休军官抱怨说，那些关于他的养老金的报道让他成了邻里眼中的卑贱之人：“对于大众而言，我已经
变得卑鄙不堪……当我得了什么重病的时候，他们曾希望我 176
可以死掉。一个聒噪的人曾对我说，他希望我可以死掉，这样他就可以剥下我的皮做鼓皮，用做成的鼓将其他军官赶出这个地方。”[5]

---

① 希腊神话中的鸟身女妖，头部及身躯似女人，生有鸟翼与鸟爪。

这种反老兵的情绪后来集中促成了一个叫作“辛辛那提协会”（the Society of the Cincinnati）的退休军官互助组织的成立，它似乎代表了所有普通美国人所憎恶的价值观念。亨利·诺克斯曾是保护这个“兄弟连”的主要倡导者，因为里面的人们曾历经磨难、牺牲自我、共同努力赢来了美国的独立。但是一旦人们了解到，协会里的成员是根据家庭中男方的血缘关系世代相传，此时它就被贬斥为一个威胁着共和价值观的贵族组织。对于辛辛那提协会的广泛敌意令华盛顿深感震惊。他认为，这个组织的成立，是对于为实现美国独立而牺牲的无数个体的永久纪念。但是正如事实所证明，大陆军的重要角色正是大多数美国人最不希望去纪念的东西。[6]

* * *

对此的第一手回忆记录曾一度几近蒸发，直到约瑟夫·普拉姆·马丁在 1830 年终于得以出版了他的回忆录。马丁在自己缅因州的农场上以 70 高龄写出了这本回忆录。在书中他回忆了在长岛和曼哈顿所经历的最早的战斗，当时他还是一个满怀爱国热情的 15 岁小伙子，没有任何战斗经验，是这支业余部队里的童子军。这本书的主题呼应了华盛顿所强调的十足的坚忍不拔精神，那就是他和大陆军在面对后人无法理解也想要忘却的那种艰难困苦时的生存能力。[7]

马丁所记叙的事情毫无荣耀可言，他关注的是日复一日平淡无奇的生存挑战，这种挑战最常见的形式就是找东西吃。他无意去评判长岛和曼哈顿的战斗所蕴含的更为宏大的意义，因为他的观察位置就像基普湾的浅陋战壕一样，几乎没有提供任何全景视角。但是马丁以自己这样的谦逊方式，
提供了一种我们可以将其称为托尔斯泰式的战争观的东西， 177
它意味着对普通士兵真实情感经历的还原。在书的结尾，他给出的信息简单而深刻：他和大陆军都成了幸存者，这就是战争如何被赢得，或者说未被输掉的方式。

到他真正下笔写作的时候，人为造成的对于大陆军重要角色的遗忘早已作为明智之举被广泛认可，而马丁所说的“民兵的神话”也已经在民间传说中广为流传，以用来解释看似不可能的美国的胜利。这场胜利据称是由“临时民兵”而非像马丁这样的正规军所赢得。作为大陆军为数不多的健在老兵之一，他觉得有特别的义务去挑战这种错误的历史观：

> 有人曾经说过……这支革命军是毫无必要的；他们说民兵足以应对这场危机所提出的所有挑战。……但是我仍然坚信，他们的回答不及正规军战士的有分量，当我们庆幸自己不用面临战争的磨难时，这些战士仍然活着，并且有义务活着，他们还不能离开。[8]

美国人需要相信，他们拥有的是一种单纯的想法，即他们不依靠正式士兵组成的常备军就建立了独立的北美共和国。马丁的回忆录是与他一样的正式士兵的痛心疾呼，他们因为与共和国所宣扬的“市民/士兵”的典型不相符而被从

爱国主义者的文字中清除了出去。华盛顿从一开始就警告说，美国独立战争的故事也许有着虚构的外表，但是他无法知道的是，这个虚构的版本将民兵描绘成了这个故事里的明星。

* * *

与解释胜利的原因相比，解释战败的原因总是一项更为困难的事情。但是《巴黎条约》的出台给英国造成了难以
178 解决的两难困境，因为其中的条款表明的是，英国永久性地失去了在北美的领土。所有的流血牺牲和财力消耗——4 万人的伤亡和 5000 万英镑的军费——都打了水漂。随着这次令人难以置信的、彻底的失败被人了解，一种集体的沉默像乌云一样笼罩着这个话题，就好像它是晚餐聚会上一位不受欢迎的来客，如果不去管他，他最终会离开。约翰·亚当斯在 1785 年曾不幸担任了美国第一位拜访圣詹姆士宫①（the Court of St James's）的公使。他报告说，无论他什么时候走进房间里，英庭的官员们都转过头不想看他，因为他总是让他们痛苦地想到他们不愿承认的沮丧的现实。阿比盖尔声称，由于受到流亡亲英派的妄想故事的影响，伦敦新闻界大范围报道说大部分美国人开始重新考虑独立问题。他们还说，本杰明·富兰克林在从巴黎回去的时候差点被费城的工匠们用石头打死，因为他们很气愤他将大家带入了歧途。[9]

---

① 伦敦区内最古老的宫殿之一，由亨利八世于 1532 年建造，从 1678 年开始成为王室所在地。直至 1837 年搬到白金汉宫之前，英王一直在此宫居住。此处指代表着英国统治权的朝廷。

这些人倾向于否认事实，而不是坦率地评判这次惨败，因为那样将会让英国政府面对某些让人极度不快的事实。这些事实一起埋葬了承托起整个大英帝国基业的核心理念。因为令人沮丧的真相是，有几位英国大臣从 1763 年开始就严重地错误估计了北美对于英国议会在殖民地的权力扩张的抵制。这几位大臣满不在乎地认为，1774 年英国的大军压境将会迫使殖民地屈服。他们一直都错误地理解了北美人民抵抗的程度。他们还错误地认为，英国军队的优势地位将为 1776 年的叛乱迅速画下句号。

从各方面看来，历史都已经证明了他们的错误。北美殖民地人民给了他们许多次改变路线的机会，有好几次提议甚至让人隐约看到一个重组后建立在主权共享与相互承认的原则之上的大英帝国。英国拒绝了所有这样的提议，他们这么做的宪法基础是，主权不容分割且必须归于一处（也就是英国议会），但其中也有根植于对掌控殖民地臣民的需要的深层心理因素。这种傲慢的想法在他们看来是不容谈判的原 179
则，正是因为它帝国才得以确立。它超越了政治和体制的具体意义，而直接成为一种根深蒂固的优越感，这种感觉让他们将美国的表亲看作低等生物。但是随后导致的战争相当确切地展示了，英国无法控制结果，他们的优越感只是一种幻想。有一个疑似虚假但具有历史意义的说法是，战败后走出约克镇的英军上演的是“世界颠倒过来”这一幕。

另一种版本的故事甚至在人们感受到战败的全部含义之前就开始在抚平战败的伤痛了。在 1779 年春天——从 5 月下旬到 6 月下旬的这段时间里，英国下议院启动了全体会议模式，以讨论被称为“北美战争行动”的这次事件。这一极为不正常的要求是由威廉·豪提出的。他最近才被从美国召回，现在即将被封为威廉爵士，这个骑士封号是为了奖励他作为英国国王军队的指挥在北美战场的表现。但是，尽管有这个荣耀的封号，豪一回来就遭遇了伦敦新闻界对于他在战争中表现的广泛批评。这些批评主要指责的是，他做出的军事决策基本上都是在拖延而不是结束叛乱。豪利用自己议会成员的身份要求下议院召开特别会议——而不是通过审判或军事法庭——来回应他的批评者并澄清他的名声。[10]

为了回应那些指责他在纽约战役中过分谨慎的批评者，豪提供了一份概括性的解释：“我要履行的最重要职责是，我不希望让国王陛下的军队在达成目标的条件尚未充分的情况下行动。我十分清楚的是，军队所承受的任何重大损失都无法迅速轻易地得到复原。”豪并不承认他和他哥哥有过充当外交官的想法，也不承认他们希望通过和谈结束冲突。相反的，他找到的理由是他作为英军军官所做出的判断。实际上，他成功实现了自己所宣称要实现的目标，那就是让英军以最小的伤亡占领纽约市及纽约港。[11]

180 他最为激烈的批评者将他们的抨击集中在他未能在长岛乘胜追击、进攻逃散的美国士兵这一事件上，因为果断出击的话也许本可以让整个大陆军投降。豪承认说，当时他的士兵们已经热情高涨，如果得到允许的话，他们也许可以攻占布鲁克林的堡垒。但他坚持认为，这样一场胜利要靠英军付出极大伤亡才能换来，他认为那毫无必要。他没有料到的是，华盛顿会想方设法从伊斯特河撤走他战败的队伍，那是一场违背了所有现代战争传统战术的、奇迹般的抽离行动。他暗示说，他的批评者们只是在对一个战争决策进行事后评判，而这个决策是在紧急时刻出于正确的战略考虑而做出的——也就是说，决策者并不拥有他们那种事后之见的英明。[12]

到那时为止，豪的防守依靠的是对那些针对他的指责的狭隘定义。他辩称说，他在长岛和曼哈顿的几次行动中的战略谨慎是严格地出于军事上的考虑，而大众和政治家都缺乏对此进行批评的能力。但是这场争论的事态急剧扩大，几名英国军官被传去代表豪出庭作证。他们认同了豪的说法，认为他推迟对布鲁克林高地的正面进攻的决策在战术上是正确的，这样的进攻的确可能会成为“轻率之举”。但是他们随后继续对豪所面临的更大的战略困境进行了描述：

> 派军队去北美绝不是意味着这片土地的臣服——而是因为那里人民的敌意和怨恨，他们几乎清一色地憎恶着英国政府；这也是因为这个国家的自然环境，此处是最难也最不适合开展军事行动的地方……这使得军队不可能隔着距离在离开舰船的任何地方发动进攻。[13]

这番证言迅速引起了这场战争的两位杰出批评者的注意，他们是查尔斯·福克斯（Charles Fox）和埃德蒙·伯克

181 (Edmund Burke)。这两位善良的辉格党人从一开始就反对乔治三世和他手下那帮大臣们的压迫政策，这种政策达到顶点的标志是1776年夏天杰曼决定出兵进攻纽约。福克斯特别直言不讳地维护着豪，他宣称豪是被人当成了替罪羔羊，是为了转移人们对英国政府里真正的罪人的谴责："我们损失了25000人。我们为这场遭天谴的北美战争消耗了3000万［英镑］。谁才是这次错误决策的罪魁祸首？问题难道不是在这里吗？谁将我们引入了战争之中？"因为谴责国王几乎是叛国之罪，也违背了议会讨论中大家默认的行为准则，福克斯将自己的注意力集中在了一个更为安全的谴责目标之上：应该接受审判的不是豪而是杰曼。伯克也同意这样的观点，他向豪这名令人尊敬的军官表示了真诚的谢意，认为他在一场既不必要也无法获胜的战争中很不走运地被任命为了总司令。[14]

包括豪在内，没有人曾预料到事情会发生这样的转变，甚至连那些对于豪对国王陛下的军队的掌管抱有严重质疑的议会议员们现在也呼吁结束这种讨论，因为它已经变成不计后果地对政府的批评。但是豪坚持认为应该继续进行讨论，他声称没有什么比他的名誉更为重要，而他觉得自己还未被完全洗清罪名。能够有机会贬损杰曼名声的福克斯由衷同意的是，这场讨论无论如何也应该继续下去，因为威廉爵士已经成为在议会多年的粉饰和否认之后促使真相浮出水面的人物。

杰曼在这一点上什么也没有说，但是他现在感觉到有必要回应那些对于他在战争中的行为的批评。他十分痛苦地表达了他一直以来对于豪的尊敬，并且他十分不赞同豪的名声被“造谣者、传舌者和咖啡馆政客们”四处传播的方式。但是他也坚定地相信，他让豪氏兄弟拥有了压倒性的军事优越地位。在这一点上，他没有丝毫疑惑或是犹豫：“从这个国家派遣出去的军队都是完全有能力通过彻底扑灭叛乱以及收复殖民地来实现自己目标的。”杰曼并没有明说，但是他 182
的话清楚地暗示，不管有什么理由，豪氏兄弟都未能完成他们的任务。[15]

尤其令他深感沮丧的是，他听说豪和其他的英国军官都将大众对北美叛乱的支持错误地描述为“几乎是全体支持”。他自己的消息来源主要是流亡的北美亲英派，他们向他保证说，只有1/4到1/3的殖民地人民是坚定的叛乱者；其余的人要么是亲英派，要么持中立态度。为了澄清自己，杰曼拿出了证据，那就是“参加我们军队的北美人比叛乱领导者麾下的北美人要多得多”。他还援引了困扰着大陆军的征兵问题，那就是“他们想要6万人，但是从未能召集齐2万人的部队”。[16]

豪要求提供对杰曼的数据进行反驳的机会，但是被驳回了，因为当时下议院在6月29日投票决定结束这次讨论。回过头来看很清楚的是，杰曼对于亲英派情绪的估计是严重夸大的。我们现在知道，大约有20%的北美人口是亲英派，但是豪的支持者宣称几乎所有的北美人都很支持这次叛乱，同样是一种夸大。

从豪的角度来看，这场质询的结果是模棱两可的。一方面，他的批评者得到了回应，没有人提议说他应该被剥夺爵士身份或是受到官方的批判。另一方面，他的行为在更大的关于战争的理智与可行性之间的争论中成为一种政治奖赏。在他身后的支持者们所坚守的理由是，他被赋予了一项不可能的任务，无论怎样施展军事力量都无法完成这一任务。对于议会中一贯反战的人来说，他是受害者。对于大英帝国在北美殖民地的扩张行动的支持者而言，他正好可以清楚地回答一个尴尬的问题：我们是如何输掉了这场战争？

* * *

也许可以被我们称为“豪对战败之解释”的事件从未
183 获得过官方认可。关于这一点，英国政府从未认为对这次重大溃败的原因进行官方质询是合适的。与此相反，他们更倾向于给整个事件挡上一层沉默的幕布，他们将它视为一道随着时间流逝可以自行愈合的伤口。

这种强制遗忘政策的一个例外情况是亨利·克林顿，他1782年从美国一回来就伺机动笔写自己的回忆录了。克林顿在1778年从豪手中接掌英军，所以他的首要任务就是为自己在战争后期的决策辩护。他声称，一旦法国介入这场冲突，他就面临着不可逾越的障碍，康沃利斯的军队在约克镇的投降并非他的过错。但是在他的回忆录的前面部分里，克林顿回顾了纽约的行动。在向作为总司令的豪致敬过后，他接着讲述了一个故事，这个故事暗示豪在战争一开始就错过了一个获胜的绝好机会。[17]

克林顿讲述了豪三次拒绝了他的提议的经历。他宣称，激励他的“并非任何其他原则，而正是尽自己最大努力以迅速扑灭这场叛乱”的意愿。从一开始他就提议对曼哈顿北端发起进攻，因为这样可以将纽约群岛上的大陆军团团围住，让他们没有逃生的希望。他也曾争取过在布鲁克林乘胜追击大陆军的机会，他们在戈温那斯高地战败后正处于逃跑状态。他还建议过在国王桥而不是基普湾发起进攻，因为那样可以将大陆军困于曼哈顿。每一次，豪都拒绝了他的提议。尽管克林顿还特意表明了对豪作为总司令的权威的捍卫，然而他却给人们造成了一种十分明显的印象，那就是在纽约的行动中本来是有数次机会可以歼灭大陆军的，如果事情真的那样发生，这场战争也许早就结束了。[18]

克林顿的回忆录可能反映了英军的军官团体内部某些人对于豪的决策的批评性评价，但是他们对于那场关于“谁为英国战败负责”的持续的（如果私底下进行也算数）讨论没有产生任何影响。因为克林顿在完成回忆录之前就离世
了，这些回忆性文字一直未能出版，直到 20 世纪中期。然 184
而，似乎比较清楚的是，直到克林顿去世为止他都相信，要是在纽约的时候是由他而非豪来指挥的话，北美独立战争也许结局会完全不一样。

克林顿的记录很明显是为了自己，但是 1794 年出版的一部从英方视角全面记述这场战争的两卷本著作支持了他的记录。这部著作的作者是查尔斯·斯特德曼（Charles Stedman），一名战争期间的英军参谋。尽管英军失败了，但

是他还是想要写出一些积极的东西。“尽管这场战争的运气很不好，”斯特德曼解释说，“我的同胞们并不想展示武力，或者爱国热情。”斯特德曼的主要观点是，英军已经履行了自己的职责，作战十分勇敢，他们不应该为战争的最终结果而受到批评或是责备。[19]

唯一的例外是威廉·豪。斯特德曼对纽约行动的叙述遵循着与克林顿的批评相同的思路，他将豪在长岛和曼哈顿的决策描述成是“难以理解的”。因为斯特德曼在理查德·豪的部队中任职，他肯定意识到了豪氏兄弟的军事决策都极大地受到了他们的和谈愿望的影响，但是他没有提及这一事实，而是更倾向于将豪的决策形容为“战术错误”。他重点批评的是，豪在 1776 年 11 月未能在华盛顿溃败的队伍穿越新泽西撤离的时候乘胜追击，他认为那是最后也是最合适的歼灭大陆军的时机。[20]

根据斯特德曼的讲述，最关键的时刻一旦过去，英军取胜的可能性就已经消失，原因有三。第一，华盛顿采取的是偏防守的战略，被称为“据点战”（a war of posts），这使得决定性的交战变得相当不可能。第二，大陆军有了更多的战斗经验，尤其是打造了一批更具职业水准的军官队伍。第三，1778 年的《法美条约》（the Franco-American Treaty of 1778）为美国提供了财力和人力支援。总的来看，这些情况的变化使得对于英国而言很难在这场战争中取胜，尽管他们的海陆军队有着英勇的表现。[21]

斯特德曼这个版本所记载的历史提供了一条受到英国政

府和英国军队认可的故事主线，因为它反驳了伯克、福克斯 185
和皮特（Pitt）这些反对派领袖的言论。他们认为这场战争从一开始就是一场错误的行动。但是必须要以一次致命攻击迅速赢得战争，这正是杰曼在 1776 年夏天所提议并策划达成的目标。当这种努力失败的时候，英军也还是英勇战斗着，苦苦支撑着这场注定要输掉的行动。

这种解释的高明之处在于，它回避了“英国政府那些导致战争的政策是否明智”这个问题（很明显它们是不明智的），而且它认为英国失败的根源在于 1776 年夏这个微妙的时刻以及威廉·豪这位错失歼灭大陆军大好时机的英国军官。这样就不必再引起人们对大英帝国基业背后的核心理念的根本性质疑了。人们会想，要是豪氏兄弟的行动能够更为主动一些的话，大陆军应该已经不复存在了。这样的想法差不多可以肯定是正确的，而且大陆军的覆灭也会让这场战争早早结束。当然我们永远无法确切地知道如果那样结局会如何，过去 40 年的历史学界所发挥的平衡作用已经让它成为一个问题重重的假想。[22]

致　谢

187　这个故事所跨越的时代面貌是一片炮火密集的战场，在我之前的历史学家们在那里斗得血肉横飞。我试图提供一种能够将这个故事的政治和军事两方面结合起来的全新解释，并得到了几位著名历史学家的帮助，他们都曾探索过这片领域并在上面留下了他们的印记。

有五位历史学家阅读过整本书的手稿或其中大部分内容，帮我纠正了许多错误，但是他们完全不用为书中那些错漏负责：埃德蒙·S. 摩根（Edmund S. Morgan），早期美国历史学界公认的泰斗，近50年来他一直是我的导师和朋友；戈登·伍德（Gordon Wood），研究美国革命和早期北美共和国的顶尖学术专家；保利娜·梅尔（Pauline Maier），研究《独立宣言》的优秀学者，这份宣言的页边评论（例如，“乔，你不能那么说!”）不应该被忽视；爱德华·伦格尔（Edward Lengel），《华盛顿书信集》（*Washington Papers*）的主编，研究华盛顿总司令身份的一流专家；以及罗伯特·达尔泽尔（Robert Dalzell），威廉斯学院（Williams College）的智者，他以轻松而广博的方式带我们走过了美国过去的各个重要时期。

《华盛顿观察家报》（*Washington Examiner*）的编辑斯蒂芬·史密斯（Stephen Smith）一直以来都在内容与风格的关键结合点上为我把关，饶有天赋的他能够注意到在什么地方出现了一个短语、句子或是段落未能完全表达它所想要表达的意思。

这本书的编辑兰登书屋（Random House）的丹·弗兰
克（Dan Frank）来自国外，他以令人印象深刻的智慧和优 188
雅让这本书通过了政府部门的层层关卡。他那位称职的助手吉尔·韦里洛（Jill Verrillo），从未怠慢过我的电话。

保罗·斯塔伊蒂（Paul Staiti）是我在曼荷莲女子学院（Mount Holyoke）的同事，一位研究美国革命时期艺术与建筑的一流历史学家，他帮助我选好了插图。Jeffrey Ward 发挥精湛的技艺绘制了既能描绘战况又合乎文本的地图。

我的代理艾克·威廉斯（Ike Williams）为我斟酌了所有的合同细节，以确保克诺夫（Knopf）出版社能够予以注意，并且总是用和凯尔特人队、爱国者队以及红袜队有关的八卦消息将我从 18 世纪带回。

我的助手琳达·切斯基·费尔南德斯（Linda Chesky Fernandes）并没有参与这项研究的任何部分，但是她包揽了其他一切事情，包括辨识我的潦草笔迹、弥补我在科技方面的不足、平衡我的情绪起伏以及亲吻我的脸。

我的妻子埃伦·威尔金斯·埃利斯（Ellen Wilkins Ellis）并没有编辑我写下的文字，但是她帮助我始终保持良好的精神状态。我强烈地感到这很有效果。

大部分的文字是在我阿默斯特的书房里手写完成的，陪伴我写作的是一只精力充沛的杰克拉塞尔犬、一只拉布拉多犬以及一只非常胆大的小猫。

这本书要献给阿什贝尔·格林（Ashbel Green），他是我在克诺夫出版社20年里所出版的6本书的编辑。阿什刚好在我完成手稿的时候匆匆离世。我们争论的焦点总是副词、分号以及副标题，我们的交谈总会不可避免地谈到他最喜欢的克利夫兰印第安人队（Cleveland Indians）的可悲境地。阿什在克诺夫出版社里是他那个时代的传奇人物，出版业良心的典范，一位不苟言笑的长老会信徒，有着贵族式的荣誉感。我们再也不会遇到他那样的人了。

约瑟夫·J. 埃利斯

阿默斯特，马萨诸塞州

注　释

缩写说明

标题

AA

Peter Force 编辑的《美国档案》（*American Archives*，9 卷本，华盛顿特区，1833～1853）。

AFC

Lyman H. Butterfield 等编辑的《亚当斯家族》（*Adams Family Correspondence*，迄今已出 9 卷，剑桥，马萨诸塞，1963～）

AP

Robert J. Taylor 等编辑的《约翰·亚当斯书信集》（*The Papers of John Adams*，迄今已出 11 卷，剑桥，马萨诸塞，1983～）

DA

Lyman H. Butterfield 等编辑的《约翰·亚当斯日记及自传》（*The Diary and Autobiography of John Adams*，4 卷本，剑桥，马萨诸塞，1961）

FP

William B. Willcox 等编辑的《本杰明·富兰克林书信集》（*The Papers of Benjamin Franklin*，迄今已出 28 卷，纽黑文，1959～）

GP

Richard K. Showman 等编辑的《纳瑟内尔·格林将军书信集》（*The Papers of General Nathanael Greene*，迄今已出 7 卷，Chapel Hill，1976～）

JCC

Worthington C. Ford 编辑的《大陆会议日志，1774～1789》（*The Journals of the Continental Congress, 1774－1789*，34 卷本，华盛顿特区，1904～1937）

JP

Julian Boyd 等编辑的《托马斯·杰斐逊书信集》（*The Papers of Thomas Jefferson*，迄今已出 28 卷，普林斯顿，1950～）

LA

"美国书库"（Library of America），《美国革命：独立战争中的文字》（*The American Revolution: Writings from the War of Independence*，纽约，2001），由 John Rhodehamel 选择篇目并作注。

LDC

Paul H. Smith 等编辑的《各地代表致大陆会议书信集，1774～1789》（*Letters of Delegates to Congress, 1774－1789*,

26 卷本，华盛顿特区，1976～2000）

PH

T. C. Hammond 编辑的《英格兰议会史》（*The Parliamentary History of England*，30 卷本，伦敦，1806～1820）

PWR

W. W. Abbott、Dorothy Twohig 和 Philander Chase 编辑的《乔治·华盛顿书信集：革命战争系列》（*The Papers of George Washington*：*Revolutionary War Series*，迄今已出 12 卷，Charlottesville，1985～）

WMQ

《威廉与玛丽季刊》（*William and Mary Quarterly*），第三批系列

人名

AA

Abigail Adams 阿比盖尔·亚当斯

BF

Benjamin Franklin 本杰明·富兰克林

GW

George Washington 乔治·华盛顿

JA

John Adams 约翰·亚当斯

NG

Nathanael Greene 纳瑟内尔·格林

TJ

Thomas Jefferson 托马斯·杰斐逊

前　言

1. 参见我所著的《美国的创造：共和国建立的胜利与悲剧》（*American Creation*：*Triumphs and Tragedies at the Founding of the Republic*，纽约，2007），第 38 ~ 44 页，这场推迟共和制原则彻底实现的争论对于赢取独立来说至关重要。

2. 参见 Don Higginbotham 的《革命时期美国的战争与社会：冲突的更广维度》（*War and Society in Revolutionary America*：*The Wider Dimensions of the Conflict*，哥伦比亚，1988），第 153 ~ 173 页，参考其中越南战争对于我们对 1776 年英军所面临的两难困境的理解所造成的影响。

1　谨慎原则

1. 对战争最初几个月情况的还原来自多方的讲述，尤其是下列材料：Ron Chernow 的《华盛顿：生平记事》（*Washington*：*A Life*，纽约，2010）的第 181 ~ 205 页；Joseph J. Ellis 的《阁下大人》（*His Excellency*：*George Washington*，纽约，2004）的第 73 ~ 92 页；David McCullough 的《1776》（*1776*，纽约，2005）的第 3 ~ 92 页；以及 Michael Stephenson 的《爱国之战：独立战争怎样

演进》(*Patriot Battles: How the War of Independence Was Fought*,纽约,2007)的第211~229页。引文引自AA1776年3月16日写给JA的信,选自*AFC*,第1卷,第358页。

2. Jack N. Rakove, *The Beginnings of National Politics: An Interpretive History of the Continental Congress* (New York, 1979), 91-92.

3. Merrill D. Peterson, ed., *The Portable Jefferson* (New York, 1977), 235-236.

4. GW to John Augustine Washington, 31 May, 1776, *PWR* 4: 412-413.

5. William Blackstone, *Commentaries on the Laws of England* (Oxford, 1765), 1: 49. 关于法制争端的形成,参见 Gordon S. Wood, "The Problem of Sovereignty," *WMQ* 68 (October 2011), 572-577。

6. *PH* 18: 149-159,皮特在1775年1月20日的演说。

7. 同上,18: 233, 263, 304, 335.

8. 对中部殖民地的温和派心态的最出色的分析作品是 Jack Rakove, *Revolutionaries: A New History of the Invention of America* (Boston and New York, 2010), 71-111。

9. 关于迪金森的生平与思想,参见 Jane Calvert, *Quaker Constitutionalism and the Political Thought of John Dickinson* (New York, 2009)。

10. John Dickinson, Notes for a Speech in Congress, 23-25 May, 1775, *LDC* 1: 378.

11. 对于迪金森的解决方案最清晰的表述，体现在迪金森与托马斯·杰斐逊在 1775 年夏天共同所做的一篇题为 "Declaration of the Causes and Necessity for Taking up Arms" 的演说，可见 *JP* 1：213－219。

12. 例如，可参见 Robert G. Parkinson， "War and the Imperative of Union，" *WMQ* 68（October 2011），631－634。

13. JA to James Warren，24 July，1775，*AP* 3：89－93.

14. 关于亚当斯日后对"是谁造成了与英国的分离"这个问题的回忆，参见 Joseph J. Ellis，*Passionate Sage*：*The Character and Legacy of John Adams*（New York，1993），53－83。

15. McCullough，*1776*，3－12；JA to John Trumbull，13 February，1776，*AP* 4：22. 关于乔治三世在促成对北美抗议的军事行动过程中的关键作用，参见 Alexander Jackson O'Shaughnessy，"'If others will not be Active，I must drive'：George III and the American Revolution，" *Early American Studies* 3（Spring 2004），1－46。

16. Eric Foner，*Tom Paine and Revolutionary America*（New York，1976），也参见 Harvey J. Kaye，*Thomas Paine and the Promise of America*（New York，2005）。

17. 潘恩的权威传记是 John Keane，*Tom Paine*：*A Political Life*（Boston，1995）。亚当斯的引文出自 JA to William Tudor，12 April，1776，*AP* 4：118。

18. JA to AA，19 March，1776，*AFC* 1：363.

19. 关于“愤怒的公牛”的参考文献，参见 *DA* 1：33。以下我要提及我自己的几部关于亚当斯的著作，主要有 *Passionate Sage*：*The Character and Legacy of John Adams*（New York，1993）和 *First Family*：*Abigail and John Adams*（New York，2010）。还有四部优秀的传记作品：Page Smith，*John Adams*，2 vols.（New York，1962）；Peter Shaw，*The Character of John Adams*：*A Life*（Chapel Hill，1976）；John Ferling，*John Adams*：*A Life*（Knoxville，1995）；以及 David McCullough，*John Adams*（New York，2001）。

20. 参见编者按，*AFC* 1：136－137。

21. 关于西塞罗式的架势，参见 *DA* 1：63，95。

22. JA to James Warren，18 May，1776，*AP* 4：192；JA to Moses Gill，10 June 1775，*AP* 3：21；JA to AA，17 June 1775，*AFC* 1：216.

23. JA to James Warren，22 April，1776，*AP* 4：135.

24. JA to Mercy Otis Warren，16 April，1776，*AP* 4：124.

25. AA to JA，27 November，1775，*AFC* 1：310.

26. JA to John Winthrop，12 May，1776，*AP* 4：183－184.

27. 参见编者按，*AP* 4：65－73。

28. 我对《关于政府的思考》的阐释得益于 Edmund S. Morgan，*Inventing the People*：*The Rise of Popular Sovereignty inEngland and America*（New York，1988）。

29. JA to James Warren, 15 May, 1776, *AP* 4: 186.

30. 同上，4: 185。

31. JA to AA, 17 May, 1776, *AFC* 1: 410. 也参见 *AP* 4: 93，从《关于政府的思考》序言开始，在这部分文字里，亚当斯戏剧性地夸大了自己所扮演角色的历史意义。

32. JA to Horatio Gates, 23 March, 1776, *AP* 4: 58 - 60，关于亚当斯确信乔治三世实际上已经对北美殖民地宣战了。

33. 亚当斯相信（事实证明也的确如此），5 月 15 日的决议是在含蓄地呼吁举行一次关于独立的全体投票。他所担心的是，殖民地议会的讨论将不仅限于这一核心问题，而是会失去控制，这一过程会破坏在他看来至关重要的意见一致的状态。

34. Unknown to JA, 9 June, 1775, *AP* 3: 18 - 19; "Humanity" to JA, 23 January, 1776, *AP* 3: 411.

35. AA to JA, 31 March, 1776, *AFC* 1: 370.

36. JA to AA, 14 April, 1776, *AFC* 1: 382; AA to JA, 7 May, 1776, *AFC* 1: 402. 为了努力找到某种共识基础，他们最终一致同意，在新的北美共和国妇女应该得到更好的教育，这样她们才有能力指导下一代的美国领袖。参见 AA to JA, 14 August, 1776; JA to AA, 25 August, 1776, *AFC* 2: 94, 108。

37. *Pennsylvania Evening Post*, 14 March, 1776. 关于在这种有利的情况下费城手工匠人和机械工在宾夕法尼亚政治中所起的作用，参见 Richard Alan Ryerson，*The Revolution is Now Begun*：*The Radical Committees of Philadelphia*，*1765 - 1776*（Philadelphia，1778）。

38. James Sullivan to JA，12 April，1776，*AP* 4：212 - 213.

39. JA to James Sullivan，26 May，1776，*AP* 4：208 - 212.

2 武器与兵力

1. 关于对这场战斗简洁而精彩的叙述，包括华伦的倒下，参见 Michael Stephenson，*Patriot Battles*：*How the War of Independence Was Fought*（New York，2007），211 - 221。对于邦克山战役最新、最全面的研究作品是 Paul Lockhart，*The Whites of Their Eyes*：*Bunker Hill*，*the First American Army*，*and the Emergence of George Washington*（New York，2011）。关于对华伦遗体的亵渎，参见 Benjamin Hichborn to JA，25 November 1775，*AP* 3：323。

2. 对于华盛顿被选为大陆军总司令的更详尽的分析，参见 Joseph J. Ellis，*His Excellency*：*George Washington*（New York，2004），68 - 72。亚当斯开玩笑说这跟华盛顿的身高有关，但是这个玩笑却包含着一条真理。人们对华盛顿的第一印象几乎总是对他令人印象深刻的外貌特征的反应。

3. John Hancock to GW，2 April，1776，*PWR* 4：16 - 17；关于哈佛的学位，参见 *PWR* 4：23；关于奖章，参见

JCC 4：248 -249；关于来自马萨诸塞普通法庭的同样的热情赞誉，参见 *PWR* 3：555 -557。

4. 对于华盛顿代表各种版本的美国革命能力的最好研究参见 Barry Schwartz，*George Washington：The Making of an American Symbol*（New York，1987）。我对华盛顿的理解是基于对《华盛顿书信集》（the *Washington Papers*）的阅读以及对《阁下大人》（*His Excellency*）的追加研究。在众多的传记中，有三部非常引人注目：Marcus Cunliffe，*George Washington：Man and Monument*（Boston，1958）；Peter R. Henriques，*Realistic Visionary：A Portrait of George Washington*（Charlottesville，2006）；以及 Ron Chernow，*Washington：A Life*（New York，2010）。

5. GW to John Hancock，9 February，1776，*PWR* 3：275.

6. 初步研究大陆军的作品是 Charles Royster，*A Revolutionary People at War：The Continental Army and the American Character*（Chapel Hill，1979）。同时参见 Robert K. Wright，*The Continental Army*（Washington，D. C.，1983）。

7. T. H. Breen，*American Insurgents，American Patriots：The Revolution of the People*（New York，2010）.

8. GW to Joseph Reed，14 January，1776，*PWR* 3：89.

9. GW to Joseph Reed，1 February，1776，*PWR* 3：237 -238.

10. General Orders, 12 November, 1775, *PWR* 2: 353.

11. 关于逐渐消退的“76 年精神”，参见 Joseph J. Ellis, *American Creation* (New York, 2007), 20 - 57。关于“诺曼·罗克韦尔式时刻”，参见 Stephenson, *Patriot Battles*, 15。

12. John R. Alden, *General Charles Lee: Traitor or Patriot?* (Baton Rouge, 1951) 仍然是李的标准传记。李在波士顿围城期间写给华盛顿的信件散见于 *PWR* 3，这些信件中有不少地方可以体现出他众多的古怪之处，以及他对华盛顿不甚正式的态度，他常常叫他“我亲爱的将军”。

13. Terry Golway, *Washington's General: Nathanael Greene and the Triumph of the American Revolution* (New York, 2005).

14. Mark Puls, *Henry Knox: Visionary General of the American Revolution* (New York, 2008).

15. JA to GW, January 1776, *PWR* 3: 36 - 37; Charles Lee to GW, 5 January, 1776, *PWR* 3: 30; Charles Lee to GW, 16 February, 1776, *PWR* 4: 339 - 341.

16. Barnet Schecter, *The Battle for New York: The City at the Heart of the American Revolution* (New York, 2002), 82 - 87 这部分中可以找到纽约所引发的战术难题。同时参见一本饶有名气的经典著作，即 Bruce Bliven, *Battle for Manhattan* (New York, 1955), 9 - 12。

17. Stephenson, *Patriotic Battles*, 231 - 232 是对英国入

侵部队的最新评估；也参见 Schecter，*Battle for New York*，chap. 5，这部分有对人员和船只集结方式的更为详细的叙述。

18. 转引自 Piers Mackesy，*The War for America，1775 - 1783*（Cambridge，Mass.，1964），55。

19. 同上，50 - 55；也参见 Gerald S. Brown，*The American Secretary：The Colonial Policy of Lord George Germain，1775 - 1778*（Ann Arbor，1963），以及 Stanley Weintraub，*Iron Tears：America's Battle for Freedom，Britain's Quagmire，1775 - 1783*（New York，2003），26 - 44。

20. Mackesey，*War for America*，56 - 70. David Hackett Fischer，*Washington's Crossing*（New York，2004），73 - 78，此书提供了对杰曼攻占哈德逊走廊的策略的简要概述。一年之后这一策略在万众瞩目之下黯然失败，因为豪选择了攻打费城，而不是沿哈德逊走廊北上（其原因永远是个谜），而伯戈因从泰孔德罗加南下的军队则被迫在萨拉托加投降。

21. Ira D. Gruber，*The Howe Brothers and the American Revolution*（New York，1972），这本书仍然是权威资料。也参见 Troyer S. Anderson，*The Command of the Howe Brothers During the American Revolution*（New York，1936），以及 Kevin Phillips，*The Cousins' War*（New York，1999），这本书强调了北美方面对豪氏兄弟的理解和同情。

22. 这段描述明显受到了上文所提到的 Gruber 和 Anderson 著作的影响；也参见 Maldwyn Jones 所写的富有思想

性的文章，选自 George A. Billias, ed., *George Washington's Opponents: British Generals and Admirals in the American Revolution* (New York, 1969), 39–72。关于伊丽莎白·洛林诱人的魅力，参见 Schecter, *Battle for New York*, 403–4 这部分里的长注释，以及 Fischer, Washington's Crossing, 72–73 这部分合理可信的叙述。关于邦克山一役对于豪的想法的持久影响，参见 Henry Lee, *Memoirs of the War in the Southern Department*, 2 vols. (Philadelphia, 1812), 1: 55, 在这部分中查尔斯·李回忆道："这个充满杀意的日子［邦克山战役］所带来的悲伤而难忘的体验，深深地渗透了威廉·豪爵士的头脑；它似乎对他随后的行动产生了决定性的影响。"

23. William Howe to Lord George Germain, 26 April 1776, 转引自 Anderson, *Command of the Howe Brothers*, 120；也参见 William Howe to Lord George Germain, 23 April 1776, 同上, 118–120, 其中写到豪担心他最大的挑战将会是把华盛顿引入战争。

24. 参见 Ellis, *His Excellency*, 89–93, 其中有我总结的围城期间波士顿城外的高等军官们所讨论的战略选项。

25. GW to John Hancock, 5 May, 1776, *PWR* 4: 210.

26. 参见 1776 年 5 月 22 日总动员令，*PWR* 4: 396, 其中有对防御工事的官方描述。李最初的计划并没有提到邦克山，但是我这里想说的是，他的守卫计划含蓄地承认了阻止纽约被占领实际上从战术上来说是不可能的。

27. 关于亚历山大或者斯特林，参见 *GP* 1：216；关于格林为坚守布鲁克林高地而付出的狂热努力，参见 *GP* 1：231，其中提供了一张很不错的地图。

28. NG to Christopher Green，7 June，1776，*GP* 1：232 - 233.

29. General Orders，14 April，1776，*PWR* 4：59.

30. 关于对众多妓女的描述，参见 Edward Bangs，ed.，*Journal of Lt. Isaac Bangs*（New York，1890；reprint，1968）；也参见 General Orders，27 April，1776，*PWR* 4：140 - 142，其中写到了部队展开公开惩罚拆毁了那些房屋。

31. GW to John Hancock，25 - 26 April，1776，*PWR* 4：128. 对加拿大行动进行增援后华盛顿只有 10192 名普通士兵，596 名军官，78 名参谋，以及 881 名未受委任的军官，他们当中大约有 20% 无法履行自己的职责，这主要是因为受污染的饮水所引发的痢疾。他认为这是他要成功抵抗豪所需人数的一半左右。而他对豪的进攻部队的估计比实际少了 1 万人左右。

32. GW to John Augustine Washington，31 May - 4 June，1776，*PWR* 6：413.

33. 参见 John Hancock to GW，21 May，1776，*PWR* 4：352 - 353，其中写到了玛莎接种疫苗，此事发生在托马斯·杰斐逊居住在切斯纳特大街（Chestnut Street）期间，参见 Philip Schuyler to GW，13 May，1776，*PWR* 4：291 - 292，其中写到了魁北克战败的消息。参见 Message from the Six

Nations, 16 May, 1776, *PWR* 4: 319 – 320，这条信息要求“早晚一杯［酒］”。

34. Pauline Maier, *American Scripture: Making the Declaration of Independence* (New York, 1997), 37 – 41，这是对于这份文件起草前后过程的最好描述。

35. GW to John Augustine Washington, 31 May – 4 June, 1776, *PWR* 4: 412.

36. 参见 John Hancock to GW, 14 June, 1776, *PWR* 4: 525 – 526，其中写到战争与军需委员会的创立。参见 JA to NG, 22 June, 1776, *GP* 238 – 240，其中写到了亚当斯对自己能力不足的表述。

37. NG to JA, 2 June, 1776, *GP* 226.

38. GW to John Hancock, 10 July, 1776, *PWR* 5: 260.

39. 参见 John Hancock to GW, 11 June, 1776, *PWR* 4: 499，其中写到额外的民兵部署。参见 1776 年 6 月 3 日的总动员令，*GP* 1: 227 – 228，其中提到一支两百名官兵组成的特别部队将长岛的亲英派聚集起来。参见 *JCC* 4: 406 – 407，其中写到了哈德逊河和伊斯特河上的新障碍。

40. 1776 年 6 月 6 日的总动员令，*PWR* 4: 445。

3　不吠之犬

1. 这些战舰和士兵的情况来自我对几本书的归纳，它们是 Bruce Bliven, *Under the Guns: New York, 1775 – 1776* (New York, 1972), 328; Ira D. Gruber, *The Howe Brothers*

and the American Revolution (New York, 1972), 72 – 88；以及 Barnet Schecter, *The Battle for New York*: *The City at the Heart of the American Revolution* (New York, 2002), 95 – 111。

2. 转引自 Pauline Maier, *American Scripture*: *Making the Declaration of Independence* (New York, 1997), 59。梅尔是第一位呼吁关注“其他宣言”的现代历史学家，她的这一术语指的是所有殖民地为回应大陆会议 5 月 15 日的决议而做出的一系列决议和请愿。参见同上，47 – 96。

3. 对英国历史上起源于《大宪章》的请愿传统的精彩综述也同上，50 ~ 55。

4. Ashby, Middlesex County, 1 July, 1776, *AA* 6: 706.

5. Town of Boston, 23 May, 1776, *AA* 6: 556 – 557.

6. Topsfield, Essex County, 21 June, 1776, *AA* 6: 703 – 704.

7. Town of Malden, 27 May, 1776, *AA* 6: 602 – 603. 马萨诸塞唯一一个拒绝独立的市镇是巴恩斯特布尔，尽管它的异见人群并没有在选举中失势，而且他们的少数意见更为持久，也更加热忱。参见 *AA* 6: 706。

8. Virginia in Convention, 15 May, 1776, *AA* 6: 461 – 462.

9. 例如，可参见白金汉县（Buckingham County）的 1776 年 5 月 21 日的决议，*AA* 5: 1206 – 1208。

10. Maier, *American Scripture*, 64 – 68 清楚地讲述了宾

夕法尼亚和纽约的政治环境。

11. Memorial, City of Philadelphia, 25 May, 1776, *AA* 6: 560 - 561; Proceedings of the Provincial Conference ... of Philadelphia, 18 - 25 June, 1776, *AA* 6: 951 - 957. 关于费城政治中激进的机械工所扮演的角色，参见 Richard A. Ryerson, *The Revolution Is Now Begun: The Radical Committees of Philadelphia* (Philadelphia, 1978)。

12. 参见 "The Humble Address of the General Committee of Mechanics", 29 May, 1776, *AA* 6: 614 - 615, 其中也包括了地方议会的回复。参见 John Hazelton, *The Declaration of Independence: Its History* (New York, 1906), 181 - 186, 其中写到了纽约拖拖拉拉的投票。

13. Topsfield, Essex County, 21 June, 1776, *AA* 6: 704.

14. JA to John Hughes, 4 June, 1776, *AP* 4: 238 - 239.

15. JA to Patrick Henry, 3 June, 1776, *AP* 4: 234 - 235.

16. JA to AA, 2 June, 1776, *AFC* 2: 3.

17. JA to William Cushing, 9 June, 1776, *AP* 4: 245.

18. 例如，可参见亚当斯关于战争与军需委员会的著作，*AP* 4: 253 - 259, 以及 the Plan of Treaties, *AP* 4: 260 - 78。关于这一话题的更多内容在第五章里。

19. 参见 *JCC* 5: 428 - 429, 其中写到一次投票被推迟到了 7 月 1 日。参见编者按，*AP* 4：341 – 344，其中写到了起草委员会的创立。

20. Maier, *American Scripture*, 41 – 46 是最全面、最新的讲述。但这是一块圣地，几代历史学家都详尽地讲述着《独立宣言》的故事，他们影响了我此处以及后文的叙述。尤其参见 Carl Becker, *The Declaration of Independence: A Study in the History of Political Ideas* (New York, 1922); Julian Boyd, *The Declaration of Independence: The Evolution of the Text* (Princeton, 1945); 以及 Gary Wills, *Inventing America: Jefferson's Declaration of Independence* (New York, 1968)。我自己之前所做的努力可见 *American Sphinx: The Character of Thomas Jefferson* (New York, 1998), 46 – 59。我还编辑过一本汇集了不同阐释的选集 *What Did the Declaration Declare?* (Boston and New York, 1999)。

21. TJ to Thomas Nelson, 16 May, 1776, *JP* 1: 292.

22. Ellis, *American Sphinx*, 24 – 26.

23. Ibid., 29 – 36.

24. TJ to James Madison, 30 August, 1823, TJ to Henry Lee, 8 May 1825, 转引自编者按，*JP* 1：415。参见 *JP* 1：413 – 433，其中写到了 Julian Boyd 所做的关于这份文件不同版本的长注释。Maier, *American Scripture*, 99 – 105 在这一点上也做得很出色。

25. Edmund Pendleton to TJ, 22 July, 1776, *JP* 1: 471.

26. 参见 *DA* 3：336，其中有亚当斯的回忆。

27. 参见 *DA* 3：396－397，其中写到了亚当斯对 1776 年 7 月 1 日演讲的自传性叙述。

28. Maier, *American Scripture*, 97－153 做出最长也是最有力的论述，作者在这部分中将代表们视为《独立宣言》的联合作者，这是基于他们普遍都对该宣言做出过修改。

29. 同上，236－241 印出了修改后的杰斐逊草稿，上面展示了所有的修改和删减。所有引文都取自这份现有的文件版本。一份稍有不同的版本也将杰斐逊草稿中被删减的部分用斜体标出，此版本可以方便地在 Merrill Peterson, ed., *The Portable Jefferson* (New York, 1977), 235－241 这部分中被找到。

30. 参见 H. Trevor Colbourn, *The Lamp of Experience: Whig History and the Intellectual Origins of the American Revolution* (Chapel Hill, 1965), 158－184，其中写到了杰斐逊的"放弃国籍"论和撒克逊神话。

31. 参见 Ellis, *American Sphinx*, 52－53，其中写到了我对这段情绪化的文字的处理，尽管它的删减准确地抓住了许多普通北美人的情绪。杰斐逊有着一种潜在的情绪化性格，将这种性格刻画得最好的历史学家是 Andrew Burstein，可参考他的著作 *The Inner Jefferson: Portrait of a Grieving Optimist* (Charlottesville, 2000)。

32. Maier, *American Scripture*, 236.

33. Lincoln quoted in Ellis, *American Sphinx*, 54.

34. 在他漫长人生的剩余年月里，杰斐逊执迷于保护他原始的《独立宣言》草稿，他相信那比被大陆会议修改过的官方版本更重要。参见 Richard Henry Lee to TJ, 21 July, 1776, *JP* 1：471，其中写到了李试图理解杰斐逊，他希望“那份手稿没有被改得像现在这样遍体鳞伤”。

35. Bliven, *Under the Guns*, 318 - 319.

36. 1776 年 7 月 2 日的总动员令，*PWR* 5：180。

4　诸如此类

1. 参见 Sylvia R. Frey, *The British Soldier in America: A Social History of Military Life in the Revolutionary Period* (Austin, 1981), 37 - 38，其中写到了这次航行期间的伤亡率；以及 Elizabeth A. Fenn, *Pox Americana: The Great Smallpox Epidemic of 1775 - 1782* (New York, 2001)。

2. Journal of Ambrose Serle, 12 - 23 July, 1776, *LA* 147 - 148.

3. 引文参见 Stanley Weintraub, *Iron Tears: America's Battle for Freedom, Britain's Quagmire, 1775 - 1783* (New York, 2003), 65。

4. 引文参见 David McCullough, *1776* (New York, 2005), 142。

5. Frey, *British Soldier in America*, 20 - 26.

6. NG to Jacob Greene, 28 September, 1776, *GP* 1：303 - 4. 也参见 Matthew H. Spring, *With Zeal and with Bayonets*

Only: *The British Army on Campaign in North America* (Norman, 2008)，此书认为豪的大部分军队只有有限的战斗经验。

7. John Hancock to GW, 6 July, 1776, *PWR* 5: 219.

8. 参见编者按，*PWR* 5: 247; Journal of Isaac Bangs, 10 July 1776, *LA* 132 - 133，其中写到了读《独立宣言》。参见 Weintraub, *Iron Tears*, 70 - 71，其中有关于"融化的陛下"的引文。参见 1776 年 7 月 10 日的总动员令，*PWR* 5: 256，其中写到了华盛顿的训斥。

9. NG to GW, 5 July, 1776, *PWR* 5: 212.

10. GW to John Hancock, 4 July, 1776, *PWR* 5: 200.

11. 参见 *PWR* 5: 350 - 362，其中有写到北方的行动的多封信件。

12. Council of War, 12 July, 1776, *PWR* 5: 280.

13. GW to John Hancock, 12 July, 1776, *PWR* 5: 283 - 285; NG to GW, 14 July 1776, *GP* 1: 253 - 256.

14. Joseph Plumb Martin, *A Narrative of a Revolutionary Soldier* (New York, 2001), 17 - 18.

15. 1776 年 7 月 13 日的总动员令，*PWR* 5: 290。

16. Pennsylvania Committee of Safety to GW, 11 July, 1776, *PWR* 5: 271 - 273; 编者按，PWR 5: 569 and Thomas Mifflin to GW, 6 August, 1776, *PWR* 5: 580 - 581，其中有关于沉没的船只的内容; Benjamin Franklin to GW, 22 July, 1776, *PWR* 5: 421 - 422，其中写到了使用潜水艇的提议。

17. 参见 NG to GW，27 June，1776，*GP* 1：243，其中写到了牲畜的事情。关于这一事宜，后来人们曾为此写过六次信，直到 1776 年 8 月 12 日才确定下来。

18. 关于论及亲英派的通信，参见 *GP* 1：241，276－278，以及 *PWR* 5：252，327－28。

19. John F. Roche，*Joseph Reed：A Moderate in the American Revolution*（New York，1957），84－85.

20. 参见 *PWR* 5：232，235，439，490－493 的通信，以及 GP 1：284－286。

21. GW to John Augustine Washington，28 July，1776，*PWR* 5：428－430.

22. Lord Richard Howe to GW，13 July，1776，*PWR* 5：296－297.

23. GW to John Hancock，14 July，1776，*PWR* 5：306.

24. Journal of Ambrose Serle，14 July，1776，*LA* 145；GW to John Hancock，14 July，1776，*PWR* 5：306.

25. GW to General Horatio Gates，19 July，1776，*PWR* 5：380－381.

26. Joseph Reed，Memorandum of Meeting Between George Washington and James Patterson，20 July，1776，*LA* 152－155. 同样的文件记录也参见 *PWR* 5：398－403。

27. 在众多的富兰克林传记中，有四本让我觉得十分有价值：Carl Van Doren，*Benjamin Franklin*（New York，1938）；Edmund S. Morgan，*Benjamin Franklin*（New Haven，

2002)；Walter Isaacson，*Benjamin Franklin*：*An American Life* (New York，2003)；以及 Gordon Wood，*The Americanization of Benjamin Franklin* (New York，2004)。关于富兰克林的伦敦岁月，参见 David Morgan，*The Devious Dr. Franklin*：*Benjamin Franklin's Years in London* (Macon，1996)。对于富兰克林性格的更具批判性的观点，参见 Robert Middlekauf，*Benjamin Franklin and His Enemies* (Berkeley，1996)。

28. BF to Lord Howe，20 July，1776，*FP* 22：518 - 521.

29. Lord Howe to Lord George Germain，6 August，1776，*PWR* 5：402，编者按。

30. GW to John Hancock，22 July，1776，*PWR* 5：424 - 425.

31. 大多数历史叙述都认为英军入侵军队是 32000 人，但我是把海军定员也估算在内，因为在随后的战斗中海军是不可或缺的一部分。

32. JA to AA，20 July，1776，*AFC* 2：53.

33. GW to Colonel Adam Stephen，20 July，1776，*PWR* 5：408 - 409；GW to Brigadier General Willliam Levingston，8 August，1776，*PWR* 5：632.

34. GW to Militia Colonels in Western Connecticut，7 August，1776，*PWR* 5：593 - 594；GW to Jonathan Trumbull，7 August，1776，*PWR* 5：615 - 616.

35. JA to AA，27 July，1776，AFC 2：63；JA to AA，

3 –4 August，1776，*AFC* 2：75 –76.

36. 1776 年 8 月 13 日的总动员令，*PWR* 6：1。

37. GW to John Hancock，8 –9 August，1776，*PWR* 5：627.

38. JA to AA，*AFC* 2：81.

5 追寻美德

1. 两份年代已久但仍然很有价值的著作是 Merrill Jensen，*The Articles of Confederation*：*An Interpretation*（Madison，1940）和 Edmund C. Burnett，*The Continental Congress*（New York，1941）。年代更近的有 Herbert James Henderson，*Party Politics in the Continental Congress*（New York，1974）和 Jack K. Rakove，*The Beginning of National Politics*：*An Interpretative History of the Continental Congress*（New York，1979），其中讲到了 1776 年夏天在独立投票后出现的区域和派系分裂。最出色的当属 Rakove 描绘的在经历一年的临时统一之后出现的新的政治篇章。

2. TJ to Francis Eppes，15 July，1776，*JP* 1：458 –460；TJ to John Page，30 July，1776，*JP* 1：482 –483.

3. 参见 Anthony Wayne to BF，31 July，1776，*FP* 22：539 –540，其中写到了关于 6 万人军队的谣言。

4. Elbridge Gerry to JA，3 August，1776，*AP* 4：431 –434.

5. BF to Anthony Wayne，28 August，1776，*FP* 22：

584.

6. 参见 *LDC* 4：233－250，其中写到了《迪金森草案》。

7. 参见 *LDC* 4：251，注释 1，其中有引自巴特利特和拉特利奇的话。

8. *LDC* 4：233－234.

9. *LDC* 4：239，242－243.

10. *LDC* 4：338－339.

11. *DA* 2：245－246；*JP* 1：320－323.

12. *LDC* 4：242.

13. *FP* 22，536－538，编者按；*DA* 2：245。

14. *DA* 2：247.

15. *DA* 2：246；*JP* 1：323－327.

16. *DA* 2：241－43，249－250.

17. Edward Pendleton to TJ，15 July and 3 August，1776，*JP* 1：462－465，484－485.

18. JA to Joseph Hawley，25 August，1776，*LDC* 5：60－62.

19. 参见 *AP* 4：260－278，其中有《条约计划》的全文，还附有关于其政治语境和外交遗产的编者按。

20. *AP* 4：265.

21. *AP* 4：266. 参见 *DA* 2：236，3：337，其中写到约翰·亚当斯最早表明要限制与法国通商。

22. *AP* 4：268.

23. 参见 *AP* 4：290－292，其中写到了被采用的《条约计划》。

24. TJ to Richard Henry Lee, 8 July, 1776; Richard Henry Lee to TJ, 21 July, 1776, *JP* 1: 455 – 456, 471.

25. *JP* 1: 21 – 28.

26. TJ to Edmund Pendleton, 30 June, 1776, TJ to Richard Henry Lee, 29 July, 1776, *JP* 1: 408, 477.

27. TJ to Edmund Pendleton, 13 and 26 August, 1776, *JP* 1: 491 – 94, 503 – 506.

28. TJ to John Page, 5 August, 1776, *JP* 1: 485 – 486.

29. TJ to Edmund Pendleton, 26 August, 1776, *JP* 1: 505 – 506.

30. 参见 AP 4: 253 – 259，其中写到了 1776 年 6 月 12 日至 8 月 27 日期间约翰·亚当斯作为战争与军需委员会主席所担负的责任。

31. Joseph Reed to JA, 4 July, 1776, *AP* 4: 358 – 360; Nathanael Greene to JA, 14 July, 1776, *AP* 4: 380 – 382.

32. JA to William Heath, 3 August, 1776, *AP* 4: 426 – 427.

33. Horatio Gates to JA, 17 July, 1776, *AP* 4: 388 – 389.

34. JA to Horatio Gates, 13 August, 1776, *AP* 4: 426 – 427.

35. AA to JA, 17 and 19 August, 1776, *AFC* 2: 98, 101.

36. JA to AA, 16 July and 28 August, 1776, *AFC* 2: 50 - 51, 111.

37. James Bowdoin to BF, 19 August, 1776, *FP* 22: 569 - 571.

38. Lord Howe to BF, 16 August, 1776, *FP* 22: 565 - 566; BF to Lord Howe, 20 August, 1776, *FP* 22: 575, 这封信没有被寄出。

39. 编者按, *FP* 22: 551 - 552。

40. 编者按, *FP* 22: 537 - 538。在 8 月 20 日, 富兰克林起草了一封信以抗议按州分配代表权的方案, 但是他最后决定不寄出这封信。参见 *FP* 22: 571 - 575。

41. 参见编者按, FP 22: 529 - 533, 其中写到了富兰克林在宾夕法尼亚大会中扮演的角色。

42. George Ross to BF, 18 August, 1776, *FP* 22: 568; BF to Horatio Gates, 28 August, 1776, *FP* 22: 583 - 584.

6 战争之雾

1. Ira D. Gruber, *The Howe Brothers and the American Revolution* (New York, 1972), 100 - 102.

2. GW to Lund Washington, 19 August, 1776, *PWR* 6: 82 - 86. 美国军队的最终规模是有根据的猜测, 它是基于对后续到达的民兵部队的粗略估算而得出的。当战争开始时, 华盛顿自己并不知道自己指挥着多少士兵。

3. NG to GW, 15 August, 1776, *GP* 1: 287; Stirling

Quoted in Michael Stephenson, *Patriot Battles: How the War of Independence Was Fought* (New York, 2007), 231.

4. William Howe to GW, 1 August, 1776, *PWR* 5: 537.

5. GW to William Howe, 17 August, 1776, *PWR* 5: 537 - 538.

6. 编者按, PWR 6: 23 - 24; Hugh Mercer to GW, 19 August 1776, *PWR* 6: 79; 1776 年 8 月 7 日的总动员令, *GP* 1: 277; Barnet Schecter, *The Battle for New York: The City at the Heart of the American Revolution* (New York, 2002), 129。

7. William B. Willcox, *Portrait of a General: Sir Henry Clinton in the War for Independence* (New York, 1964), preface, 492 - 524, 这本书提供了对战争中的英国军官的最深入分析，以及对双方重要人物最透彻的心理分析。也参见 William Willcox and Frederick Wyatt, "Sir Henry Clinton: A Psychological Exploration in History," *WMQ* 14 (January 1959), 3 - 26。

8. William B. Willcox, ed., *The American Rebellion: Sir Henry Clinton's Narrative of His Campaigns, 1775 - 1782* (New Haven, 1954), 40 - 41; Schecter, *Battle for New York*, 60 - 61.

9. Gruber, *Howe Brothers*, 106 - 107.

10. NG to GW, 15 August, 1776, *PWR* 6: 29 - 31; GW to John Hancock, 23 August, 1776, *PWR* 6: 111, 其中

写到了沙利文的任命。

11. Ambrose Serle, *The American Journal of Ambrose Serle* (San Marino, 1940), 72 – 74; Stephenson, *Patriot Battles*, 232 – 33，其中写到了华盛顿对部队的分配。

12. 1776 年 8 月 23 日的总动员令，*PWR* 6：109 – 110。关于随后的战争的几部次要作品，加上以及引用过的那些，帮助我形成了对这个故事的认识。关于英国方面的有：Piers Mackesy, *The War for America, 1775 – 1783* (Cambridge, Mass., 1964)。关于美国方面的有：Bruce Bliven, *Under the Guns: New York, 1775 – 1776* (New York, 1972); Thomas Fleming, *1776: Year of Illusions* (New York, 1975), 308 – 338; James Thomas Flexner, *George Washington: In the American Revolution* (Boston, 1967), 87 – 156; David Hackett Fischer, *Washington's Crossing* (New York, 2004), 81 – 114；以及 David McCullough, *1776* (New York, 2005), 115 – 200。

13. 编者按，GP 1：291 – 293。

14. John Sullivan to GW, 23 August, 1776; GW to John Hancock, 26 August 1776, *PWR* 6: 115 – 116, 129 – 130; Schecter, *Battle for New York*, 131 – 132. 参见 Ron Chernow, *Washington: A Life* (New York, 2010), 246，其中写到了帕特南的背景，他没有现代的传记作者。

15. Willcox, *Sir Henry Clinton's Narrative*, 40 – 42; Schecter, *Battle for New York*, 135 – 137.

16. Willcox, *Sir Henry Clinton's Narrative*, 35.

17. 所有引文出自 Schecter, *Battle for New York*, 132 - 134。

18. 同上，141 - 143。

19. Stephenson, *Patriotic Battles*, 237 - 238.

20. Joseph Plumb Martin, *A Narrative of a Revolutionary Soldier* (New York, 2001), 22 - 23.

21. E. J. Sowell, *The Hessians and the German Auxiliaries of Great Britain in the Revolutionary War* (New York, 1884), 65 - 67.

22. Schecter, *Battle for New York*, 149 - 154; Paul David Nielson, *William Alexander, Lord Stirling* (Tuscaloosa, 1984) 44; Lord Stirling to GW, 29 August 1776, *PWR* 6: 159 - 162.

23. William Howe to Lord George Germain, 3 September, 1776, in K. G. Davies, ed., *Documents of the American Revolution, 1770 - 1783* (Dublin, 1976), 12: 217; Howard H. Peckham, ed., *The Toll of Independence: Engagements and Battle Casualties of the American Revolution* (Chicago, 1974), 22; 编者按，*PWR* 6: 143。

24. William Howe to Lord George Germain, 3 September, 1776, in Davies, *Documents of the American Revolution*, 12: 218; Schecter, *Battle for New York*, 166 - 167; Willcox, *Sir Henry Clinton's Narrative*, 44.

25. 这是 Gruber, *Howe Brothers* 的主要论点。

26. 豪回到英国以后不久就在议会为自己的行为做了辩解。参见 William Howe, *The Narrative of Lieutenant General William Howe ...* (London, 1780)。最早证明豪对北美的同情导致大英帝国输掉战争的论据来自他自己的一名下属。参见 Charles Stedman, *The History of the Origin, Progress, and Termination of the American War* (Dublin, 1794)。在我看来，豪的动机从心理学观点来看很复杂，但是他主要的错误在于，他认为英国的获胜十拿九稳，因此他可以更加谨慎地作战。就像大部分英国军官一样，他高估了亲英情绪的水平，又低估了大陆军的耐力。他对英军伤亡的担忧，虽然在事后看来是错误的，但是在那时却完全能够让人有理由相信。

27. Davies, *Documents of the American Revolution*, 218.

28. Robert Hanson Harrison to John Hancock, 28 August, 1776, *PWR* 6: 142 – 143，其中提供了华盛顿最初的、有些不连贯的对戈温那斯高地战役的报告，这是我们所掌握的唯一一份能够证明华盛顿多少有些迷茫的精神状态的直接证据。在众多华盛顿的传记中，Chernow, *Washington*, 247 – 249 在这一点上讲述得最为出色。

29. William Bradford Reed, *Life and Correspondence of Joseph Reed* (Philadelphia, 1847), 1: 226 – 227.

30. 对华盛顿在这个紧张时刻的思考过程的解读是基于我在 *His Excellency: George Washington* (New York, 2004) 中对他的个性的评判。

31. 对米夫林影响的强调最早是在 *Fleming*, *Year of*

Illusions，322－323 中得到了论证。

32. Council of War，29 August，1776，*PWR* 6：153－155；Tallmadge quoted in Henry P. Johnston，*The Campaign of 1776 Around New York and Brooklyn*（Brooklyn，1878），2：11；Schecter，*Battle for New York*，155－167.

33. 参见 Alexander Graydon，*A Memoir of His Own Time*（Philadelphia，1846），164 的引文。关于格洛弗的经典著作是 George Billias，*General John Glover and His Marblehead Mariners*（New York，1960）。

34. 参见 Graydon，*Memoir*，166，其中写到了意志的锻造；以及 Martin，*Narrative of a Revolutionary Soldier*，26－27。Tilghman 的引文出自 Johnston，*Campaign of* 1776，2：85。

35. Graydon，*Memoir*，168；George F. Scheer and Hugh Rankin，eds.，*Rebels and Redcoats*（New York，1957），171. 这一事件是米夫林和华盛顿之间积怨的开端。

36. Benjamin Tallmadge，*Memoir of Colonel Benjamin Tallmadge*（New York，1858），11.

37. Charles K. Bolton，ed.，*Letters of Hugh Earl Percy from Boston and New York*（Boston，1972），69.

38. Sir George Collier，"Admiral Sir George Collier's Observations on the Battle of Long Island，" *New-York Historical Society Quarterly*（October 1964），304.

39. GW to John Hancock，31 August，1776，*PWR* 6：

177 - 178；编者按，*GP* 1：293，其中将格林的缺场当作战败的原因。

40. 1776 年 8 月 31 日的总动员令，*PWR* 6：173。

41. JA to James Warren，17 August，1776，JA to AA，5 September 1776，*LDC* 5：12，107.

42. JA to AA，4 September 1776，JA to Samuel Cooper，4 September，1776，*LDC* 5：101 - 102.

43. AA to JA，7 September，20 September，29 September，1776，*AFC* 2：122，129，134 - 136；JA to AA，8 October，1776，*AFC* 2：140.

44. William Hooper to Samuel Johnston，26 September，1776，*LCD* 5：182 - 183.

45. Benjamin Rush to Julia Rush，18 - 25 September，1776，Benjamin Rush to Jacques Barbeu-Dubourg，16 September，1776，*LCD* 5：198 - 199.

46. BF to William Bingham，21 September，1776，*FP* 22：617.

47. John F. Roche，*Joseph Reed*：*A Moderate in the American Revolution*（New York，1957），92.

48. 编者按，*FP* 2：591 - 592。

49. 编者按，*DA* 3：415。

50. John Witherspoon's Speech in Congress，5 September，1776，*LDC* 5：108 - 113.

51. *DA* 3：416.

52. *DA* 3：419 –420.

53. Report to Congress, 13 September, 1776, *FP* 22: 606 –608.

54. Henry Strachey, Memorandum of Meeting Between Lord Howe and the American Commissioners, 11 September, 1776, *LA* 186 –191.

55. *DA* 3：422.

56. *DA* 3：422 –423.

57. Journal of Ambrose Serle, 13 September, 1776, *LA* 215.

58. JA to Samuel Adams, 14 September, 1776, *DA* 3: 428.

7　民心所在

1. GW to John Hancock, 2 September, 1776, *PWR* 6: 199 –201; *PWR* 6：163，编者按。

2. GW to John Hancock, 4 September, 1776, *PWR* 6: 215 –16; Barnet Schecter, *The Battle for New York: The City at the Heart of the American Revolution* (New York, 2002), 168.

3. 1776 年 9 月 4 日的总动员令，*PWR* 6：212 –213；Collier 的引文见 Schecter, *Battle for New York*, 175。

4. George Germain to William Howe, October 1776, quoted in Stanley Weintraub, *Iron Tears: America's Battle for Freedom, Britain's Quagmire, 1775 – 1783* (New York,

2003), 75.

5. NG to GW, 5 September, 1776, *GP* 1: 294 - 296.

6. GW to John Hancock, 8 September, 1776, *PWR* 6: 248 - 254.

7. Henry P. Johnston, "Sergeant Lee's Experience with Bushnell's Submarine Torpedo in 1776," *Magazine of History* 29 (1893), 262 - 266. 对这件事情的精彩描述见 Thomas Fleming, *1776: Year of Illusions* (New York, 1975), 338 - 341。也参见 *PWR* 6: 528 关于"海龟号"的编者按。

8. GW to John Hancock, 8 September, 1776, *PWR* 6: 248 - 252.

9. Joseph Reed to Esther Reed, 2 September, 1776, quoted in John F. Roche, *Joseph Reed: A Moderate in the American Revolution* (New York, 1957), 92.

10. William Heath to GW, 31 August, 1776, Rufus Putnam to GW, 3 September 1776, *PWR* 6: 179 - 181, 210 - 211.

11. New York Committee of Safety to GW, 31 August, 1776, *PWR* 6: 185 - 186.

12. John Hancock to GW, 10 September, 1776, *PWR* 6: 273; *JCC* 5: 749; Petition of Nathanael Greene and Others to General Washington, 11 September, 1776, *GP* 1: 297 - 298.

13. Council of War, 12 September, 1776, *GP* 1: 299 - 300; 也参见 *PWR* 6: 288 - 289。

14. GW to John Hancock, 14 September, 1776, *PWR* 6: 308 - 309.

15. JA to Henry Knox, 29 September, 1776, *LDC* 5: 260 - 261.

16. William Hooper to Samuel Johnston, 26 September, 1776, *LDC* 5: 245 - 249; *JCC* 5: 762 - 763.

17. *LDC* 5: xiii; John Hancock to TJ, 30 September, 1776, *LDC* 5: 264 - 265; *DA* 3: 409 - 410.

18. AA to JA, 20 September, 1776, *AFC* 2: 129.

19. GW to John Hancock, 25 September, 1776, *PWR* 6: 393 - 394.

20. GW to Jacob Greene, 28 September, 1776, *GP* 1: 303 - 304; GW to John Hancock, 25 September, 1776, *PWR* 6: 394 - 398.

21. *JCC* 5: 762 - 763.

22. John Hancock to the States, 24 September, 1776, *LDC* 5: 228 - 230.

23. GW to John Hancock, 25 September, 1776, *PWR* 6: 304.

24. AA to JA, 29 September, 1776, *AFC* 2: 134 - 136.

25. *New England Chronicle*, 5 September, 1776.

26. *Connecticut Courant*, 6 September, 1776; *Pennsylvania Packet*, 10 September, 1776; *Newport Mercury*, 16 September, 1776; *Virginia Gazette*, 6 September and 8 November, 1776. 我

意识到，这只是一个地理传播的样本，其他的报纸也许提供了对长岛溃败的更准确的叙述。但如果是这样，它们也是例外而非标准。

27. 例如，可见 *Virginia Gazette*, 4 October, 1776; *Independent Chronicle*, 3 October, 1776; *Newport Mercury*, 30 September 1776。

28. William B. Willcox, ed., *The American Rebellion: Sir Henry Clinton's Narrative of His Campaigns, 1775 - 1782* (New Haven, 1954), 44 - 45; Schecter, *Battle for New York*, 179 - 180.

29. Joseph Reed to Esther Reed, 2 September, 1776, New-York Historical Society.

30. 我对基普湾的战斗的叙述参考了 Philip Vickers Filthan 和 Benjamin Trumbull 的目击报告，都出自 *LA*, 219 - 224，还参考了 Joseph Plumb Martin 的回忆录 *A Narrative of a Revolutionary Soldier* (New York, 2001), 30 - 32。此外，有三份次要的叙述也密不可分：David McCullough, *1776* (New York, 2007), 209 - 212; Schecter, *Battle for New York*, 184 - 187; 以及 Michael Stephenson, *Patriotic Battles: How the War of Independence Was Fought* (New York, 2005), 244 - 246。

31. Martin, *Narrative of a Revolutionary Soldier*, 31.

32. 同上，32. GW to John Hancock, 16 September, 1776, *PWR* 6: 313 - 317，其中提供了华盛顿关于这次战斗

的官方报告，以及关于军队力量、后勤和海军炮击的编者按。

33. *PWR* 6：316 – 317；NG to Nicholas Cooke，17 September，1776，*GP* 1：380.

34. JA to William Tudor，20 September，1776，*LDC* 5：200.

35. Trevor Steele Anderson，*The Command of the Howe Brothers*（New York，1936），160；GW to Lund Washington，6 October，1776，*PWR* 6：495.

36. 我对哈勒姆高地行动的叙述参考了 McCullough，*1776*，217 – 220；也参考了 Stephenson，*Patriotic Battles*，246 – 247；还重点参考了 Bruce Bliven，*Battle for Manhattan*（New York，1955），65 – 107。一份有些年代但仍然可信的叙述是 Henry P. Johnston，*The Battle of Harlem Heights*（New York，1897），其中有其他地方找不到的信息。

37. GW to Lund Washington，30 September，1776，*PWR* 6：440 – 443.

38. Burr is quoted in Bliven，Battle for Manhattan，84；Ashbel Woodwood，*Memoir of Colonel Thomas Knowlton*（Boston，1861）.

39. 参见 GW to John Hancock，18 September，1776，*PWR* 6：331 – 337，其中写到了 Washington 对这场战斗的官方报告。也参见 Johnston，*Battle for Harlem Heights*，44 – 91。诺尔顿的引文见 Bliven，*Battle for Manhattan*，94。

40. *GP* 1：301 – 302，编者按，此条非常出色地综合了各种二次文献。

41. 1776 年 9 月 17 日的总动员令，*PWR* 6：320 – 321。也参见 GW to Philip Schuyler，20 September，1776，*PWR* 6：356 – 58，其中提到哈勒姆高地的胜利“大大地激发了我军士气”。关于报纸上的报道，参见 *Virginia Gazette*，4 October 1776；*Newport Mercury*，7 October，1776；*Independent Chronicle*，26 September，1776。

8 漫长的战争

1. 1776 年 9 月 21 日的总动员令，*PWR* 6：359 – 360。

2. 参见 John Hancock to GW，3 September，1776，*PWR* 6：207，其中写到了不准烧毁城市的命令。参见 Frederick MacKenzie，*Diary of Frederick MacKenzie*，2 vols.（Cambridge，1930），1：59 – 60，其中写到了对大火的目击叙述。参见 David McCullough，*1776*（New York，2007），221 – 223，其中有精彩的二次叙述。

3. GW to Lund Washington，6 October，1776，*PWR* 6：495. John Shy，“The American Revolution：The Military Conflict Considered as a Revolutionary War，” in Stephen G. Kurtz and James H. Hutson，eds.，*Essays on the American Revolution*（Chapel Hill，1973），121 – 156，这篇文章认为，美国对乡村地区的控制（其中民兵起到了巡逻警力的作用）对战争的结果起了决定性的影响。

4. Caesar Rodney to Thomas McKean and George Read，18

September 1776, *LDC* 5: 197 – 198; William Hooper to Samuel Johnston, 26 September, 1776, *LDC* 5: 245 – 249.

5. NG to William Ellery, 4 October, 1776, *GP* 1: 307.

6. See editorial note, *GP* 1: 244 – 245，其中写到了访问委员会的建议。参见 *JCC* 5: 808, 810 – 811, 842 – 844，其中写到了国会针对这些提议的投票。参见 John Hancock to GW, 21 September, 1776, *JCC* 5: 230 – 231，其中写到了汉考克确认大陆会议将满足他的任何需要；John Hancock to GW, 9 October, 1776, *PWR* 6: 515 – 516 和 *JCC* 5: 853 – 56，其中写到了针对所有决议的最终投票。

7. JA to Henry Knox, 29 September, 1776, *LDC* 5: 260 – 261.

8. JA to William Tudor, 26 September, 1776, *LDC* 5: 241 – 243.

9. GW to Hancock, 4 October, 1776, *PWR* 6: 463; Tilghman 引自编者按，*PWR* 7: 105。

10. GW to Patrick Henry, 5 October, 1776, *PWR* 6: 479 – 482.

11. MacKenzie, *Diary*, 1: 64; Leonard Lundin, *Cockpit of the Revolution: The War for Independence in New Jersey* (Princeton, 1940), 157.

12. Committee of Correspondence to Silas Deane, 1 October, 1776, *LDC* 5: 198 – 199.

13. JA to Daniel Hitchcock, 1 October, 1776, *LDC* 5:

271 - 272.

14. Committee of Correspondence to Silas Deane, 1 October, 1776, *LDC* 5: 277 - 281.

15. Benjamin Rush to Julia Rush, 18 - 25 September, 1776, *LDC* 5: 198 - 199.

16. William Williams to Jonathan Trumbull, Sr., 20 September, 1776, *LDC* 5: 208 - 211.

17. JA to Henry Knox, 29 September, 1776, *LDC* 5: 260 - 261.

18. JA to General Parsons, 2 October, 1776, *DA* 2: 444 - 446.

19. JA to William Tudor, 26 September, 1776, *LDC* 5: 242 - 243.

20. William Howe to George Germain, 30 November, 1776，引自编者按，*PWR* 6：535。

21. GW to John Hancock, 11 - 13 October, 1776, *PWR* 6: 534 - 536.

22. Robert Hanson Harrison to John Hancock, 14 - 17 October, 1776, *PWR* 6: 564 - 566.

23. Council of War, 16 October, 1776, *PWR* 6: 576 - 577. 一个月后，在 11 月 16 日，华盛顿堡在全力抵抗后投降。格林将守军增加到了 2900 人，其中有 150 人在战斗中阵亡或受伤，其余的人被俘。超过三分之二的人死在纽约的囚船上，令人感到十分耻辱的是，他们被贝齐·洛林的丈夫所监管。参见 GW to John Hancock，16 November，1776，*PWR* 7：162 – 169；NG to Henry Knox，17 November，1776，*GP* 1：351 – 352；以及编者按，*GP* 1：354 – 359。

24. 参见 Charles Lee，*The Lee Papers*，2 vols.（New York，1871），2：255 – 259；Thomas Fleming，*1776：Year of Illusions*（New York，1975），369，其中有对李来到营地的精彩分析。

25. Henry Steele Commager and Richard Morris，eds.，*The Spirit of '76*（Indianapolis，1958），487；George Billias，*General John Glover and His Marblehead Mariners*（New York，1960），121. 不言自明的是，格洛弗在寻找军事指导的时候想起的是李而不是华盛顿。

26. 关于对佩尔角的战斗的不同叙述，参见 McCullough，*1776*，231 – 232；David Hackett Fischer，*Washington's Crossing*（New York，2004），110 – 112；Michael Stephenson，*Patriot Battles：How the War of Independence Was Fought*（New York，2007），247。

27. Joseph Plumb Martin，*A Narrative of a Revolutionary Soldier*（New York，2001），44 – 46.

9　后记：必要的虚构

1. GW to NG，8 July，1783，in John C. Fitzpatrick et al.，eds.，*Writings of George Washington*，39 vols.（Washington，D. C.，1931 – 1939），26：104.

2. GW to William Gordon, ibid., 27: 51 –52.

3. E. Wayne Carp, *To Starve the Army at Pleasure: Continental Army Administration and American Political Culture* (Chapel Hill, 1984).

4. Charles Royster, *A Revolutionary People at War: The Continental Army and American Character*, 1775 – 1783 (Chapel Hill, 1979), Chap. 8.

5. *Connecticut Courant*, 13 May, 24 June, 29 July, 1783; *Boston Gazette*, 29 December, 1783; James Morris, "Memoirs of a Connecticut Patriot," *Connecticut Magazine* 11 (1907), 454.

6. Royster, *Revolutionary People at War*, 353 –358.

7. Joseph Plumb Martin, *A Narrative of a Revolutionary Soldier* (New York, 2001).

8. Ibid., 249.

9. *DA* 3: 184; AA to TJ, 6 June, 1785, *AFC* 6: 169 –173.

10. 豪将自己最初的发言整理出版，即 *The Narrative of Lieutenant General Sir William Howe in a Committee of the House of Commons* (London, 1780)。Ira D. Gruber, *The Howe Brothers and the American Revolution* (New York, 1972), 336 –339.

11. *PH* 20: 679.

12. *PH* 20: 705, 723 –724.

13. *PH* 20: 748 –749.

14. *PH* 20: 753, 758 –759.

15. *PH* 20：803 – 804.

16. *PH* 20：805.

17. William B. Willcox, ed. , *The American Rebellion*：*Sir Henry Clinton's Narrative of His Campaigns*, *1775 – 1782* (New Haven, 1954).

18. Ibid. , 39, 40 – 49.

19. Charles Stedman, *The History of the Origin*, *Progress*, *and Termination of the American War*, 2 vols. (Dublin, 1794), 1：iii.

20. Ibid. , 1：212 – 226.

21. Ibid. , 1：230 – 249. 对于那些对现代类似事件感兴趣的人来说，将英军的失败归罪到威廉·豪身上这样的事情让人不寒而栗地想起人们曾将美国在越南的失利归罪到威廉·威斯特摩兰身上。在两次事件中，将罪责归结到军事指挥者身上会掩盖战败的深层原因，并最终在一开始就使人们对战略的评估有缺陷。

22. 为了回答这个问题，我请教了四位研究美国革命的杰出历史学家：如果在 1779 年大陆军覆灭而华盛顿被俘，这是否会改变美国革命的结局？Edmund Morgan, Gordon Wood 和 David Hackett Fischer 都给出了否定回答，尽管他们都一致认为，战争进行的方式将会变得不同。而《华盛顿书信集》(*The Washington Papers*) 的编辑 Ed Lengel 却有不同看法，他的理由是，华盛顿是不可或缺、不可替代的。

索　引

（索引页码为原书页码，即本书边码）

Adams, Abigail (John's wife), 3, 18, 56, 108, 128
on British departure from Boston, 4, 23
marriage of John and, 13
on new political institutions after independence, 16
newspapers read by, 145, 178
during smallpox epidemic, 57, 85, 86, 104
on women's rights, 20–1
Adams, Charles (John's son), 104
Adams, John, ix, 3, 12–26, 48, 82, 97, 101, 108, 192*n*2
Abigail's women's rights proposal to, 20–2
Articles of War drafted by, 142
avoidance of slavery discussion by, 20
Board of War and Ordnance chaired by, 45, 57, 58, 88, 102, 137–8, 141, 160, 162
at Court of St. James's, 178
and defense of New York, 33–4, 36, 46, 86, 102–4, 107
Dickinson compared with, 8–10
in Dickinson Draft debate, 92, 94–6, 102
family concerns of, 57, 85, 86, 104
foreign policy developed by, 57, 98–9, 102, 142
Germain's threat to execute, 136
governmental structure envisioned by, 16–20
independence strategy of, x–xi, xiii, 12–16, 22–4, 51, 53, 55–8, 65, 87, 192*n*33 (*see also* Declaration of Independence)
marriage of Abigail and, 13
at peace conference with Howe, 131–4, 141–2
response to New York defeats, 111, 127–30, 150, 162–5
and Warren's martyrdom at Bunker Hill, 25
Washington nominated as commander in chief by, 26
Adams, Nabby (John's daughter), 104
Adams, Sam, 133
African Americans, 20
see also slavery
Alexander, General William, *see* Stirling, Lord
"American Creed," 64
American Expeditionary Force, 48
Aquinas, Thomas, 163

Arnold, Benedict, 4
Articles of Confederation, Dickinson Draft of, 90–4, 98–100, 102, 105
Articles of War, 142
Ashby (Massachusetts), 50

Barnstable (Massachusetts), 196*n*7
Bartlett, Josiah, 91
Blackstone, William, 6
Black Watch regiment, 153
Board of War and Ordnance, 45, 57, 58, 88, 102, 137–8, 141, 160, 162
Boston, 8, 23, 36, 38, 45, 88, 127
  advocacy of independence in, 51
  battles in, 4, 33 (*see also* Bunker Hill, Battle of)
  British evacuation of, 46
  newspapers in, 145
  Siege of, 3–4, 26–30, 33, 39, 48, 76, 110, 193*n*12
  smallpox epidemic in, 20, 57
  Tories in, 163
Boston Tea Party, 7
Bowdoin, James, 104
Braintree (Massachusetts), 127
British Army, 89, 127–9, 134–6, 158, 166, 175, 183–5
  Atlantic crossing of, 68–9
  Boston Siege defeat of, 8–9, 26, 29, 33, 88
  at Bunker Hill, 3, 5, 38
  discrepancy in troop strength of Continental Army and, 101, 108
  enlisted men of, 70
  Howe's leadership of, *see* Howe, Gen. William
  on Long Island, 104, 107, 114–16, *map 117*, 118–22, 147
  loyalists and deserters join, 41, 146, 161
  on Manhattan, 148, 152–4, 156–7
  New York strategy of, 27, 36, 38–9
  officer corps of, 32–3, 183
  at Pell's Point, 168
  on Staten Island, 68, 81, 89
  veterans of, as Washington's senior officers, 39–40
  Yorktown defeat of, 179, 183
British navy, *see* Royal Navy
Brodhead, David, 115
Brooklyn Heights, 118–21, 147, 152, 183
  evacuation of Continental Army from, 123–4, 180
  forts on, 41, 113, 114, 119, 121, 126
Bunker Hill, Battle of, 10, 30, 86, 140, 152, 194*n*26
  atrocities committed by British at, 3, 5
  British casualties at, 3, 35, 90
  "The Cause" and, 46
  Howe at, 38, 110, 194*n*22
  Knowlton at, 153
  Putnam at, 114
  Warren as martyr of, 25, 31, 97
Burgoyne, General John, 39, 73, 89, 103, 194*n*20
Burke, Edmund, 7, 10, 180–1, 185
Burr, Aaron, 149, 153
Burstein, Andrew, 197*n*31

Calvinism, 8
Canada, 4, 33, 36, 73, 99, 195*n*31
  campaign in, *see* Quebec
Catiline, 13
"Cause, The," x, 31, 54, 95, 97, 125, 146–7, 171
  Adams's dedication to, 13–14
  and Dickinson Draft debate, 92–3
  Franklin on, 90
  New England support for, 28–9
  Paine's contribution to, 12, 15
  Washington and, 5, 26, 34, 42–4, 46, 74, 137–8, 154, 156, 161, 173–4
Charleston (South Carolina), Battle of, 48

Chase, Samuel, 93–4
chevaux-de-frise, 75
Cicero, 13, 14
Civil War, 93
Clinton, Gen. Henry, 48, 84, 116, 149, 173
  Howe's rejection of tactical recommendations of, 110–11, 114–15, 119, 147, 183–4
  at Throg's Neck, 166–8
Collier, Capt. George, 125, 135
Commentaries on the Laws of England (Blackstone), 6
Common Sense (Paine), 11–12, 15, 90
commutation, 175
Concord, Battle of, 3, 97, 132
Confederation Congress, 94
Connecticut, 75, 76, 105
  Continental Army in, 28, 29, 47
  Continental Congress delegates from, 95, 164
  militia units from, 43, 77, 85, 108, 149, 153
  see also specific cities and towns
Connecticut Courant, 145
Constitution, U.S., 17
Constitutional Convention, 88, 94
Continental Army, ix, xii, 40, 42, 70–81, 108, 128–9, 133, 163–4, 173–7, 182–5, 202*n*26, 208*n*22
  at Boston Siege, 27, 28, 39, 46, 76
  British disparagement of, 81
  Continental Congress and, 140–4
  demoralization of, 134–5, 146, 162–3, 166
  deserters from, 135, 161
  Dickinson's support for, 9
  evacuation from Manhattan of, 166–70, *map 169*
  independence and, 5, 72, 140, 142
  lack of experience and military discipline in, 29–32, 70–1, 73–4, 77–8
  on Long Island, 54, 66, 101, 103, 104, 107, 109–28, *map 117*, 134, 137, 145–6, 163, 176, 183
  on Manhattan, 111, 133, 138–40, 147–58, *map 151*, 162, 163, 176, 183
  militia units comprising, 4, 25, 28–9, 43, 47, 77, 85, 89, 101–3
  moved from Boston to New York, 19, 23, 28, 34
  northern detachment of, 80, 101
  officers in, x, 32–3, 76–7, 102, 158–60 (*see also names of specific officers*)
  supplies and ordnance for, 77, 102
  tactical retreat from Long Island of, 123–6, 135
  unrealistic confidence in, 88–9, 98, 101
  at Valley Forge, 172, 174
  Washington's appointment as commander in chief of, 79
Continental Congress, ix, x, xii, 82, 101–2, 106, 111, 150, 167, 171
  British attitude toward, 81
  Continental Army and, 5, 27–8, 40, 43, 46, 102–3, 137–45, 157–61
  draft of Articles of Confederation debated in, 90–100
  foreign policy of, 97–100
  Howe's peace initiatives to, 120, 129–33, 146
  and independence, xiii, 10, 16, 18, 23–4, 29, 31, 34, 49–55, 87, 162, 195*n*2 (*see also* Declaration of Independence)
  loyalty to British Crown in, 4
  military strategy of, 44, 75
  moderates in, xiii, 7–10, 14, 84
  and occupation of New York, 156–7
  overconfidence in Washington's ability to defend New York of, 88–90, 101

Continental Congress *(continued)*
radical faction of, 13–14, 58, 59
response to New York military disasters in, 126–30, 134, 157, 165
slavery issue avoided by, 20
state governments and, 56–7
Washington honored by, 26
women's rights petition to, 20–1
Cornwallis, General Charles, 39, 84, 115, 183
Court of St. James's, 178
Cushing, William, 48

Deane, Silas, 162
Declaration of the Causes and Necessity for Taking Up Arms (Dickinson and Jefferson), 59, 191*n*11
Declaration of Independence, 71–2, 76, 161, 196*n*20
drafting, 18, 57–67, 99–100, 171, 197*n*28, *n*29, *n*34
passage of, 66, 132
signing of, 62, 100
Delaware, 47, 108, 118, 157
Dickinson, John, ix, 5, 8–10, 45, 53, 191*n*11
draft of Articles of Confederation by, 90–100
Dorchester Heights, 4, 33
Dunmore, Lord, 52, 62

Eagle (ship), 74, 124, 129, 138
English Civil War, 49

Fischer, David Hackett, 208*n*22
Fishkill (New York), 139
foreign policy, American, 57, 88, 92, 97–100, 102
Fort Lee, 167
Fort Necessity, 85
Fort Schuyler, 166
Fort Washington, 74, 75, 207*n*23
Fox, Charles, 180–1, 185
France, 57, 97–9, 163, 164, 172, 183, 184
Franklin, Benjamin, 8, 102, 104–7, 131–2, 137, 200*n*40
biographies of, 198–9*n*27
and British victory on Long Island, 111, 129
demographic knowledge of, 89–90
and Dickinson Draft, 93–95
and framing of Pennsylvania constitution, 106
and Franco-American alliance, 98–9, 163, 178
Germain's threat to execute, 136
in London, 81–2, 105
at peace conference, 131–4
Richard Howe's friendship with, 68, 81–4, 105
role in drafting of Declaration of Independence of, 57–8, 60, 61
submarine use advocated by, 75, 138
Franklin, Elizabeth (William's wife), 105
Franklin, William (Benjamin's son), 105
Frederick II (the Great), King of Prussia, 11
French and Indian War, 7, 26, 27, 32, 37, 84, 114, 153

Gates, Gen. Horatio, 39, 80, 103, 107, 112
George I, King of England, 37
George III, King of England, 4, 14, 49, 130, 161
destruction of statue of, 72
efforts at reconciliation rejected by, 10–12, 15, 19, 54, 105, 128
and Howe brothers' diplomatic initiatives, 78, 80–1
Jefferson's condemnations of, 59, 60, 62–3

oppressive policies imposed by, 52, 82, 181
Germain, Lord George, 35–40, 49, 136, 166, 182
and Howe brothers' diplomatic initiatives, 79–80, 83
invasion of New York planned by, 48, 108, 181
overall strategy of, 72, 73, 111, 185, 194*n*20
Germans, 8, 62
mercenaries, 35, 51, 84 (*see also* Hessians)
Gerry, Elbridge, 89
Glorious Revolution, 49
Glover, Colonel John, 123, 124, 166, 207*n*25
Gowanus Heights, Battle of, 113–15, 118, 130, 145, 158, 183, 202*n*28
Grant, General James, 116, 145
Greeks, ancient, 164–65
Greene, Gen. Nathanael, ix, 71, 77, 142–3, 159, 207*n*23
Adams and, 45, 46, 102
illness and evacuation to Manhattan of, 112, 126, 136
at Kip's Bay, 149
on Long Island, 41, 72, 76, 84, 85, 109, 114
promotion to general of, 32–3, 160
Quaker background of, 32
retreat from New York advocated by, 134, 136–7, 140–1
Greyhound (ship), 66

Hamilton, Alexander, 160
Hancock, John, 26, 27, 71, 202*n*28
and defense of New York, 40, 43, 46
Washington's reports to, 72–3, 79, 86, 126, 135, 137–8, 140, 142–3, 156, 157, 161, 166
Hand, Colonel Edward, 166
Hannibal, 164
Harlem Heights, 165–7
Battle of, 150, 152–8, 162, 206*n*41
Harrison, Robert Hanson, 202*n*28
Harvard University, 13, 26, 45
Havana, Battle of, 37
Hawley, Joseph, 87
Heath, General William, 139
Heister, General Leopold von, 116
Henry, Patrick, 56
Hessians, 84, 89, 109, 111, 168
arrival of, 84, 111
at Gowanus Heights, 145–6
at Kip's Bay, 148, 149
on Long Island, 112, 115, 116, 118
military professionalism of, 70, 102, 108
Hooper, William, 141, 157
House of Commons, 7, 179–82
House of Lords, 7, 17, 41, 82
Howe, George Augustus, 37
Howe, Adm. Richard, ix, xi, 86, 90, 119–20, 124, 127, 142, 167–8, 171, 173, 174, 182, 185
aristocratic background of, 37
attitude of Continental Congress toward, 92, 97
bombardment of Manhattan by, 148–50
diplomatic priorities of, 78–80, 84, 124, 129–32, 134, 140, 146, 147, 152, 161, 170, 184
fleet commanded by, 23, 48, 57, 66, 72–4 (*see also* Royal Navy)
Franklin's friendship with, 68, 81–4, 105
and Long Island battles, 112, 126
on Staten Island, 69, 84, 108
Howe, Gen. William, ix, xi, 37–8, 86, 90, 163, 174, 194*n*23, 195*n*31, 198*n*6
aristocratic background of, 37

Howe, Gen. William *(continued)*
attitude of Continental Congress toward, 88, 92, 97
in Boston Siege, 3–4, 23, 46, 48
British attitudes toward conduct of war by, 179–85, 202*n*26, 208*n*21
at Bunker Hill, 38, 114, 120, 194*n*22
Burgoyne and, 103, 194*n*20
defections of deserters and loyalists to, 161–2
in French and Indian War, 37
Germain's orders to, 38–40, 111
and independence, 46–7, 66, 97, 144
on Long Island, 114–16, 118–21, 125–9, 134–6
on Manhattan, 146–9, 156, 157, 162, 165–8
occupation of New York by, 140, 163–5
peace initiatives of, 78, 124
Staten Island garrison of, 66, 70, 84
strategy and tactics, 72, 108–12, 114–15, 120–1, 134–6, 139, 162, 170–3
Hudson River, 34, 50, 107, 138, 172, 173
in British strategy, 36, 40, 73, 89, 103, 111, 194*n*20
British warships on, 74, 78, 79, 88–9, 139, 140, 167
maps of, *117, 151, 169*
restriction of British access to, 41, 47, 75
Huguenots, 8

Indians, 43, 101, *see also* French and Indian War
Industrial Revolution, 70
Inns of Court, 8

Jamaica Pass, 114, 115
Jefferson, Martha, 24, 58, 100, 142
Jefferson, Thomas, ix, 4, 57–9, 95–6, 107, 191*n*11, 195*n*33
Declaration of Independence drafted by, 18, 57, 59–67, 99, 171, 197*n*29, *n*34
in Dickinson draft debate, 92, 99–102
family concerns of, 24, 58, 100, 104, 142
Virginia constitution draft by, 100–1, 106

Kentish Guards, 32
killing zone, 68, 113, 148
King's Bridge, 139, 140, 147, 183
Kip's Bay, Battle of, 148–50, 153, 154, 157, 158, 163, 164, 183
Knowlton, Col. Thomas, 153–5, 159, 160
Knox, Gen. Henry, 33, 77, 141, 160, 164, 176

Lee, Gen. Charles, 32–4, 39–41, 75, 109, 167, 168, 194*n*22, *n*26, 207*n*25
Lee, Richard Henry, 44–5, 57, 100
Leitch, Major Andrew, 154
Lengel, Ed, 208*n*22
Letters from a Pennsylvania Farmer (Dickinson), 8
Lexington, Battle of, 3, 97, 132
Lincoln, Abraham, 64, 65
Livingston, Philip, 122
Livingston, Robert, 57
Locke, John, 65
London, 3, 19, 119, 133
Dickinson in, 8
Franklin in, 81–2, 105
Paine in, 11, 12
peace commission sent to colonies from, 45
press in, 178, 179
Reed in, 76
Long Island, 34, 57, 101, 103, 104, 127, 161
arming of militia units on, 54

Battle of, ix, x, 43, 46, 88, 107, 110–18, *map 117*, 128, 130–8, 141–5, 149, 150, 163, 164, 168, 171, 176, 184 (*see also* Brooklyn Heights; Gowanus Heights, Battle of)
defensive networks on, 72, 109
evacuation of Continental Army troops from, 123–6
political allegiance of farmers on, 70, 75–6
smallpox outbreak on, 85
transport of British troops to, 66
Loring, Elizabeth (Betsy), 38, 48, 118, 207*n*23
Louis XVI, King of France, 98
loyalists, 34, 38, 41–2, 70, 130, 163, 202*n*26
arrests of, 47, 76, 195*n*39
in British Army, 41, 146, 161
British forces aided by, 69, 115
in exile in London, 178, 182
in middle colonies, 13, 52
newspapers of, 152
spying by, 66, 114

MacKenzie, Capt. Frederick, 161, 162
Maier, Pauline, 195*n*2, 196*n*20, 197*n*28
Maine, 4
Malden (Massachusetts), 51
Manhattan, 34, 103, 112, 126, 133, 136, 142, 144, 147–8, *map 151*
battles on, ix, x, 40–1, 43, 46, 88, 110–11, 171, 176, 180, 184 (*see also* Harlem Heights, Battle of; Kip's Bay, Battle of)
British failure to trap Continental Army on, 147–8, 183
Continental Army encampments on, 70
Continental Congress delegates from, 57
decision to defend, 138–40
desertion of militia from Long Island to, 135
dysentery from contaminated water on, 85
evacuation of Continental Army from, 156, 166–70, *map 169*
Great Fire in, 156–7
loyalists on, 161
Royal Navy bombardment of, 74–5, 149–50
ships ordered to assemble on, 123
troops transferred to Long Island from, 114, 121
Washington's headquarters on, 80
Martin, Joseph Plumb, 74, 116, 123, 148, 170, 176–7
Maryland, 47, 93, 95, 107, 118
Massachusetts, 8, 9, 28, 37, 49–52, 89, 94, 102, 123, 143
Charter of, 55
General Court of, 26
martial law in, 7
outbreak of war in, *see specific battles*
see also specific cities and towns
mercenaries, 17, 30, 54, 63, 67, 82
German, 11, 35, 51, 84 (*see also* Hessians)
Middle Temple (London), 76
Mifflin, Gen. Thomas, 122–4, 203*n*35
Miles, Samuel, 115
militias, 25, 32, 41, 46, 142–4, 161, 168, 175, 206*n*3
in Boston Siege, 3–4
British disparagement of, 38, 69
desertion of, 135
at Kip's Bay, 148–9
myth of, 177
from New England, 28–9, 32, 43
in New York campaign, 43, 47, 54, 77, 85, 88–9, 101–3, 108–9, 158–9, 201*n*2
Minden, Battle of, 35
Minutemen, 158, 177

Mohawk Indians, 32
Morgan, Edmund, 208*n*22

Native Americans, *see* Indians
New England Chronicle, 145
"New Establishment," 159–60, 162
New Hampshire, 28, 43, 91
New Jersey, 75, 123, 162, 167, 184
  Continental Congress delegates from, 16, 130
  loyalists in, 105, 128, 152, 161
  militia units from, 43, 47, 85, 89
  see also specific cities and towns
Newport Mercury, 146
New Rochelle (New York), 168, 179
New York, 146, 150, 152, 165, 179, 181
  arrival of British fleet at, 56, 57
  Battle of, x–xiii, 19, 23, 26, 27, 29, 33–4, 36–48, 58, 83, 86, 88–90, 96, 97, 101–3, 107, 108, 111, 127–9, 139–42, 145, 154, 158, 160, 174 (*see also specific battles*)
  British occupation of, 36, 42, 47, 76, 111, 136, 140, 147, 157, 164
  Continental Army march from Boston to, 19, 23, 28, 30
  Continental Congress delegates from, 7–8, 18, 61
  defense of, 39, 47, 75, 112, 136–7, 140–1, 167, 170, 174
  epidemic of fear and disillusionment in, 162
  evacuation of troops from, 123–6
  Harbor, British prison ships in, 118, 207*n*23
  loyalists in, 13, 76
  provisional government of, 139
  referendum on independence in, 52–4
  tactical vulnerability of, 66, 74–5, 194*n*26
  see also Hudson River; Long Island; Manhattan; Staten Island; *specific cities and towns*
North Carolina, 16, 141

Observations on the Increase of Mankind (Franklin), 90
Orpheus (ship), 148

Paine, Thomas, 11–12, 15, 17, 21–2, 35, 53, 90
Paris, Treaty of, 173, 175, 177–8, 184
Parliament, 5, 6, 14, 21, 80, 92, 95
  George III's 1775 address to, 10–11
  Howe brothers in, 37, 179
  limitation of monarchical power by, 49
  opposition to militarization of colonial conflict in, 7, 181, 182, 202*n*26
  resistance to authority of, 8–9, 19, 59, 80, 91, 130, 144, 178
Patterson, James, 80
Pell's Point, Battle of, 168
Peloponnesian War, 164, 165
Pendleton, Edmund, 60, 100, 101
Pennsylvania, 54, 82, 166
  Committee of Public Safety, 75
  constitution of, 56, 106
  Continental Congress delegates from, 7, 16, 18, 52–3, 57, 94
  loyalists in, 13, 52
  militia units from, 108
  see also specific cities and towns
Pennsylvania Evening Post, 21
Pennsylvania Packet, 16, 145–6
Percy, Gen. Hugh, 125
Perth Amboy (New Jersey), 131
Philadelphia, 8, 19, 133, 178
  British attack on, 172, 194*n*20
  Continental Congress in, *see* Continental Congress

population of, 35
property requirements to vote in, 21, 53
Washington in, 44–5, 47
Phoenix (ship), 74, 78
Pitt, William, 7, 10, 185
Plan of Treaties, 98–9, 102, 142
Polybius, 160
proportional representation, 94, 105
Punic wars, 164
Puritans, 164
Putnam, Gen. Israel, 113, 116, 119, 149, 152
Putnam, Rufus, 139

Quakers, 8, 32, 53, 122
Quebec, 4, 37, 43, 44
Battle of, 43, 44, 57, 103

Rainbow (ship), 125
Rakove, Jack K., 199*n*1
Reed, Col. Joseph, 25, 76–9, 102, 121, 139, 147, 149, 154, 167
representation, proportional, 94, 105
Rhode Island, 28, 32, 94, 145
Rodney, Caesar, 157
Romans, ancient, 6, 160, 164
Rose (ship), 74, 78
Royal Navy, 34, 36, 49, 74, 81, 122, 124, 138, 148–9
see also Howe, Adm. Richard; *specific ships*
Royal Society, 82
Rules by Which a Great Empire May Be Reduced to a Small One (Franklin), 81
Rush, Benjamin, 94–5, 128–30, 163
Russia, 11
Rutledge, Edward, 91, 131, 133

Sandy Hook (New Jersey), 84
Saratoga, Battle of, 174, 194*n*20
Schuyler, General Philip, 73
Scotch-Irish, 8
Scottish Highlanders, 84, 116, 153
Second Treatise on Government (Locke), 65
Serle, Ambrose, 69, 79, 112, 133
Sherman, Roger, 57, 95
Six Nations, 43
slavery, 20, 52, 96
avoidance of discussions of, x, 41, 22–3, 55
Jefferson and, 59, 62, 65
sectional split over, 93–4
smallpox, 20, 57, 85, 103
inoculation for, 44, 86, 104, 195*n*33
Society of the Cincinnati, 176
South Carolina, 48, 91, 157, 167
slavery in, 62, 93–4
Sparta, 165
Stamp Act (1765), 6
Staten Island, 34, 127
British forces on, 49–50, 66, 68–70, 72, 73, 81, 89, 108, 110
British troops transported to Long Island from, 112
peace talks on, 131, 134, 135, 140, 141, 146, 147
Stedman, Charles, 184
Stirling, Lord (Gen. William Alexander), 41, 73, 159
as British captive, 124, 129, 146
on Long Island, 109, 116, *map 117*, 118
submarines, 75, 138
Sullivan, James, 22
Sullivan, General John, 112–16, 118, 124, 129–30
Summary View of the Rights of British Americans (Jefferson), 59, 60, 62

Tallmadge, Major Benjamin, 122, 124–5

Tappan Zee, 74
taxes, 92, 94, 175
  levied by British, 6, 82
  proposed compromises on, 9, 130
  resistance to, 8, 19, 59, 130, 132
Thebes, 165
Thoughts on Government (Adams), 16–17
Throg's Neck, 166–68
Ticonderoga, Battle of, 33, 37
Tilghman, Lt. Tench, 123, 161
Topsfield (Massachusetts), 50–1, 55
Tories, 41, 105, 128, 163–4
Trenton, Battle of, 172
Trumbull, John, 61, 153
Turtle (submarine), 138

Valley Forge, 172, 174
Vietnam War, 208*n*21
Virginia, 26, 89, 95
  commitment to independence of, 44, 51–2, 57, 61
  constitution of, 58, 60, 100
  Continental Army troops from, 143, 154
  Continental Congress delegates from, 58–9, 94
  slavery in, 62
  see also specific cities and towns
Virginia Convention, 52, 58, 60, 96, 100–1

Warren, Joseph, 25, 31, 97
Washington, George, ix, 39–43, 48, 71–80, 103, 108–14, 116–29, 134–44, 147–54, 165–8, 170, 173–7, 194*n*23, 202*n*28, 208*n*22
  and Battle of Long Island, 110, 114, 118, 121, 126–7, 147, 201*n*2
  at Boston Siege, 3–4, 193*n*12
  British disparagement of, 69
  and Canadian campaign, 43, 195*n*31
  Continental Army march to New York from Boston led by, 19, 23, 28, 30
  Continental Congress and, 31–2, 57, 102, 160–1, 174–5
  councils of war convened by, 73–4, 122, 139, 147, 167
  daily demands on, 75–78
  and Declaration of Independence, 71–72
  and defense of New York, 40–1, 72–5, 112, 136–40, 147, 174
  evacuation of Continental Army from Manhattan by, 152, 156–7, 166–8, *map 169*, 180
  Farewell Address, 99
  in French and Indian War, 27, 37, 84–5
  General Orders, 66–7, 72, 74, 85–6, 112, 123, 126, 154
  Germain's threat to execute, 136
  Hancock and, 71, 79, 135, 142, 157, 162
  at Harlem Heights, 152–4, 156–8, 165–6
  honor-driven behavior of, xii, 121–2, 138
  Howe's communications with, 83–4, 109–10, 120, 151–2
  and Kip's Bay disaster, 149–50
  Manhattan headquarters of, 40
  militia units and, 29–30, 43, 108–9, 135
  officer corps of, 31–3, 113–14, 134, 147, 203*n*35, 207*n*25
  physical and psychological characteristics of, 25–8, 192*n*2
  Reed and, 25, 76–7, 79, 121
  resolute defiance of British by, 79–80
  response to British atrocities at Bunker Hill, 5
  retreat through New Jersey of, 184
  and "spirit of '76," 30–1

tactical withdrawal from Long Island, 123–6, 129, 135
at Trenton, 172
unrealistic optimism about success against British of, 88–90, 101
veneration of public for, 34, 82, 106
Washington, Lund, 152–3, 157
Washington, Martha, 44, 195*n*33
Westmoreland, Gen. William, 208*n*21
Whigs, 6, 7, 37, 41, 180–1
White Plains (New York), 167–70
Williams, William, 164
Williamsburg (Virginia), 58, 60, 96, 100, 101
Witherspoon, John, 130
Wood, Gordon, 208*n*22
World War I, 48, 99
World War II, 99

Yorktown, Battle of, 171, 174, 183

图书在版编目(CIP)数据

革命之夏：美国独立的起源/（美）埃利斯（Ellis，J. J.）著；熊钰译. —北京：社会科学文献出版社，2016.2（2019.10 重印）
ISBN 978－7－5097－6698－9

Ⅰ.①革… Ⅱ.①埃… ②熊… Ⅲ.①美国独立战争－研究 Ⅳ.①K712.41

中国版本图书馆 CIP 数据核字（2014）第 247779 号

革命之夏：美国独立的起源

著　　者／［美］约瑟夫·J. 埃利斯（Joseph J. Ellis）
译　　者／熊　钰

出 版 人／谢寿光
项目统筹／段其刚　董风云
责任编辑／段其刚　白　雪

出　　版／社会科学文献出版社·甲骨文工作室（分社）（010）59366527
地址：北京市北三环中路甲 29 号院华龙大厦　邮编：100029
网址：www. ssap. com. cn
发　　行／市场营销中心（010）59367081　59367083
印　　装／三河市东方印刷有限公司

规　　格／开　本：889mm × 1194mm　1/32
印　张：10.625　插　页：0.75　字　数：193 千字
版　　次／2016 年 2 月第 1 版　2019 年 10 月第 6 次印刷
书　　号／ISBN 978－7－5097－6698－9
著作权合同登记号／图字 01－2014－2347 号
定　　价／49.00 元